普通高等教育旅游管理"十一五"规划教材
编委会名单

普通高等教育旅游管理"十一五"规划教材

旅 游 学 概 论

周武忠　主编

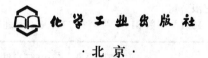

化学工业出版社

·北京·

旅游科学是一门交叉性学科，当前社会中，经济、政治、技术的不断变革，也使得旅游学出现了许多新的问题需要关注与亟待解决。本书在前人研究的基础上，对之前的研究进行修正与补充，注重学科体系建设，采用人本的研究思想，发掘新的研究视角，尤其关注旅游热点问题。

本书共包括导论、旅游史、旅游的特点与分类、旅游者、旅游资源、旅游产品、旅游业、旅游市场、旅游组织和政策法规、旅游的作用和影响十个模块，理论体系比较完善，研究更加深入，符合当前旅游学理论研究的发展趋势和旅游产业的发展潮流。本书集时代性、创新性、综合性和学术性于一体。

本书适合普通高校、高职高专院校旅游类专业及园林、林业等相关专业使用，也可作为旅游行业人员培训和职业资格考试教材。

图书在版编目（CIP）数据

旅游学概论/周武忠主编 . —北京：化学工业
出版社，2009.11（2022.2 重印）
普通高等教育旅游管理"十一五"规划教材
ISBN 978-7-122-06816-3

Ⅰ. 旅…　Ⅱ. 周…　Ⅲ. 旅游-高等学校-教材
Ⅳ. F590

中国版本图书馆 CIP 数据核字（2009）第 182463 号

责任编辑：唐旭华　　　　　　　　　　文字编辑：李　曦
责任校对：宋　玮　　　　　　　　　　装帧设计：尹琳琳

出版发行：化学工业出版社（北京市东城区青年湖南街 13 号　邮政编码 100011）
印　　装：北京虎彩文化传播有限公司
787mm×1092mm　1/16　印张 12¾　字数 314 千字　2022 年 2 月北京第 1 版第 4 次印刷

购书咨询：010-64518888　　　　　　售后服务：010-64518899
网　　址：http://www.cip.com.cn
凡购买本书，如有缺损质量问题，本社销售中心负责调换。

序

在各种产业中，旅游产业是发展速度最快的一种。由于发展速度偏快，会带来一些急功近利的问题，如旅游项目的粗放式开发、旅游景区的同质化竞争、旅游企业服务的诚信度缺失、文化资源开发的简单化、遗产类旅游资源的建设性破坏问题等。

在各种学科中，旅游学科是发展速度最快的一个学科。由于发展速度偏快，也同样出现了一些急功近利的现象。如办学条件不够而硬上，培养目标定位的雷同，实践环节与理论学习的比重把握不好，行业需求过旺对师资队伍的影响等，都是发展中出现的新问题。

在旅游产业发展和旅游学科发展的大背景下，我们的教材建设实际上起着重要的推动作用。这种推动作用主要表现在两个方面：一是为培养旅游产业急需的各种类型、各种层次的人才提供最基本的课本；二是总结学科发展的研究成果，将学术研究的结晶做大众化的表达。让千千万万学子在较短的时间里能够快速吸收最新的研究成果。

改革开放三十年来，我国的高等院校旅游专业教材建设取得了长足的进步。从教育部的部颁教材，到各省的地方自编教材，估计总数有近百套之多。百花齐放，蔚为大观。江苏的高等旅游院校的师资有组织地编写旅游管理教材（简称"苏版"），始于1999年。当时那套苏版旅游教材自2000年推出以来，得到全国许多兄弟院校的认可和使用，我们也收集了不少的反馈意见。根据收集的反馈意见，我们为现在这套教材（即由化学工业出版社出版的苏版旅游教材）所确立的编写指导思想如下。

一、1999年主编的苏版教材主要实现了一个目标，即把大家组织起来，完成了江苏省旅游教材从无到有的目标。本套教材的目标应该有所超越。我们这次的目标是完成教材从粗到精的质变。我们把大家的聪明才智和努力形成合力，共同打造一个江苏旅游学术界的新形象。

二、现在这套教材虽然是另起炉灶的工程，但前一系列教材好的东西我们还是要继承。有些基础比较好的书稿也不一定要大修大改。总之是发扬好的，完善不足。臻于至善是我们的共同目标。

三、这套教材要及时反映本领域的最新学术成果；要及时反映本领域最新的政策法规。

四、这套教材要追求世界性、前沿性和兼容性的统一。所谓世界性，就是我们编写教材的眼光应该是世界性的。我们不能只谈中国的，对本领域的世界范围的信息要有所涉及。所谓前沿性，就是要求我们的教材在介绍已经成为定论的东西的同时，也应适当跟踪正在出现的新理论、新概念和新方法。当然在措辞时应注意给读者以清晰的区别，不要让使用者分辨不清哪是定论，哪是未定之论。更重要的是用语要客观公正。因为教材不是学术专著，不是一家之言。所谓兼容性，就是说希望我们的每一本教材都应该追求多层面、多角度地包括相关的信息和知识。对有的教材而言，这种兼容性可能是理论、方法、案例几个内容的有机融合，而对另外某些教材来说，可能就是纵向、横向以及内在结构的知识和信息的表述。

五、文字风格上我们希望这套教材共同追求一种简洁明快的文风。

当然，我们的这套教材是否实用，要等着广大的用户评价。因此，我们真诚地期待着全国高等旅游院校的专业课教师以及广大学生的意见。因为学科尚在发展中，大家都在探索中，我们有一点可以承诺的是：我们会真诚欢迎所有使用者的批评意见。我们将随时记录读者的意见，在修订时吸收进去。"学，然后知不足；教，然后知困"，"止于至善"，古人的良训永远是我们的座右铭。

2008 年清明
于东南大学旅游学系

前　言

随着世界各国经济的发展和人民生活水平的不断提高，旅游成为人们日常生活的重要组成部分。到 20 世纪 90 年代为止，旅游业已经取代石油、钢铁、汽车等传统工业，成为全球第一大产业。纵观世界，旅游科学研究方兴未艾，旅游高等教育蓬勃发展。到 2007 年底，我国开办旅游管理专业的高校有 770 多家，江苏省目前也已有 44 所高校开办旅游专业。教材是旅游教学的基础。作为旅游高等教育的专业基础课程教材，迄今公开出版的《旅游学概论》相关教材和图书已逾 70 余种。

旅游科学是一门交叉性学科，当前社会、经济、政治、技术的不断变革，也使得旅游学出现了许多新的问题需要关注与亟待解决。与旅游业突飞猛进的发展形势相似，旅游学理论研究发展迅速，在实践中不断地完善和进步，其理论体系的完善过程也体现了一种动态性特征。随着社会经济的发展，旅游学科的范畴逐渐延伸和扩大，一些新事物正成为当前或未来一个时期研究和关注的焦点。面对新时期旅游学科发展的新特点，旅游学基础理论教材必须做到与时俱进，及时反映国内外最新研究成果，不断完善教育课程的内容体系。编写本书的初衷正是试图在传授旅游基本知识的同时，向读者展示最新的现代旅游科学的较完整的框架体系。

本书编写分工如下：第 1 章和第 5 章由东南大学周武忠教授和张中波、张乐编写，第 2 章由南京农业大学刘庆友副教授编写，第 3 章由南京林业大学郭剑英副教授编写，第 4 章和第 10 章由东南大学季玉群副教授编写，第 6 章和第 7 章由南京大学任黎秀副教授和陈仓、张烨编写，第 8 章由南京财经大学丁敏讲师编写，第 9 章由南京财经大学宋平讲师编写。全书由周武忠教授负责统稿。

由于编者水平有限，错误和疏漏在所难免，请读者批评指正。

编者

2009 年 10 月

目　录

1 绪论 ········· 1

1.1　旅游学的学科性质与地位 ········ 1
1.1.1　旅游学的学科性质 ········ 1
1.1.2　旅游学的学科地位 ········ 2
1.2　旅游学的研究对象与任务 ········ 3
1.2.1　旅游学的研究对象 ········ 3
1.2.2　旅游学的研究任务 ········ 3
1.3　旅游学的研究内容与框架 ········ 4
1.3.1　旅游学的研究内容 ········ 4
1.3.2　旅游学的研究框架 ········ 6
1.4　旅游学的研究方法 ········ 6
1.4.1　综合考察法 ········ 6
1.4.2　统计资料分析法 ········ 6
1.4.3　旅游图表法 ········ 7
1.4.4　抽样调查法 ········ 7
1.4.5　模式分析法 ········ 7
1.4.6　野外工作法 ········ 7
1.5　旅游学研究进展 ········ 8
1.5.1　国内旅游学研究进展 ········ 8
1.5.2　国外旅游学研究进展 ········ 8
1.6　对未来旅游学研究展望 ········ 10
思考题 ········ 11

2 旅游史 ········· 12

2.1　古代的旅行活动 ········ 12
2.1.1　原始社会早期的人类迁移活动 ········ 12
2.1.2　人类旅行需要的产生 ········ 12
2.1.3　中世纪旅行活动的发展 ········ 13
2.1.4　世界古代旅行的主要形式 ········ 15
2.1.5　中国古代旅行及主要形式 ········ 16
2.2　近代旅游和旅游业的诞生 ········ 20
2.2.1　17世纪"大旅游"的兴起 ········ 20
2.2.2　产业革命对近代旅游发展的推动 ········ 20
2.2.3　近代旅游业的诞生 ········ 21
2.3　现代旅游的大发展 ········ 23
2.3.1　20世纪上半期的世界旅游业 ········ 23
2.3.2　现代旅游崛起的主要原因 ········ 24
2.4　发展趋势 ········ 25
2.4.1　旅游信息化发展 ········ 26
2.4.2　旅游国际化发展 ········ 26
2.4.3　旅游可持续发展 ········ 27
思考题 ········ 27

3 旅游的特点与分类 ········· 28

3.1　旅游的概念和特点 ········ 28
3.1.1　旅游的几种典型定义 ········ 28
3.1.2　对旅游定义的归纳分析 ········ 30
3.1.3　旅游的特点 ········ 31
3.2　旅游的基本属性 ········ 32
3.2.1　旅游是人类社会经济文明发展的产物 ········ 32
3.2.2　旅游活动是人的高层次的审美实践的精神活动 ········ 32
3.2.3　旅游活动是综合性的社会活动 ········ 32
3.2.4　旅游是一种社会文化现象 ········ 34
3.3　旅游的分类 ········ 34

3.3.1 按是否跨越国境国界
划分 …………… 34
3.3.2 按照旅游者出游的目的
划分 …………… 36
3.3.3 其他分类方法 ……… 39

3.4 旅游发展的新视点（阅读
材料） …………… 39
3.4.1 生态旅游 …………… 39
3.4.2 乡村旅游 …………… 43
思考题 …………………… 45

4 旅游者 …………………………… 46

4.1 旅游者的概念 ………… 46
4.1.1 国际联盟统计专家委员会
的定义 ………… 46
4.1.2 联合国的定义 ……… 47
4.1.3 中国国家统计局对国际游
客的界定 ……… 47
4.1.4 不同国家对国内旅游者的
定义 …………… 48
4.1.5 中国国家统计局对国内游
客的界定 ……… 48
4.2 旅游者产生的客观条件 … 49
4.2.1 可自由支配收入 …… 49
4.2.2 闲暇时间 …………… 50
4.2.3 其他客观条件 ……… 51

4.3 影响旅游者需求的主观因素 … 52
4.3.1 个人需要与旅游动机 … 52
4.3.2 影响旅游动机的因素 … 54
4.4 旅游者的类型与特点 …… 56
4.4.1 观光型旅游者 ……… 57
4.4.2 娱乐消遣型旅游者 … 57
4.4.3 文化型旅游者 ……… 58
4.4.4 度假保健型旅游者 … 58
4.4.5 公务型旅游者 ……… 58
4.4.6 家庭及个人事务型旅
游者 …………… 59
4.4.7 宗教朝觐型旅游者 … 59
4.4.8 购物型旅游者 ……… 59
思考题 …………………… 60

5 旅游资源 …………………………… 61

5.1 旅游资源的概念和特点 … 61
5.1.1 旅游资源的概念 …… 61
5.1.2 旅游资源概念的认识 … 62
5.1.3 旅游资源的特点 …… 63
5.2 旅游资源的分类 ……… 66
5.2.1 旅游资源分类的意义 … 66
5.2.2 旅游资源的分类方法 … 67
5.3 旅游资源的调查与评价 … 73

5.3.1 旅游资源的调查 …… 73
5.3.2 旅游资源的评价 …… 77
5.4 旅游资源开发与保护 …… 85
5.4.1 旅游资源开发 ……… 85
5.4.2 旅游资源保护 ……… 87
5.4.3 旅游资源开发与保护的
关系 …………… 89
思考题 …………………… 90

6 旅游产品 …………………………… 91

6.1 旅游产品的概念与特点 … 91
6.1.1 旅游产品的概念 …… 91
6.1.2 旅游产品的特点 …… 92
6.2 旅游产品生命周期理论 … 93
6.2.1 旅游产品生命周期的
概念 …………… 93
6.2.2 影响旅游产品生命周期的
因素 …………… 94
6.3 旅游产品的构成和分类 … 95

6.3.1 旅游产品的构成 …… 95
6.3.2 旅游产品的分类 …… 97
6.4 旅游产品的开发或规划与
组合 …………… 100
6.4.1 旅游产品开发或规划的
原则 …………… 101
6.4.2 旅游产品的开发运作
过程 …………… 103
6.4.3 旅游产品的组合 …… 104

6.5 旅游线路的设计 ·········· 105
  6.5.1 旅游线路的类别 ·········· 105
  6.5.2 旅游产品线路设计的
      原则 ·········· 108
  6.5.3 旅游线路设计 ·········· 109

6.6 旅游商品 ·········· 109
  6.6.1 旅游商品的定义 ·········· 110
  6.6.2 旅游商品的开发与营销 ··· 110
思考题 ·········· 112

7 旅游业 ·········· 113

7.1 旅游业的概念与构成 ·········· 113
  7.1.1 旅游业的概念 ·········· 113
  7.1.2 旅游业的构成 ·········· 114
7.2 旅游业的性质与特点 ·········· 115
  7.2.1 旅游业的性质 ·········· 115
  7.2.2 旅游业的特点 ·········· 116
7.3 旅游业的影响与作用 ·········· 118
  7.3.1 旅游业在国民经济中的
      作用 ·········· 118
  7.3.2 旅游业在社会环境中的
      作用 ·········· 120
7.4 旅行社 ·········· 121
  7.4.1 旅行社的产生与发展 ····· 121
  7.4.2 旅行社的定义与经营业务
      注册 ·········· 121
  7.4.3 旅行社的分类与业务经营
      内容 ·········· 122
  7.4.4 旅行社的性质与作用 ····· 123
  7.4.5 旅行社的经营与管理 ····· 125
7.5 旅游饭店 ·········· 125
  7.5.1 旅游饭店的概念 ·········· 125

  7.5.2 旅游饭店在旅游业中的
      作用 ·········· 126
  7.5.3 旅游饭店的类型 ·········· 127
  7.5.4 旅游饭店的分级与评定 ··· 129
  7.5.5 国外饭店形成与发展的
      四个时期 ·········· 130
  7.5.6 我国饭店业的发展 ······· 131
7.6 旅游交通 ·········· 132
  7.6.1 交通与旅游交通的定义 ··· 132
  7.6.2 旅游交通在旅游业中的
      作用 ·········· 133
  7.6.3 旅游交通的特点 ·········· 134
  7.6.4 旅游交通的类型 ·········· 135
7.7 旅游景区（点） ·········· 137
  7.7.1 旅游景区（点）的定义 ··· 137
  7.7.2 旅游景区（点）在旅游
      业中的地位 ·········· 138
  7.7.3 旅游景区（点）的类别 ··· 139
  7.7.4 旅游景区（点）的质量等
      级与划分 ·········· 141
思考题 ·········· 142

8 旅游市场 ·········· 143

8.1 旅游市场概述 ·········· 143
  8.1.1 旅游市场的概念 ·········· 143
  8.1.2 旅游市场的构成要素 ····· 144
  8.1.3 旅游市场的特征 ·········· 144
  8.1.4 现代旅游发展状况和旅游
      市场规模的衡量指标 ····· 145
8.2 旅游市场细分 ·········· 146
  8.2.1 旅游市场细分的概念 ····· 146
  8.2.2 旅游市场细分的原则 ····· 147
  8.2.3 旅游市场细分的标准 ····· 147

  8.2.4 目标市场选择 ·········· 149
8.3 世界旅游市场 ·········· 149
  8.3.1 世界旅游市场的发展 ····· 149
  8.3.2 世界六大旅游市场概况 ··· 149
  8.3.3 主要旅游市场分布 ······· 150
8.4 中国旅游市场 ·········· 151
  8.4.1 入境旅游市场 ·········· 152
  8.4.2 国内客源市场 ·········· 153
  8.4.3 出境旅游市场 ·········· 154
8.5 旅游市场营销 ·········· 156

8.5.1 旅游市场营销的概念 ······ 156
8.5.2 旅游市场营销环境的分析
和营销调研 ·········· 156
8.5.3 旅游消费者购买决策 ······ 157
8.5.4 旅游市场营销组合策略 ··· 158
思考题············ 159

9　旅游组织与政策法规 ······ 160

9.1　旅游组织概述 ·········· 160
9.1.1　旅游组织与旅游发展 ······ 160
9.1.2　旅游组织类型 ········ 160
9.1.3　旅游行政组织 ········ 161
9.1.4　旅游行业组织 ········ 163
9.2　国际旅游组织 ·········· 163
9.2.1　国际旅游组织概述 ········ 163
9.2.2　与中国有关的主要国际
旅游组织 ········ 164
9.3　我国的旅游组织 ·········· 167
9.3.1　我国旅游行政组织 ········ 168
9.3.2　我国旅游行业组织 ········ 169
9.4　旅游政策法规 ·········· 171
9.4.1　旅游政策 ········ 172
9.4.2　旅游法规 ········ 173
思考题············ 174

10　旅游的作用与影响 ············ 176

10.1　旅游对经济的影响·········· 176
10.1.1　旅游对经济的积极
影响·········· 176
10.1.2　旅游对经济的消极
影响·········· 181
10.2　旅游对社会文化的作用和
影响·········· 183
10.2.1　旅游对社会文化的积极
影响·········· 183
10.2.2　旅游对社会文化的消极
影响·········· 184
10.3　旅游对环境的影响·········· 186
10.3.1　旅游对环境的积极
影响·········· 187
10.3.2　旅游对环境的消极
影响·········· 188
思考题············ 190

参考文献 ············ 191

1 绪论

本章提示

本章主要阐述了旅游学的学科性质、学科地位、研究对象、研究内容和研究方法，分析了国内外旅游学研究的特点和发展动态，提出了以旅游系统的整体观把握旅游学研究的总体框架。

1.1 旅游学的学科性质与地位

1.1.1 旅游学的学科性质

正确认识旅游学的学科性质，不仅可以解决学科的归属问题，而且对于深入进行旅游学的理论研究和实践应用具有重要意义。现代科学突出的特点是一方面高度分化，另一方面互相渗透，趋向一体化，形成一定的学科体系。自旅游学奠基以来，人们对它的学科性质有过不同的认识。在我国的国标学科名称中，在经济学学科名称下设立了"旅游经济学"（国标学科代码79067），其下又包含了旅游经济学理论（7906710）、旅游经济管理学（7906720）、旅游企业管理学（7906730）、旅游事业史（7906740）、旅游经济学其他学科（7906799）等五个学科名称。而在国务院学位委员会1997年颁布的《授予博士、硕士学位和培养研究生学科专业目录》中，把"旅游管理学"（学科代码120203）设在一级学科"工商管理学"（学科代码1202）之下，与会计学（学科代码120201）、企业管理学（含财务管理学、市场营销学、人力资源管理学，学科代码120202）、技术经济及管理学（学科代码120204）并列为二级学科。无论是经济学科名下的旅游经济学还是管理学科属下的旅游管理学，或两者的全部，都不能涵括现代旅游学的全部内容。旅游学是一门综合性很强的交叉学科。

之所以把旅游学看做是综合性的交叉学科，一是因为旅游活动的综合性以及由此而决定的旅游产业构成的综合性，使得旅游学理论研究也必须体现多学科综合的特征，主要体现为旅游学涉及社会学、经济学、美学、心理学、市场学、地理学、管理学、史学、法学、文化学、医学、教育学、生态学、环境学、政治学、交通学等多学科，并与这些学科有着千丝万缕的密切联系。但旅游学并非只是这些学科的汇集杂合，而是横截了这些学科中可以作为旅游现象的过程和一般规律，并运用规律指导旅游开发和旅游活动，因而具有高度的复杂性和综合性。二是因为旅游活动作为一种综合性的社会经济文化现象，涉及社会的方方面面：文化旅游和传统旅游要求使用人文的方法和理论；由于人们的行为方式不同，旅行的原因也不同，所以有必要运用心理学理论和方法确定促销旅游产品的最佳方案；游客需要政府发给护照和签证方可穿越国界，而大多数国家的旅游发展部门属于政府管辖的机构，因此政治机构的参与要求运用政治学方法；任何行业一旦成为经济巨头，就会影响很多人的生活，它不仅会引起社会学家、地理学家、经济学家和人文学家的重视，还会引起立法机构的重视，由于立法机构为旅游业制定法律和法规、创造法律环境，因此又产生了法律方法等。

总而言之，旅游的范围如此广大、复杂、包罗万象，它所涉及的范围十分广泛，要解决由此而引发的各种社会问题也必然涉及许多社会科学领域和相关学科。旅游作为一门新兴的交叉学科，旅游理论主要是通过"解决问题"式的途径逐步从以上相关学科移植、渗透和融合而来的，这些理论进入旅游学领域之后，逐渐与旅游学中特有的概念、研究对象、特有的问题相结合，又经过一个相当长的过滤、积淀、整合过程，最后成为旅游学独特的理论系统，但其他任何一门学科都不可能单纯解决旅游活动所引发的全部问题和矛盾，因此，有必要运用跨学科方法来研究该领域，不同的方法适用于不同目的的旅游研究，这样就产生了新的交叉学科——旅游学。

1.1.2 旅游学的学科地位

作为一门新兴的学科，旅游学科在整个社会科学体系内居于何种地位？目前学术界尚没有清晰的答案，而对此问题的回答需要对学科和社会科学进行必要的分类。目前学术界对于学科的概念并没有严格的规定，但对于学科的划分通常是通过对人类知识的区分来实现的。目前最普遍的方法是把人类知识分为 4 类：以物理学为研究对象的物理科学；以生物和生命现象为研究对象的生命科学；以人和人类社会为研究对象的社会科学；以人类信仰、情感、道德、美德为研究对象的人文学（人文学通常只作为一种学科，而不是一种科学）。在我国，社会科学与人文学常常混淆，产生了诸如"文科"、"文法科"、"文史"、"人文社会科学"等说法。从目前社会科学的发展趋势来看，社会科学的性质与研究方法逐渐向生物科学接近，而与人文学疏远。在此学科分类体系中，旅游学显然隶属于社会科学，那么旅游学在社会科学中处于何种地位？怎样处理旅游学与其他各门社会科学之间的关系？

1.1.2.1 从旅游学在社会科学的层次来看，旅游学属于单科性社会科学层次

社会科学中的诸学科不仅性质各异，而且还有层次之分。郑杭生在《社会学概论新修》一文中把全部社会科学分为一般、特殊和个别 3 个层次：属于第一层次的是哲学科学（历史唯物论），为一般层次；属于第二层次的是社会学、历史学这样的综合性社会科学，为特殊层次；属于第三层次的是经济学、政治学、教育学等专门的社会科学，为个别层次。旅游学显然属于个别层次，是一门单科性的社会科学，这是因为旅游活动是整个社会活动的一部分，旅游系统是整个社会系统的一个子系统。因此，旅游学与哲学的关系是单科性社会科学与一般科学的关系，主要通过社会学作为中介与哲学相联系，是个别与一般的关系；旅游学与社会学的关系是单科性科学与综合性科学的关系，是特殊与个别的关系；旅游学与其他单科性学科的关系是并列关系，是个别与个别的关系。需要说明的是，旅游学属于单科性社会科学这种提法与旅游学是综合性学科并不矛盾，这是从不同层面对旅游学定位而出现的结果，不要产生误解。

1.1.2.2 从旅游学的学科性质来看，旅游学属于应用性的社会科学

社会科学发展到现在，已经形成了彼此相联又相互区分的框架体系。对此，我国台湾地区学者魏镛提出了一种以人为中心的社会科学框架体系，把各门学科区分为五大类：第一类是基本社会科学，主要包括人类学、心理学、社会学、政治学、经济学和地理学，这些学科比较倾向于人类社会基本知识的追求及理论的建造，故称为基本社会科学，上述六科除地理学外，均直接研究人类行为，故亦可称之为"行为科学"。第二类是应用社会科学，主要包括教育学、行政学等比较倾向于实际应用的学科，称之为应用社会科学。近年来这些学科除了利用基本社会科学的发现与理论之外，自身也从事于独立的创作性的研究或称之为原本的

研究，获得许多有价值的发现，并提出一些关于基本科学范围的新理论，所以也不能说是完全应用性的科学。第三类是规范性的社会科学，主要指法律学，其主要内容为建立人类社会行为之规范，在各种社会科学中独树一帜。第四类是分析性的社会科学，主要包括统计学，是一种建立在数学和逻辑学上的知识和方法。第五类是记载性的社会科学，主要包括历史学，主要任务是记载和整理人类活动的经验。按上述框架体系，笔者将旅游学定位于应用性社会科学，这首先是由于旅游学本身所呈现出的明显的"跨学科"特征，说明了旅游研究主要是借鉴社会学、人类学、心理学、地理学、历史学、经济学等学科的理论来研究旅游活动中的问题，是作为这些学科理论在旅游研究领域中的应用，但自身也存在若干独创性的理论研究。其次，从知识形成的路径来看，旅游学知识体系的形成需要更多的实践来推动，而不是相反，旅游研究所涉及的基本概念几乎都是来源于旅游实践，从旅游者的技术性定义到某一区域旅游吸引物、旅游资源、旅游产品的界定，都是以实践为导向的。

1.2 旅游学的研究对象与任务

1.2.1 旅游学的研究对象

从世界范围看，旅游学研究开始于现代社会，相对于其他比较成熟的学科，属于十分年轻的学科，因而，对旅游学的研究对象、学科性质、学科体系、研究方法等基础理论问题还有很多争议，旅游学研究在历时不到一个世纪的发展进程中，也取得了许多可喜的成果，不论在研究内容的认定和研究方法的运用，还是在研究内容的组合或理论与概念的构架上，都逐渐从单纯发展到丰富、浅薄发展到深刻，从旅游现象的描述到旅游内涵的探索，尽管到今天仍不能说已经成熟，但旅游学是富有生命力的新兴学科。

旅游学的研究对象是什么？各个旅游学者有着不同的认识。

林南枝认为：旅游学是研究旅游最一般的规律的科学，是旅游活动之综合概括，包括了旅游史、旅游业、旅游文化、旅游经济等。

李天元认为：旅游学是研究旅游者、旅游业以及双方活动对旅游接待地区社会文化、经济、环境之影响的科学。

明庆忠认为：旅游学是以旅游现象和过程为对象，研究旅游复合体产生、演化运行规律以及旅游活动运动规律的一门科学。

田里认为：旅游学是以世界范围为统一整体，以旅游的社会经济条件为特点，研究各类旅游的发生、发展及活动规律的科学。

编者认为，旅游学是一门关于研究旅游系统的一般规律的科学。旅游系统包含三个层次：第一层次是以游客为中心的旅游活动，第二层次是以旅游企（事）业为中心的旅游产业，第三层次是以行业管理为中心的旅游事业。

1.2.2 旅游学的研究任务

由前文所述可知旅游学的研究对象是旅游活动的内在矛盾，所以旅游学的任务就是要通过研究来认识这种矛盾的性质及其发生原因、形态结构、运动规律和它所产生的各种外部影响。旅游学的研究任务如下。

① 阐明旅游活动的本质及与社会经济发展的关系。

② 研究旅游活动的类型和主要内容。

③ 研究发展旅游业的各种条件、基本要素及各要素之间的关系。

④ 研究旅游活动发展所产生的基本影响。

⑤ 分析世界和我国旅游业发展的前景和需要解决的主要问题。

1.3 旅游学的研究内容与框架

1.3.1 旅游学的研究内容

加拿大旅游学家斯蒂芬·史密斯在其名著《旅游分析手册》中对现代旅游的研究内容作了如下几点精彩的描述。

1.3.1.1 旅游作为一种人的经历

旅游是人们所进行的并时常从中感到乐趣的一种活动，旅游者会产生不同的心理、会有不同的身心感受、会获得不同的满足感、会有不同的行为。要深入了解旅游现象，就要研究人的行为：其一，人为什么要旅游，为什么一些人旅行而另一些人不旅行，旅游需要是怎样形成的，动机是什么，怎样解释这种行为；其二，从旅游中考察存在于人类常规经历之外人类内在心理和行为、预测旅游决策，心理学家、行为学家将有用武之地，这些理论会使得对人类的未来行为的方向和预测成为可能；其三，旅游者的旅游期望是什么，如何实现，旅游将给旅游者带来什么？由于人们的行为和方式不同，旅行的原因也不同，就有必要运用心理学的方法解释和预测旅游行为、确定设计和促销旅游产品。

1.3.1.2 旅游作为一种社会行为

毫无疑问，旅游带来利益，但并非十全十美，旅游不是一个绝对的理想产业，代价和利益的增长并不成比例，发展旅游会产生什么社会效应，下面列举出旅游带来的利益：可以提供技能型和非技能型就业机会；产生所需外汇供应；增加收入、增加国民生产总值、有助于经济多元化；可通过地方产品和资源来发展；加强遗产与传统的保护，打破语言、阶级、种族、政治、宗教和社会文化的障碍，促进国际间交流与和平，促进全球一体化。但下面又可以列举出旅游让社会付出代价的一面：形成对资源的过度需求；自然物理环境恶化；导致污染、犯罪、卖淫、赌博发生率提高；传统文化的异化和消失；经济和政治的脆弱性增强；文化、宗教、艺术的商业化。社会学将用人文方法研究社会、社会机构和社会关系，旅行将怎样深深影响他们的个人和家庭及社会关系。

1.3.1.3 旅游作为一种地理现象

从客源地到旅游目的地的旅行是旅游的一个固有的区别特征。地理学研究有助于确认和分析旅游功能区域的存在，也可将其进而作为划分或评价某个旅游协作组织的地理覆盖范围的基础。预测客源地和旅游目的地之间的旅游流量是地理研究的另一个重要领域，可对旅游区域、度假区和旅游走廊进行形态学分析，对于旅游规划也很重要。

1.3.1.4 对旅游的经济学研究

许多地区对于本地旅游企业的发展很感兴趣，因为这个行业具有从其他地区吸引货币收入的潜力。旅游业也可成为保护当地重要遗址、节庆活动和文化活动的积极力量。不幸的是，成功地吸引旅游者来欣赏和维持当地重要特色的同时，也带来了破坏这种特色的因素。成千上万的游客每天到达永久居住人口可能只有几千人的地区，可能会很快将原先吸引旅游者的那些真正特性淹没掉。作为一种社区财源的旅游业的前途在于对旅游业可能产生的收益和可能要付出的代价都要从实际出发进行评价。

1.3.1.5 旅游作为一种商业活动

这方面研究包括企业结构和管理效率的提高，应付该行业固有的风险和不稳定性的各种策略。旅游业对于外部力量来说是特别脆弱的。某个外国存在的政治不稳定和恐怖主义等问题，会阻碍旅游者到该国的旅行，也会为可替代该国的旅游目的国，带来意想不到的收益。流行病、自然灾害、气候问题、货币汇率变化、新的税收立法规定或出入境手续的变化，都可能很快使互相竞争的各个旅游目的国相对吸引力发生戏剧性变化。旅游经营者通常依赖个人的经验和与其他经营商的联系来了解、预计和应付这些问题。然而，只有当他们具有获得专业文献、参加专题讨论会或接触有关咨询人（不论民间的还是政府的）的途径时，才有可能使其应付问题的机制得以改善。对于旅游经营商所面临的问题，既需要进行实用性旅游研究，也需要进一步开展基础性学术研究。

1.3.1.6 旅游作为一种行业

旅游业并不仅仅是许许多多各不相干的企业，而是一个政策性很强的行业。更确切地说，广义的旅游业是若干相关行业的集合体，包括交通、住宿、餐饮服务、各种吸引物和活动项目，以及零售经营活动等。旅游业的一个重要特点是具有劳动密集性。一定的收入水平在旅游业中所维持的就业机会要远比同样收入水平在其他行业中所维持的就业机会多得多。

旅游业也是地区间和国际间现金流动的重要来源。各级政府都鼓励旅游业的发展，因为它能够带来新的财富和创造新的就业机会。各级政府也应关注旅游业的社会和环境效应。如

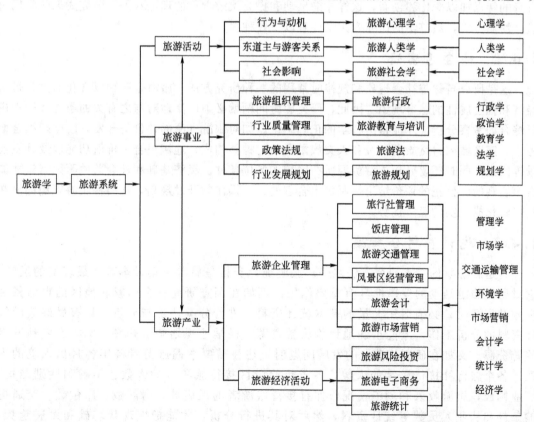

图 1-1 旅游学科体系

果想达到收益增到最大而问题减到最少的目的，各级政府在制定各项政策时，以实际研究为基础，会使旅游业发挥更大的作用。

1.3.2 旅游学的研究框架

旅游学是一门综合性的交叉性学科，与它所统驭的相关的分支学科一起，构成了研究旅游现象的综合学科体系。在这个体系中，包含着有所不同但互相关联的三大模块。第一个模块集中研究旅游者活动，这是旅游学的核心领域，旅游学作为一门跨学科的性质，集中体现在这一模块当中，这一模块在方法论上也比较广泛地吸收了诸多人文学科的成果。第二个模块集中研究旅游产业活动，这是旅游学的扩展领域，在方法论上比较多地吸收了管理学和经济学的成果。第三个模块是由一些研究旅游者需要（或需求）与旅游产业供给二者之间的关系的学科构成的。

旅游学科体系可以用一个框架图来描述，图 1-1 说明旅游研究的跨学科性质及其与相关学科的关系。

1.4 旅游学的研究方法

旅游学是从综合的角度研究旅游活动及其所反映的各种现象和关系演变规律的边缘性学科。研究旅游问题既要借鉴科学研究中一般的归纳、演绎和类比的基本方法，又要根据学科自身的特点加以深化和创新，这样才能推动和提高旅游学科的理论水平和研究成果的实用价值。简而言之，旅游学的研究方法主要有以下几种。

1.4.1 综合考察法

这是研究自然与社会现象和规律时常用的一种研究方法。旅游是一种以文化为主，带有经济和社会属性的综合现象。因此，研究旅游问题就必须广泛地对与之有关的条件和因素进行综合的考察分析，才能得出科学的正确结论。如对旅游资源的评价与开发，就必须综合地考虑一定区域内自然旅游资源和人文旅游资源的种类构成、地域组合、价值功能以及开发前景等因素，同时还要分析旅游资源所在区域的区位条件、经济基础和社会条件等因素，才能得出客观的、公正的评价结论，制定出合理的、可操作的开发规划，从而将旅游资源的潜在优势转化成现实的经济优势。

1.4.2 统计资料分析法

这是旅游学的基本研究方法之一。旅游统计资料是旅游活动最客观、最现实的反映，它对研究旅游活动的规律性具有重要作用。例如在调查研究一个国家和地区的自然景观和旅游资源时，必须运用大量的基本统计资料，进行分类评价与分析。只有做好旅游统计资料的分析工作，才能正确地评价旅游资源，科学地规划旅游开发方案，有效地开发旅游资源。又如在研究旅游业的发展问题时，往往需要掌握旅游者各年各月出入境的人数，各个旅行社接待游客的人数，各省市旅游区接待旅游者的人数、年龄和性别结构、职业构成，旅游收入和创汇情况，拥有接待旅游者的饭店数、房间数、床位数、交通运输条件和从业人员数等统计资料，然后对其进行分析，才能把握现状基础和发展趋势，进行科学的决策和管理。

1.4.3 旅游图表法

旅游的最基本特征是其活动的空间性和过程性。如各类景区、景点和旅游线路、旅游设施等都可以用不同符号在图上表示。在现实的旅游活动中使用旅游图是常用的手段和方法。导游图、交通图、资源分布图、旅游线路图以及各类专题旅游图等，是旅游开发者、管理者、欣赏者、研究者必备的工具和资料。因此，旅游图表法是旅游学的基本研究方法之一。

1.4.4 抽样调查法

这是科学研究（特别在社会科学领域）中常用的一种方法。旅游是一种综合性的社会经济文化现象，涉及文化、经济、政治和社会的许多方面，动态性强。采用随机的抽样调查法，研究旅游的某个方面问题往往是最经济、最省时、最有效的方法。如在一些国家的饭店、机构、过境处（海关等）备有请旅游者填写的表格，向旅游者征询意见或做调查，从这些调查资料的分析研究中，可掌握旅游者的动机、兴趣、线路选择要求等，从而了解客源市场的现状，预测变化趋势。

1.4.5 模式分析法

模式分析是一种描述性分析工具，用于刻画现象的结构、形态、关系和流程，具有很强的表现力和抽象力。对于复杂的现象，模式分析试图通过用单纯的文字叙述、图像描述、数字公式等形式加以重构、解释和预测。一个模式图可以表明任何结构过程的主要组成部分以及这些部分之间的相互关系。在社会科学中，模式分析具有揭示出系统之间的次序及其相互关系的构造功能、解释和启发功能、预测功能等优点。加拿大旅游学家斯蒂芬·史密斯的《旅游分析手册》中，大量地介绍了一些旅游研究常用的模式。由于模式是一种趋向于定式化思维的研究方法，不可避免地具有不完整、过分简单以及含有某些未被阐明的假设等缺点。因此，模式的运用有一个适宜性的问题，必须针对自己的研究目的去选择正确的模式。

1.4.6 野外工作法

这是社会学和环境科学中广为使用的研究方法，也是一种实证性的研究方法。旅游现象的发生、发展都具有空间性特征，而野外工作强调直接的观察、访问、记录和测量等方法和手段的应用，因此，成为旅游研究的重要方法之一。毫无疑问，旅游景区景点的研究离不开细致的野外工作，且对旅游的社会文化影响开展研究来说，这种方法常常是最重要的方法。运用野外工作法，对我们研究旅游发展与社会文化变迁、环境演变、收入渠道、经济发展水平、传统技艺传承、社会结构变革、宗教特征和艺术生活等方面的关系都有很大帮助，实际上也是获得这些方面的认识和知识的基本渠道。

综上所述，随着科学技术的发展，尤其是地理信息系统（GIS）的推广，旅游学研究的方法和手段也发生着深刻的变化。现在，旅游学信息的获取主要靠系统的观察记录（如旅游年鉴、旅游统计年鉴等），并辅以普查和典型调查。而旅游学信息的处理、存贮、传递和分析使用，主要是依靠计算机处理系统。使用的思维方法则以系统思维为主，其中包括从整体出发的分析与综合结合、归纳与演绎、统计分析结合、定性分析与定量分析结合、宏观分析与微观分析结合、动态分析与静态分析结合等。所以，旅游学的方法论基础是自然辩证法以及在此基础上逐渐发展起来的系统思想。

1.5 旅游学研究进展

1.5.1 国内旅游学研究进展

我国旅游学研究起步较晚，开始于20世纪70年代后期。通过引进国外旅游研究成果和总结我国旅游发展实践，我国旅游学的研究成果不断涌现。早期的研究成果主要集中在旅游经济学和旅游地理学方面，后来在旅游企业管理、旅游规划、旅游社会文化等领域的研究成果也日益丰富。在旅游学的理论研究上，标志性的成果是一批有关旅游学和基础旅游学的专著和教材的出版，如较早出版的徐明、谢彦君所著《旅游学概论》，比较完整地建立了旅游学的逻辑体系，以体现对旅游学科体系的准确认识。李天元撰写的《旅游学概论》既注重同国际旅游学术接轨，又反映了我国旅游发展和旅游研究的国情。王德刚编撰的《旅游学概论》追求的是旅游学科体系的完整和理论的成熟。而朱华撰写的双语教材《旅游学概论》为我国培养更多的具有国际旅游视野、理论基础扎实、英语能力强、运用国外前沿理论解决中国旅游实际问题的高素质旅游人才做出了贡献。

此外，我国部分知名旅游院校和旅游研究机构、旅游出版单位于2001年发起成立了中国旅游学术论坛（China Tourism Academy，CTA）。该论坛是站在中国旅游学术研究前沿，以推动多学科、跨学科研究旅游现象为目标的民间性纯学术组织。该论坛每年举办一次学术交流活动，对于推动我国旅游学术研究的发展、提升旅游研究的层次、拓展旅游研究的领域、扩大旅游研究成果的社会影响、促进中国旅游研究成果在国内外的传播与交流具有积极意义。近年来相继成立的中国旅游研究院、中国旅游协会旅游教育分会，以及江苏省旅游学会等地方性旅游学术研究组织，为国内旅游学研究起到了一定的推动作用。

我国旅游研究在数量与质量上虽然有了一定的积累，但是与国外的旅游研究相比还显得不成熟。主要体现在研究视角不够开阔，目前很多成果还处于引进阶段；研究手段还存在差距，研究的深度还不够。目前，我国对旅游基础理论研究还显得薄弱。基础理论研究是旅游科学的基石，它影响旅游学科的建设和旅游学科的地位，也在一定程度上影响旅游高等教育。

1.5.2 国外旅游学研究进展

关于国外旅游学的研究，主要以发表在《旅游研究记事》（Annals of Tourism Research）、《旅游研究杂志》（Journal of Travel Research）、《旅游管理》（Tourism Management）、《旅游评论》（Tourism Review）四大国际核心旅游刊物上的文章为分析基础，这些期刊在国外旅游学研究领域有着崇高的学术地位，因此，在该刊物上发表的文章一般都具有比较高的学术价值，相应研究成果基本上可以代表国际旅游学研究的最高水平，能够比较好地反映国外旅游学研究的主要成果和基本脉络。同时这四大刊物具有很强的综合性，其所发表的文章涉及旅游经济、旅游管理、旅游地理、旅游生态、旅游文化及旅游规划等诸多学科，内容基本上涵盖了目前旅游学研究所涉及的相应学科。刊物的综合性，使得这些刊物上所发表的文章，能够十分全面地反映当前国外旅游学的研究脉络和研究进展情况。

1.5.2.1 以旅游者为中心的旅游活动

有关旅游者旅游行为和心理研究已经成为旅游学研究的最大热点，研究者们从不同的角度研究了旅游者的旅游心理和行为，其中旅游动机的研究居主要地位，J. Gnoth（1997）研究了旅游动机和期望的形成，J. L. Crompton（1997）等研究了旅游者参加节日事件的动机，Paul K. Ankomah（1996）等研究了认知距离对于假期旅游选择的影响，C. Ryan（1998）则从定量的角度，研究了休闲动机的衡量在旅游中的应用。同时，还有不少有关旅游动机的真实性等方面的理论和实证研究。此外，研究者对旅游体验的真实性提出了一些看法：George Hughes（1995）对旅游中的真实性做了研究，N. Wang（1999）则对旅游经历的真实性做了更深层次的思考。在理论研究的同时，还提出了一些分析模型，如 M. S. Jackson（1996）提出了旅游体验的归因框架，Deborah Crick Furman（2000）提出了旅游者的多重价值观模型。另外，学者们还就影响旅游行为的因素做了一些探讨，分析了诸如国籍、地理知觉和环境对旅游行为的影响。有关旅游业主、旅游地居民的心理和行为方面，Yong Soon Kang（1996）研究了居民对合法赌博的态度，Victor Teye（2002）等人研究了当地居民对旅游发展的态度，Jens Kristian（2000）则通过地中海执照旅游的实证分析，研究了旅游反对者的态度。在定量研究方面，Dogan Gursoy（2002）从结构模型的方法来研究居民的态度，K. Lindberg（1997）则构建了居民对旅游态度的模型。

1.5.2.2 以旅游企（事）业为中心的旅游产业

在旅游市场研究方面，研究者主要关注的是旅游市场需求分析与预测、旅游营销和旅游细分市场的实证分析，而有关旅游市场的供给和旅游市场的价格方面的研究成果则比较少。在旅游市场需求分析与预测方面，研究的重点是旅游需求模型的构建和旅游需求的预测。Sarath Divisekera（2003）构建了国际旅游业的需求模型，C. Lim（1997）回顾了国际旅游需求模型，C. L. Morley（1998）构建了一个动态的国际需求模型。在需求预测方面，Kevin Greenidge（2001）用 STM 方法预测了旅游需求，F. Chu（1998）预测了亚太国家的旅游需求。同时，也有少量的旅游需求的一般分析和对未来旅游需求各个指标的预测。

在旅游营销研究方面，Bill Bramwell（1996）研究了工业城市的旅游营销形象，Myriam Jansen Verbeke（1996）从博物馆旅游者的角度研究了城市旅游营销，同时，也有关注旅游经济中销售业中的混乱现象的研究。在旅游细分市场研究方面，Joseph S（2003）按照旅游者的感觉而得出的旅游市场分割情况做了理论研究，不过，这方面的研究成果多为实证研究，如 Livio Di Matteo（1996）分析了加拿大跨国旅游市场等。

关于旅游效应的研究，样本文章主要是从旅游的经济效应、社会效应及其综合效应等方面来研究的，同时，也给予了生态环境效应以一定的关注。在综合效应方面，Joseph S. Chen（2001）从实证的角度，研究了一个河船竞赛影响的范围；R. Keith Schwer（2000）以大峡谷为案例，研究了航空旅行的综合效应。在经济效应的研究中，研究者比较注重实证研究，Ayele Gelan（2003）研究了英国公开赛的当地经济效应，此外，还有一些这方面的定量研究。在社会效应方面，Gordon Waitt（2003）研究了悉尼奥运会的社会效应，Edith Szivas（1999）研究了经济转型过程中的旅游就业效应，Haemoon Oh（2001）研究了赌博行为对意志消沉的影响。在旅游生态效应方面，N. S. Lukashina（1996）研究了俄罗斯 Sochi 地区的旅游业和环境退化，Stefan Gossling（2002）研究了旅游业中人与环境的关系。

对于旅游管理的研究，文章侧重于一般性实证分析，而对于旅游决策的研究，则重点研究的是旅游决策的形成过程。文章对于这两方面的研究大多停留在一般性的分析，缺乏模型的构建和深入的理论研究。当然，这种情况出现的原因还可能与《旅游管理》（Tourism Management）杂志的存在有关，这是一个以发表旅游管理方面文章见长的杂志。在旅游管理类的研究中，Korel Goymen（2000）从实证的角度研究了土耳其的旅游管制，Darren J

（2001）研究了护照和边界控制的关系，同时，也出现一些评价旅游治理风格的研究成果。在旅游决策的研究方面，A. Zalatan（1998）研究了旅游决策过程中的妇女参与，D. G. Pearce（1998）研究了公众介入对于巴黎旅游发展的作用。此外，还有少量有关惯例在旅游决策过程中的作用等方面研究。

关于生态环境与旅游，在样本的文章中，在有关旅游与生态环境的关系上，观点还存在着分歧。认为两者能协调发展的研究，在文章的数量上占有优势，Lisa M. Campbell（1999）认为社区中也存在着生态旅游，G. T. Hvenegaard（1998）研究了泰国国家公园的生态旅游，David B. Weaver（1999）研究了哥斯达黎加和肯尼亚大规模的生态旅游，G. N. Wallace（1996）则评估了亚马逊地区的生态旅游的价值。但是认为两者存在着冲突的观点也从来没有停止过，K. Lindberg（1996）通过实证研究的方法，对生态旅游是否存在提出了疑问，D. Wilson（1997）也指出了在保护西藏原羚与开发旅游之间的悖论。在这些文章中也不乏偏激的观点，比如认为生态是给旅游加上的商标，两者根本无法融合。

以上的研究仅仅局限于旅游产业，将旅游产业与其他产业进行结合而产生的新型旅游形态也受到了研究者的关注。比如花卉与旅游，随着人们生活水平的不断提高，花卉作为最为鲜明、最具特色的旅游资源，正受到越来越多人的青睐，显示出良好的发展势头。研究者们通过对花卉旅游文化内涵和花卉旅游文化审美意义的分析，旨在为花卉旅游市场的开发和经营模式奠定基础，最终为花卉旅游的发展提供新思路，将花卉产业与旅游业进行完美的融合，为旅游业的可持续发展提供一条新途径。

1.5.2.3 以行业管理为中心的旅游事业

关于此方面的研究以旅游组织与旅游业发展为主。有关旅游业发展一般性分析的文章在样本中比较多见，这些研究一般强调实证分析，理论性不太强，如 David Harrison（1995）研究了瑞士旅游业发展，Robert A（1995）研究了突尼斯的旅游和发展等。但是从属性上来说，旅游是一种经济现象，在有关旅游业发展的文章中，研究者还比较关注对旅游产业的经济组织的研究，P. Tremblay（1998）对旅游经济组织作了一般性的探讨，B. Davies（1999）研究了英国的旅馆业的产业组织情况，Stephen Wanhill（2000）研究了中小旅游企业的发展情况。

1.6 对未来旅游学研究展望

目前，国内外旅游学科研究开始注重从人本化、信息化角度研究旅游的发展。这种趋势在未来的研究中将进一步得到加强。世界旅游组织始终把"保护生态环境、以人为本、消除贫困、创造就业"等作为全球旅游发展的崇高的"社会导向"。世界旅游与旅行理事会也提出，旅游企业"将社会责任融入核心价值观"、"确保平稳发展"，鼓励旅游目的地、非政府组织和企业在可持续发展方面的最佳实践。国际社会旅游组织则将"降低社会排斥、促进社会公平、参与者共享发展成果、新的非资源消耗型发展、帮助落后地区"作为旅游业发展的使命。

旅游研究作为社会经济文化研究的重要领域，其研究者的价值取向对于研究的方向、结论具有极大的影响。当前，以人为本、和谐社会、可持续发展等理念已经得到社会广泛认同，因此旅游研究更应具有人文关怀的价值观。注重旅游人本化研究的重要表现之一是对旅游可持续发展的关注。目前所谓的旅游可持续发展研究较多地从资源与环境的角度展开，实际上，旅游可持续发展涵盖了资源、环境、经济、社会、文化等诸多方面的内容，未来的研究将越来越重视旅游可持续发展的目标体系、评价方法及指标体系的构建。旅游研究的人文化也可以通过旅游教育来完成，因此，旅游教育也是未来研究的重要命题。从经济的全球化来分析，旅游教育的培养目标会从国内型人才向国际型人才方向过渡，那种以旅游目的地为主体的旅游学科研究必然会向旅游一体化研究拓展，从而产生一系列新型研究课题，如旅游企业跨国经营、旅游企业集团化研究、旅游国际一体化、旅游国别研究、传统意义上的旅行社经营与管理、饭店经营与管理、旅游经济学等内容都会在内容和体系上发生重大变化。同时，由于现代信息技术的发展及其在旅游业中的运用，旅游的科技化问题也受到越来越多的关注。计算机及信息技术在旅游企业（酒店、旅行社、交通运输公司）管理中的应用并与其他企业形成的电子商务活动、旅游目的地管理信息系统的构建等，对于旅游业的影响研究已经有了可喜的尝试，但仍然处于起步阶段，旅游学科的研究应当往此方面进一步深入。此外，与旅游相关的社会现象开始受到关注，例如旅游开发对目的地语言文化景观的影响效应表现出其独特的影响方向和空间特征。对于其他社会现象，如 SARS、禽流感、甲型流感等疫情对旅游的影响，恐怖主义对旅游的影响，旅游犯罪等旅游安全风险方面，都开始引起了国内学者的关注。

随着旅游研究领域的不断开拓和旅游研究方法的不断改进，旅游研究在世界范围内呈现出蓬勃发展的新局面，旅游学将在未来 20 年中不断取得可喜的进展。

思 考 题

1. 你是如何理解旅游学的学科性质和学科地位的？
2. 旅游学的研究对象和研究内容是什么？
3. 旅游学有哪些研究方法？
4. 了解国内外旅游学研究的特点和发展动态。

2 旅游史

本章提示

    本章主要讨论了国内外的旅游发展简史，分别介绍了古代的旅行活动、近代旅游史、现代旅游史以及旅游的发展趋势。通过对本章的学习，了解世界旅游史的发展历程，了解各个不同时期影响旅游发展的不同因素、事件。

    有学者云，旅游活动"古"即有之，其实这是一种易于产生误导的模糊观点。因为就"古代"一词本身而言，因世界各地、各民族的发展历史不同无统一年代界定，由此导致人类的旅游活动究竟古及何时难以明确回答。此外，无论我国古代的经典辞书还是其他国家的古代词典也都找不到"旅游"字样，因而也使该问题难以回答。旅游活动"古"即有之的观点显然有失偏颇，当然此观点既有其正确一面，也有其欠妥之处。说其正确，是因为现今旅游活动的缘起可追溯到古代旅行；说其欠妥，是因为它有可能使人错误以为，自有人类存在之日起，旅游活动便已存在。然则究竟该如何理解"旅游活动古即有之"呢？

    客观而言，现今旅游活动的确可以追溯到古代的旅行发展。因为早在"旅游"一词问世之前，具有类似行为内容的活动远古时期就已经存在。但由于其活动性质与现今的差异，人们将其称之为"旅行"而不是"旅游"。因此，对旅游史的认识要本着历史唯物主义原则，客观地反映这些活动的本来面目。

2.1 古代的旅行活动

2.1.1 原始社会早期的人类迁移活动

    原始社会早期，人类使用的生产工具主要为石块等简陋方式，生产力低下，在自然分工的基础上，靠渔猎和采集为生，先民们的生存饱受饥饿和自然灾害侵袭，劳动所获除了供自己食用之外，根本没有剩余物的存在，人们不得不依靠集体的力量同自然界抗争，过着原始共产主义式的生活。因此，先民的社会活动范围基本局限在氏族部落内部，当时人们不仅在客观上不具备外出旅行的物质基础，主观上也缺乏外出旅行的愿望，还没有产生有意识地外出旅行的需要。当然，这一时期内也出现转移到异地生活的集体迁移活动，但这种情况的发生常常是遭受某些自然因素的威胁（如洪水、严寒等天灾），或是受特定人为因素的逼迫（如部落战争），是出于求生存的需要，属于不得已而为之的行为。因此，这类迁移活动所具有的被迫性和求生性充分表明它们远非当今意义上自愿而主动的旅行，更不属于现今意义上的旅游活动。

2.1.2 人类旅行需要的产生

    原始社会末期，由于生产工具和生产技术的进步，导致生产效率的提高和劳动剩余物的出现，随之出现了社会分工和商品交换。随着金属工具的推广和改良，农业和畜牧业有了较快的发展，手工业也逐渐发展起来。伴随商品经济的产生和日渐发展，交换作为一种社会职能有了明显的加强，原始社会随之瓦解，奴隶社会开始形成。由于生产技术的进步、道路和交通的发展，人类社会中出现了小范围的游动和旅行。当时专门从事商品交换的商人，为了解异域的生产与需求状况，以及交换产品，成为最早的旅行者。所以，旅行最初远非是消遣和度假活动，是人们为扩大贸易、扩大对其他地区的了解和接触的需要所产生的一种活动。因此，是商人开创了旅行的通路。

两河流域、尼罗河流域是人类文明的发祥地。自公元前32世纪埃及建成统一的奴隶制国家起，商人与两河流域即有往来。他们或经苏伊士出地峡，或从尼罗河通红海，进行频繁的商务旅行。约公元前28～公元前23世纪，埃及确立了以法老为首的中央专制政体，开始大规模兴建金字塔和神庙。吉萨金字塔、卢克索神庙、阿希·西姆贝尔神庙等的建成，吸引了无数前来旅行的人们，公元前1567～公元前1085年，埃及已是闻名世界的旅游胜地。据记载，公元前1490年埃及荷赛特女王访问旁特地区（约今天的索马里），此行被视为世界上第一次以和平游览观光为目的的旅游活动。公元前23～公元前21世纪，两河流域出现了苏美尔、巴比伦等奴隶制国家，其中巴比伦的商业尤为发达，商人成为最活跃的旅行者。曾游历过巴比伦的著名希腊历史学家希罗多德赞誉巴比伦"壮丽超过了世界上任何城市"。生活在地中海、爱琴海地区的腓尼基人，约在公元前20世纪初建立奴隶制城邦，而腓尼基人以航海、贸易、殖民著称，被认为是世界上最早的旅行者之一，他们到处周游，西越直布罗陀海峡，东到波斯湾、印度，北至波罗的海，南达亚速尔群岛。之后，小亚细亚、巴勒斯坦、叙利亚、伊朗高原、中国、印度等先后进入奴隶制社会阶段。随着国家的统一，以及奴隶制政治、经济、文化的发展，为古代旅行的产生创造了条件。此外，一些从事艺术、科学、教育、宗教的文化人也渐渐加入旅行的行列。至公元前10世纪，世界古代旅行的产生地主要在亚洲和非洲东北部。

进入古希腊、古罗马时代，古代旅行出现了空前繁荣。约公元前8世纪，古希腊产生了雅典、斯巴达、亚哥斯、科林斯、底比斯等奴隶制城邦。公元前1世纪，古罗马帝国诞生。希腊、罗马作为欧洲文明发祥地，创造了光辉灿烂的人类文化。巴特农神庙、奥林匹亚宙斯神殿、露天剧场、万神殿、科洛西姆斗兽场等成为古代旅行者神往的地方。开创于公元前776年的奥林匹亚竞技会是当时世界上最大的宗教、体育和旅游盛会。城市经济和文化的发展，使城市游览和娱乐活动十分活跃，市场、剧场、神庙、学园、凯旋门、纪功柱等成了市民和游客常去的地方。此外，当时的集市上还出现各种各样的杂要表演，艺术家们通过音乐、舞蹈、魔术表演、博彩游戏等手段营造热闹气氛，娱乐观众，吸引顾客。这类公众游戏场地慢慢又演变为专门的户外游乐场地，这也成为现今主题公园娱乐形式的雏形。

2.1.3　中世纪旅行活动的发展

进入中世纪，人类由奴隶制社会跨入封建制社会，无论东方还是西方，都出现了一大批中央集权统治的封建王国和王朝，并纷纷采取一系列推动社会发展的政策与措施，如统一货币、制定法规、建造驿站传舍以及修筑御道与驿道等，这些举措都有力地促进了商品经济的发展与旅行活动的进行。此时的旅行者主要是封建帝王、官宦大臣、王公贵族、富商巨贾及知识界上层，广大平民百姓的身影仅在宗教朝圣队伍中可以见到。

在中世纪时代，世界所发生的一系列事件对古代旅行、旅游活动产生了重大影响。

（1）地理大发现

15～17 世纪，欧洲国家统治者为了扩大东方市场，获取更多的黄金、香料和其他财富，迫切需要寻找一条通向东方的新航路。当时旧的欧亚通道被土耳其人控制，阿拉伯人又独占经由出埃及、红海通往东方的航线。1492 年，哥伦布首次横渡大西洋到达美洲，1493～1502 年期间，他又三次航行抵达加勒比地区与中南美沿岸地带。1498 年，达·伽马发现绕过非洲南端好望角到达印度的航线。1519～1522 年，麦哲伦率领船队完成了第一次经大西洋沿美洲大陆通往太平洋的环球航行。因此，地理大发现打通了欧亚非美四大洲之间的海上交通，扩大了世界市场，使东西南北世界联成统一整体。同时，新航线的开辟，也极大地推动了旅游活动，并因此产生了一大批探险家、航海家和旅行家。

（2）三大宗教地位的确立和宗教改革运动的进行

公元前 6 世纪至 5 世纪，释迦牟尼创立了佛教，并陆续传播到印度以外的国家和地区，成为世界性的宗教。公元 1 世纪，基督教诞生，西罗马帝国灭亡后，罗马文化让位于基督教文化，且在政治、经济、社会生活中，基督教成为封建统治的支柱。公元 7 世纪，穆罕默德建立了伊斯兰教，随着阿拉伯帝国的创建，伊斯兰教成为地跨欧亚非的世界性宗教。至此，世界三大宗教地位确立，宗教活动渗透到社会各领域，同时也随着宗教的狂热，进一步推动了宗教徒的朝圣、朝拜等旅行活动。为了求法、取经、修行，虔诚的教徒纷纷涌向宗教圣地，如犹太教、基督教、伊斯兰教的圣地古耶路撒冷，教皇所在地梵蒂冈和因各种宗教事件、宗教人物出名的地方，均成为宗教旅行的目的地。在欧洲、中东也出现了许多条"朝圣之路"，如 12 世纪英国曼彻斯特圣坎特伯雷大教堂的大道便是一例。朝圣者成为当时最常见的旅行者之一，他们行装简单，不畏艰险，沿着"上帝"、"真主"、"佛祖"指引的方向行进。于是在朝圣路上建起的众多旅店、客栈，修道院、庙宇也成为旅行者的过夜场所。

16 世纪，德国、瑞士、奥地利、荷兰、英国、法国以及北欧、东欧国家爆发了马丁·路德、加尔文、闵采尔等领导的宗教改革运动，这就产生了以反对教皇控制为主的反封建运动，为资本主义发展创造了有利条件，摆脱教会势力控制的旅馆业也成为原始资本积累发展较快的经济部门。

（3）马可·波罗的中国之行

马可·波罗（Marco Polo，1254～1324 年）是意大利著名旅行家。公元 1271 年他随父亲、叔父从地中海阿克城（Acre）出发，途经小亚细亚、两河流域、波斯、阿富汗、中亚细亚、帕米尔高原、塔克拉玛干沙漠、戈壁沙漠到敦煌，于 1275 年抵达元大都。其在元朝供职 17 年期间，曾奉朝廷之命巡视中国各地，足迹遍布各省，且出使缅甸、越南、爪哇、苏门答腊等地。马可·波罗对中国风土人情、名胜古迹十分了解，对当时中国的旅舍客栈也很有研究。他回国后将在东方的见闻口述成书，取名《马可·波罗游记》。书中以自己亲身经历，向西方国家介绍了东方的富庶、繁华与文明，尤其是详细描绘了元朝京都"汗八里"（今北京城）通向四面八方的驿道、驿馆及 200 多个商业城镇开设蛮夷馆的情况。此外，书中在中国旅馆先进技术方面的详尽介绍，扩展了欧洲旅馆业主的视野，推动了欧洲旅馆经济的发展，并对以后新航线开辟产生了较大影响。

（4）文艺复兴运动

14～16 世纪欧洲爆发的文艺复兴运动，矛头直指教会与封建专制统治，在反对禁欲主义、摆脱教会对人们的思想束缚、宣扬资产阶级个性解放方面起积极作用，是欧洲文化和思想获得大发展时期。其中，以但丁、薄伽丘、达·芬奇、莎士比亚、塞万提斯、拉斐尔等为代表的文艺复兴运动和以哥白尼、布鲁诺、伽利略、开普勒等为代表的科技创造发明，改变了人们以往对宇宙、对世界的认识，使人类以新的视角观察、认识生存的空间环境。该时期所创造的学说以及他们个人的旅游经历，有力地推动了当时旅游活动与旅馆业的发展。如中世纪的欧洲就已将旅馆称作"hotel"，15 世纪时，"hotel"一词已广泛应用于法国人的公共生活之中。

2.1.4　世界古代旅行的主要形式

（1）商务旅行

在古代无论是东方国家还是西方国家，以经商为目的的商务旅行是古代旅行最主要的一种形式。在两河流域、尼罗河畔、地中海沿岸等地出现了世界上最早的商人，随着商品经济的日渐发展和劳动生产率的不断提高，商务旅行开始盛行。在大流士一世统治下的波斯帝国，于公元前 6 世纪始建的两条驿道（又称"御道"），一条从帝国京城苏萨（位于今伊朗西南部）到地中海沿岸的以弗所地区，另一条从巴比伦到今天阿富汗北部的巴克特里亚和印度河流域西部。两条驿道的兴建，极大地促进地中海地区与西南亚、印度河流域之间的商业往来和商务旅行。罗马帝国时即已形成由 5 万多条道路组成的驿传网络，商旅辐辏、驿站棋布。商人贩运的物品主要有粮食、酒、陶器等基本生活用品和中国丝绸、非洲象牙、北欧琥珀、东方香料与宝石等名贵物品。阿拉伯的苏莱曼和意大利的马可·波罗是古代商务旅行家的杰出代表。

（2）宗教旅行

自古代旅行产生起，宗教旅行也是最常见的旅行方式。尤其是世界三大宗教创立后，宗教旅行几乎遍及全球，成为一种世界性的旅行现象。修道院、古刹寺庙、清真寺成为教徒、善男信女主要住宿场所。基督教徒为托钵布道、佛教徒为烧香拜佛和取经求法、伊斯兰教徒为朝拜圣地，纷纷进行诚信、艰难而又矢志不渝的漫漫长途旅行。古希腊时，人们为参加在伯罗奔尼撒半岛伊利斯平原奥林匹亚举行的祭祀天神——宙斯的活动，风尘仆仆从四面八方赶来参加。日本江户时代，参谒神社成为时尚并渐成热潮，朝拜进香活动多时一次多达 40 万～50 万人，江户城外道路旁驿站、传舍鳞次栉比，沿途到处可见摩肩接踵的宗教旅行者。

（3）学术考察旅行

古代许多学者和科学家将著书立说，科学研究与云游天下紧密结合，如被誉为西方历史学之父的古希腊历史学家希罗多德，哲学家塞尔、毕达哥拉斯、柏拉图等都把游历过的国家的人文地理、风土人情等写入其著作之中。希罗多德曾游历了埃及、巴比伦、里海沿岸、希腊本土，每到一地即探访名胜古迹、考察民俗风情、收集轶闻传说，所完成的九卷本《历史》，对考察过国家的历史、地理、风俗习惯作了生动形象的描述。阿拉伯历史学家马苏第，于公元 10 世纪先后考察了埃及、巴勒斯坦、印度、锡兰和中国等地，晚年定居叙利亚和埃及，最终编撰了《编年史》三十卷。阿拉伯历史学家伊本·白图塔，历时 30 余载，游遍了穆斯林世界，足迹踏遍欧亚非三洲，并于 1346 年，以特使身份访问中国，所完成的《旅行者的欢乐》记录了亲身经历的旅途见闻，是极其宝贵的了解东方发达文化的史料集。

此外，还有一批航海家、科学家，通过旅行发现或证实了科学真理，并创立了新的学说，如麦哲伦的环球航行，证明了"地圆说"的正确性；哥白尼在经历了意大利、德国等地的科学考察旅行后，提出了太阳中心说，科学地阐明了天体运行的现象；孟德斯鸠在奥地利、匈牙利、意大利、瑞士、荷兰、英国游历时，考察了各国政治法律、风俗习惯、宗教信仰等状况，对其思想发展和政治主张产生了重大影响；达尔文则在长达五年的环球旅行中进行了大量、系统的实地科学探索、考察，否定了物种不变说，创立了进化论学说，为人类做出了不可磨灭的贡献。

（4）公务旅行

古代有不少官宦大臣、宫廷贵族因执行公务的需要，由朝廷或政府派遣到外地，甚至出使外国，是一种以政治或外交活动为目的的旅行活动。他们长途跋涉，或徒步、或骑马、或乘马车、或坐船，翻山越岭，涉水过海，经常行程数万里，历时几载。如哥伦布奉西班牙国王之命横渡大西洋，最终发现新大陆；公元 630～894 年间，日本向中国唐朝派遣的 14 批"遣唐使"，也属此类。公务旅行者既促进了国与国之间的了解和东西方文化的交流与合作，又畅游了异国他乡的山水风光。

（5）帝王巡游

古代从奴隶制统治者到封建专制皇帝，为了显示权威、炫耀地位和享乐，常常不惜花费大量金钱、物力、人力，外出进行大规模的巡游。各地官员为接待帝王一行巡游，兴师动众，大兴土木，修路架桥，开运河，设驿站，为旅行活动的发展创造了条件，同时也改善了交通状况，提高了接待能力。如波斯帝国国王大流士一世巡视欧亚非国家、马其顿王国亚历山大皇帝至印度的巡行、埃及女王克娄巴特拉乘豪华游船至罗马与安东尼的约会以及罗马帝国奠基人之一的恺撒在欧洲征战期间的巡行，都属于此类旅行活动。

2.1.5 中国古代旅行及主要形式

（1）炎黄部族的迁徙之旅，拉开了神州探幽历险活动的帷幕

远古时代，炎帝、黄帝和蚩尤是中华民族的祖先、著名的部落首领，是开创旅游或旅行活动的先祖，是他们率先结束无休止的生存奔波，开创部落集体迁徙之旅。这种部族或部落寻找芳草地的集体迁徙之旅，不再是盲目、无休止、随处安身的生存之旅，体现的则是"旅行者"由原居住地向远方"旅行"目的地前进的过程和形式。与之前的生存之旅相比，此时的迁徙之旅提高了文化与文明的层次，增添了旅游的色彩和内涵，培育了人类旅游的意识和行为，也激励了人们迈开步伐，主动地向大自然索取，追寻美好而广阔的天地。继黄帝后至原始社会崩溃前的尧、舜、禹时期，中国旅游史上的神州探幽历险活动拉开了帷幕。

禹曾为了治水，南下会稽，东至海，西北至青海积石山，北上恒岳，于旅游方面的贡献史无前例。无论炎夏寒冬、深谷荒原，禹亲自踏勘，访民问俗，带领先民疏九河、划九州、定名山大川，并将治水途中所见所闻、各地奇异之风土人情、珍宝特产、地形地貌等，绘画记录并刻绘于特制的 9 只大宝鼎之上，成为旅行者极有用的最早旅行指南——导游图，开创神州旅游资源的纪元。

（2）三代商旅之先河

原居住在黄河下游的商部落开商旅之先河，不仅为商旅的产生和发展立下汗马功劳，而且为旅行活动创造了必要的条件。"王亥服牛"、"相士乘马"开创了商旅的步伐，打破了"鸡狗之声相闻，老死不相往来"的局面，各地丰富物产，架起了桥梁，互相流通，促进了商品经济的发展，也扩大了人们的地域地理概念。此后，随着商业经济的进一步发展以及商旅步履的延伸，牛羊之路逐步变成平坦大道，牛马之车、独木之舟也旧貌换新颜。春秋战国时期，道路平坦宽阔，交通工具日趋完善，管理十分有序。商旅频繁的交往活动，促进了城市的建设与旅馆的兴起。旅馆始称"逆旅"或"客舍"、"宿舍"，可分为两大类：一类是私人开办经营，即为逆旅与私家传舍，前者系商业性、讲求盈利、接待四方旅客；后者为非商业性、不收费、不盈利、不接待一般旅客，讲求政治影响，是政治性质的客舍。另一类是国家开办经营，即为国宾馆、诸侯馆与驿站、公家传舍（邮亭），系国家设置的一种服务性的机构，一般来说不收费盈利，不接待旅客。

（3）周穆王开启中国古代旅游的先河

《穆天子传》是先秦时期最具代表性的游记文学作品，是春秋战国时文人根据当时已流传的穆王西征犬戎的历史故事、西王母的传说和当时人们已掌握的地理知识精心编写而成。书中详细地记述了周穆王西巡途中所见所闻，以及他们长驱万里，北绝流沙，西达昆仑，历名山，游绝境，以及与西王母瑶池宴饮，诗酒唱和，依依惜别的情景，是先秦帝王第一部旅游史。穆王遨游一则为日后帝王巡游在形式和内容上做出了榜样，后世秦皇汉武的巡游远不及其大胆和冒险，旅踪也不及其远而广；二则有助于后人对西北地区，乃至中亚细亚地区各民族的地理位置、分布、迁徙情况和历史沿革的了解。因此，周穆王以自己的亲身西巡西王母之乡的步履开启了中国古代旅游的先河，引发了中国古代游子们的脚步，并随着视野的开阔、求美求乐欲望的强烈而一发不可收拾。

（4）适时多彩的旅游——春秋战国时期的旅游

春秋战国时期的文化辉煌以及社会大变革为各阶级和集团的思想家发表主张，进行"百家争鸣"，追求新的精神生活提供了广阔的历史舞台，从而也使旅游活动由三代商旅充斥于道的单调局面，发展成帝王巡游、外交聘问、宫廷婚旅、学子游学、谋士游说、王侯游猎等丰富多彩的功利旅游活动。

外交聘问由宾礼派生而来，是一种有准绳规范的政治礼仪活动，具备了类似现今的会议旅游的内容和形式，可谓是会议旅游的先导和雏形，从而组成来往壮观的行旅队伍。古之宾礼有朝见礼、聘问礼和会盟礼等。朝见礼是诸侯按规定朝见周天子，如"千里之内岁一见；千里之外，千五百里之内，二岁一见"等。聘问礼是天子派使臣去看望诸侯，诸侯国之间互派大夫问候也为聘，且相聘需携带玉帛礼物相赠。会盟礼是十分隆重而严肃的礼仪，是诸侯间按约定时间或临时约定时间会盟，需杀牲、歃血、宣读盟书、誓于神等。外交聘问有政治型和文化型两种，前者往往事关国家存亡，且限时限刻，朝聘者因肩负着政治或军事重任，旅途心情迫切，急于行，慎于游，旨在圆满完成任务，为国争得利益；后者则意在进行文化交流，或考察民风民俗，或观礼乐，或为礼节性的应酬交往，朝聘者思想愉悦，步履轻松，旅途也不受时间限制，可悠哉游哉。

宫廷婚旅是政治联姻的产物，是统治阶级竞相使用的外交手段和统战策略，尧舜时"妻之以皇，媵之以英"就起到了巩固尧与舜部落联盟的作用。春秋战国时列国相争，为巩固周天子的统治地位和联络各诸侯国间的感情，周天子不惜牺牲儿女们的幸福，经常促成政治联姻，从而形成隔山隔水、长途跋涉的婚旅队伍，充实与丰富了春秋战国时的旅游内涵，视为现代旅行结婚的前身。此外，与宫廷婚旅相携而来的则是"归宁"之旅，"归宁"是已出嫁女子归来娘家、慰安和探望父母，类似于今日的探亲制度。

王侯游猎是由狩猎演化而来，是先秦时期颇具娱乐和观赏性质的旅游活动之一。狩猎本是先民一项重要的生产劳动，是赖以获得生活资料维持生存的一种必要手段，但进入阶级社会后，随着物质生活的提高和丰富，统治阶级已不需以此谋生，于是对过去的生活方式，产生一种怀恋的情结，并通过游戏或艺术的手段表现出来，狩猎即转化为再现先民生活方式的一种娱乐活动，同时兼有征战演习、军事训练的意义。此外，由于此类娱乐活动在宫廷中因条件所限，须离开居住的宫室，到郊野或山林中进行，并宿营郊野，王侯游猎于是成为一种地道的旅游活动。

在剧烈的社会动荡和变革时期，谋士游说成为天南海北行迹不定的最为活跃、最为庞大的旅游队伍，它是指掌握文化知识的谋士，周游列国，以求仕为目的、以布衣交结诸侯为手段，沉浮于宦海的功利旅游。谋士游说兴起的主观条件是掌握文化知识的士，奉行"学而优则仕"

的原则，渴望朝为田家郎，暮登天子堂，纷纷踏上游说之途，朝秦暮楚，遍游列国，标榜自己的学说和主张，企图通过论辩之术，获得诸侯赏识，从而达到以布衣取卿相的功利目的。因此，游说之旅是在百家争鸣、诸侯争霸、统一与分裂交锋时代产生的一种特殊的旅游活动，以文化知识为依托，为日后开展的消遣性旅游打下基础，在中国旅游史上具有重要的地位。

春秋战国时期，中国旅游史上除游学和游说之旅外，还有三闾大夫屈原的羁旅之游，史称"放流"、"放逐"之旅，是由政治惩罚而形成的一种被迫的、压抑的，却又自由、高洁的旅游生活，那时的放流或放逐惩罚，通常是削职为民，逐出京城，并不限制放流者离京后的行踪自由。屈原的放逐之旅是痛苦、悲壮的，但南国绚丽多姿的山水、淳朴的民风以及黑暗的社会、苦难的民生，使他磨炼了意志，坚定了理想，激发了爱国热情，丰富了创作内容，从而写成了感物吟志、纪行述怀的千古绝唱——《离骚》、《九歌》、《九章》、《天问》等。

（5）帝王封禅之旅

"封禅"是古代帝王举行的一种祀典，产生于伏羲氏以前的无怀氏。在氏族社会里，封禅源于古人对自然的崇拜，进入阶级社会后，则是统治阶级维护统治、粉饰太平、颂扬功德的一种手段。根据封建礼制"受命然后得封禅"，如改朝换代，新的皇帝接受天命，行"封禅"、易姓之主行"改封"、中兴之主行"修封"等。帝王封禅之旅，虽动辄千乘万骑，规模浩大庄严，是一项劳民伤财的文化旅游活动，但因其可粉饰太平、"夸示夷狄"，是"太平盛世"的象征，是帝王热衷的文化旅游活动。

（6）壮观的南北巡游

巡游，古称"巡"、"巡守"或"巡狩"，专指帝王对诸侯所守地的视察，后泛指天子以最高统治者的身份，前往全国各地巡视考察地理形胜、官吏政绩和游赏名山大川。巡游在史前社会，首推虞舜，秦汉时万里江山成一统，为巩固中央集权统治，皇帝巡游全国各地为头等重要之事。秦始皇在位12年，巡游5次，行程14000多公里，为我国旅游史上帝王巡游的杰出代表，也是帝王中的大旅游家。秦始皇曾行封禅祭天地于泰山和梁父山，奠定了封建帝王巡幸和封禅制度，也开创了我国旅游史上刻石歌颂王朝和帝王功德的先例，为我国雕刻印刷术的发明提供了条件。秦始皇巡游是中国旅游史上伟大的创举，使旅游开始挣脱儒家狭隘的功利信条束缚，开始了对自然环境美的玩味和探觅，开创了秦汉旅游壮阔的时代风格，既影响历代帝王的巡游，又鼓舞历代学者、专家和有志于旅游者循其车辙，觅其遗迹而漫游中国大地。此外，汉武帝刘彻的巡游也如秦始皇那样壮阔、愉悦，充满着游览观赏的气息。汉武帝在位53年，巡游全国各地有据可查的有30次，后世帝王能与秦皇汉武比拟的，仅清代康熙、乾隆等个别皇帝。帝王巡游兴师动众，劳民伤财，弊多于利，但对加强中央集权，巩固封建王朝，交流经济、文化，观风知俗，了解民情，特别是发展交通道路和旅游事业，开发名山大川旅游资源等，有积极的历史意义。

（7）海上探险之旅

海上探险是秦汉旅游又一重要活动。探险大海、征服大海的愿望，早在原始神话中就已开始，秦汉时，因方士竭力鼓吹神山、仙境、仙药，帝王不断派遣大批人员入海，探险"三神山"，寻找不死之药，以便梦想得道成仙、长生不老、挽回人生已经流逝的时光，海上探险活动因此而有声有色。此外，秦汉时政治、经济、文化的空前繁荣，对外贸易和交流的需要，以及我国航海、造船技术的进步，也为海上探险创造了物质条件。汉朝武帝也好求仙，欲见仙人得不死之药，常遣方士入海求仙并经常查问方士入海求仙情况，或亲临渤海。因此，两汉海上的探险求药之旅虽是不能获得成果的尝试，但商业性的海上探险或旅行，却取得了空前的成果，使中国旅游活动从陆上扩展到海上，从大陆国家通向海岛国家，为对外旅游、贸易、文化交流做出重大贡献。

（8）开拓进取打通西域之旅

秦汉时代疆域辽阔、天下统一，无论是帝王巡游、太史公读书行路遍天下、张骞打通西域等，都体现了开拓、进取和"征服"的精神，尤其是张骞打通西域，开辟丝绸之路，表现了了解和征服外部世界的进取和开拓的旅游精神。张骞（前？年～前112年）出使西域，是旅游史上有确凿记载的、对"西方"进行最早的一次探险和旅行，表现出开拓、进取和征服的旅游精神和特点，以及人们渴求打开外部世界的愿望和对异域景物的向往。

（9）开创龙舟巡游的纪录

隋炀帝杨广可谓是别具特色的旅游家，在位14年，留居京城时间不足十分之一，其余时间均用于南北巡游、筑长城、修驰道、建离宫别馆等，将封建帝王巡游推向极致。其中规模最大、影响最深的工程，是营建东都和开凿沟通南北的大运河。隋炀帝一向粉饰太平，好讲排场，酷爱山水，登基后即为旅游大造舆论，作为中国旅游史上的龙舟巡游的开创者，隋炀帝获得了具有特色的旅游家称号。

（10）唐代城郊游乐之旅

唐代文人多为科举仕途出身，政治上积极进取，看重政治才能，鄙视寻章摘句、胸无大志的文人；生活上热情奔放、朝气蓬勃，力求活得自在、活得舒服，尽享人间生活的乐趣和山林之美。无论游乐观舞、郊游踏青、重阳登高、郊居田园、漫游山水，处处可见诗人、文学家、艺术家的身影，他们也纷纷将旅游山水看作为自己政治才能的一种表现。

春游秋登高也是唐代社会普遍的游乐风气。"长安春时，盛于游赏，园林树木无闲地。"士宦借登临游览城郊山水名胜，享受山水之美，普通百姓借时令节日观灯游戏，踏青游曲江。寒食、清明的主要活动一是扫墓祭祀，寄托哀思；二是踏青游春，领略桃红柳绿、莺飞草长、万物欣欣向荣的春光。同时，配合踏青春游的游乐活动还有荡秋千、蹴鞠、打马球、拔河、斗鸡等。中秋、重阳也是郊游的大好时光，每逢中秋时节，盛行登楼赏月赋诗，泛舟湖中或入寺观赏明月；重阳节时人们则喜爱结伴出游，登高望远，或吟诗抒怀。

（11）慷慨激昂的边塞之旅

初唐、盛唐时投身边塞之旅的文人，以消除外患和战争、维护和平安宁的爱国主义思想为指导，表现了高昂的爱国豪情、奋不顾身的报国精神和积极入世、建功立业的理想抱负。出塞文人一般都充任幕府文职工作，责任较轻，时间较为充裕，精神负担也相对轻松，常常怀抱经纶大志，思想开拓，热爱生活，有诗人的气质、才情和审美的艺术，集智慧、灵气与豪迈于一身。边塞之旅在初唐只是序幕，盛唐时达到高潮，如盛唐边塞之旅的文人中，高适、岑参两度出塞边游。

（12）清丽闲逸的山水田园游

唐代士子不愿受外物束缚，也不甘心于人生的寂寞，入世追求轰轰烈烈的事业，是当时生活的主旋律。然而，由于科举屡屡落第者大有人在，士子傲岸自负之气，使其将心灵的感受与内心的本质力量转向山水田园之游。此外，仕与隐历来是中国文人生命的双重旋律，加之唐朝注重士人平时的文誉，破格提拔隐士入仕，而士人又坚信"天生我材必有用"、"天下谁人不识君"，这就使得"举而不仕"和"举而入仕"的文人多喜爱清丽隐逸的山水田园游，或由隐入仕，或由仕而隐，或边仕边隐，如初唐的王绩，盛唐的孟浩然、王维、储光羲、常建、裴迪，以及中晚唐的白居易、"山中四友"、陆龟蒙等。

（13）书剑飘零之旅

唐代文人通过书剑飘零漫游山水，将建功立业的抱负与享受山水之美有机结合，既可开阔眼界、增长知识，又可广交朋友、联络感情、培养声誉，同时也是入仕的道路之一。于是，漫游南北的旅游活动受到唐代文人的喜爱，尤以漫游家李白、杜甫最负盛名。

2.2 近代旅游和旅游业的诞生

近代时期欧美国家普遍爆发资产阶级革命，并由此引发世界范围的产业革命，这有力地推动了近代旅游的发展。19 世纪中期，世界近代旅游业诞生。

2.2.1 17 世纪"大旅游"的兴起

从 17 世纪起，由于社会经济和文化的发展，欧洲出现了"大旅游"（grand tour），是欧洲贵族子弟漫游式的修学旅游。那时的英国人、德国人如果不到法国、意大利住 2~3 年，会被人看不起，视作乡巴佬，在社会上也无立足之地。因此，这种以求知为目的的旅行，风靡一时并成为时尚。正如亚当·斯密所言，"在英国，年轻人一俟中学毕业，不等投考大学便被送往外国旅行，这已成为日渐浓厚的社会风气。人们普遍认为，我们的年轻人完成旅行归来之后会有很大的长进。"此后，斯堪的那维亚国家和俄国贵族也相继仿效。这样的旅行有指导教师和仆人陪同，时间为 2~3 年，传统线路主要有两条：一条为斯特拉斯堡—第戎—里昂—巴黎；另一条是都灵—米兰—威尼斯—佛罗伦萨—锡耶纳—罗马。旅游者边游历各名山大川、古堡遗址、文化古迹，边学习语言、文化、社交艺术、礼节礼仪和风俗人情。这种增长知识、学习本领的遨游，是近代欧洲独特的旅游活动，丰富和开拓了旅游市场，并一直延续到 18~19 世纪，参与人员也从贵族子弟扩大到成年人、知识阶层和社会上层的许多人士。

2.2.2 产业革命对近代旅游发展的推动

17 世纪英国爆发资产阶级革命，推翻了封建制度，扫除了束缚资本主义发展的障碍。18 世纪 60 年代，纺织产业率先革命，以后逐步扩展到采掘、冶金、机器制造、运输等工业部门。19 世纪 30 年代末，英国产业革命基本完成，至 19 世纪下半期，美国、法国、德国、日本等国相继完成产业革命。资本主义生产关系的确立，为产业革命创造了条件，这场世界范围内的产业革命对旅游产生了巨大的、持续不断的影响，为近代旅游业的崛起和发展打下坚实的基础。

（1）社会结构的根本变化

产业革命使社会结构发生根本变化，在造就工业资产阶级的同时，也产生了以出卖劳动力为主的无产阶级。社会财富不再属封建贵族和大土地所有者所有，逐渐由资产阶级替代，从而使得资产阶级成为旅游队伍的重要组成部分。同时，随着社会生产力的提高和工人阶级为维护自身权益而进行的不懈斗争，迫使资产阶级做出一定妥协和让步，如增加工人的工资和实施带薪假期，从而使部分工人有可能加入到旅游行列。此外，在工业资产阶级和无产阶级之间，还逐步产生了一批高级职员，即"白领阶层"，并逐渐发展成为中产阶级，他们在竞争和紧张之余，渴求外出旅游，导致旅游需求大增。

（2）工作性质的改变

产业革命的结果改变了人们的工作性质，单一、枯燥、重复的机器大工业取代了以往的多样化手工劳动，许多农民离开了祖祖辈辈赖以生存的土地进入城市，年复一年地在大机器旁从事紧张、繁重、单调的劳动。这样因工作环境和性质的变化，促使人们强烈要求有工作休息日和假日，以获得调整和喘息的机会。

（3）城市化进程的加速

产业革命加速了城市化进程，国家经济生活重心从农村转向城市。喧闹、紧张、快节奏的城市生活，使相当一部分城市居民欲摆脱压抑、沉重的生活，产生了回归至宁静、舒适的大自然环境中的愿望。早在 18 世纪至 19 世纪上半叶，"回到大自然去"的口号和思潮席卷欧洲，法国启蒙思想家、文学家卢梭，英国诗人拜伦，德国诗人歌德、海涅都曾远离喧嚣的城市，置身于大自然去寻找创作源泉，获取灵感。时至今日，"返璞归真、回归自然"依旧如此。

（4）交通方式的改变

产业革命引发了交通运输业的革命和交通方式的改变。1769 年詹姆斯·瓦特发明单动式蒸汽机，1782 年又发明了联动式蒸汽机。蒸汽机的发明，很快应用到交通运输上，从而使人类进入了"汽轮时代"和"铁路时代"。1825 年，英国享有"铁路之父"之称的乔治·史蒂文森建造的斯托克顿至达林顿的铁路正式投入运营。此后，各地的铁路也开始建设起来，并向更远的地区延伸。1835 年全英铁路总长为 471 英里，1865 年发展到 21382 英里，30 年中增长了近 45 倍。首例定期客运班次开始于 1830 年利物浦与曼彻斯特之间，不过此次运营是客货混合，之后各铁路公司相继开办客运业务。至 1875 年，全英铁路运输年旅客周转量超过 6 亿人英里。铁路时代的到来因其具有费用低廉、运行速度快、运载能力强等优点，使人们逐渐抛弃传统公共马车这一陈旧的旅行方式，越来越多的人开始乘轮船，特别是乘火车外出旅行和旅游。

2.2.3 近代旅游业的诞生

世界近代旅游业诞生于 19 世纪中期。与古代旅行不同，近代旅游特点主要表现在局限于欧美国家、团队旅游、消遣旅游为主，且规模也远超出以前的范围。此外，旅馆、饭店业获得了前所未有的大发展。

19 世纪中期，旅游的社会需求急增，一些有远见的人士为满足这一需要，不失时机地建立起相应的旅游组织机构，于是在欧洲、北美等国家经济领域中出现了以营利为目的的旅游经营行业即旅游业。主要标志如下。

（1）出现一批设备齐全、服务正规的现代化饭店

产业革命推动了城市旅馆业发展，尤其欧美旅馆客源市场日益兴起，出现了前所未有的兴旺。17 世纪以前，欧美国家的城市旅店客栈设施较为简陋、经营呆板、服务和管理较差，至 18 世纪中，这一情况有较大改善，1760 年英国狄翁夏埃公爵第五世孙在伦敦兴建了一座月牙形旅馆，后英国人将其改为"hotel"，沿用至今，并成为国际上通用的标准写法。1774 年美国波士顿建成的纽约城旅馆，拥有 300 个房间，且配有正式服务人员，有室内卫生间、私人餐厅、宴会厅、舞厅、休息厅、弹子房等。1788 年法国南特城耗巨资建造了"亨利四世旅馆"。1829 年，在美国波士顿开业的特里蒙特饭店（Tremont House）被认为是当时最先进的现代化饭店，设有 170 套客房，据说也是世界上第一座建有前厅的饭店，客人为此不需在酒吧柜台上登记入住。饭店设有单间客房，房门可加锁，客房内备有脸盆、水管、肥皂，客人也不必去饭店后院接水洗澡。餐厅设有 200 个座位，供应法式菜肴。此外，饭店还建立了传呼服务系统，其技术、设施、服务、管理为后来欧美国家饭店广泛模仿，极大地推动了欧美饭店的蓬勃发展。因此，特里蒙特饭店是世界饭店史上的里程碑，为现代饭店的建造奠定了基础。

（2）世界第一个旅行社——托马斯·库克旅行社的诞生

产业革命给各国经济带来繁荣，也为更多的人参与外出旅游创造了条件。但由于缺乏旅游经验、苦于对旅游目的地的不了解和语言上的障碍，以及其他阻碍因素，人们迫切希望有专门经营旅游活动的组织机构，提供此方面服务。英国的托马斯·库克（Thomas Cook，1808～1892 年）为顺应这一社会需求，适时地创建了世界上第一个旅行社——托马斯·库克旅行社，库克也成为世界上第一个专职的旅行代理商。

托马斯·库克出生于英格兰一个贫寒的家庭，曾做过书籍推销员，当过牧师。1841 年 7 月 5 日，托马斯·库克与米德兰县铁路公司签订合同，创造性地包租一列专车，组织从莱斯特到拉夫鲍诺夫（洛赫伯勒）的一次团队旅游。往返全程 39 公里，每人收费 1 先令，包括来回交通费、供应一顿午餐和午后茶点，另派一支乐队演奏。此次团队旅游，托马斯·库克既是组织者，又是全程陪同，参加者共 570 人，他们来自各阶层、各行业，其目的是为了参加基督教会组织的禁酒大会，是一次非商业性的活动，但具备了现代旅行社的某些特征。1845 年 8 月托马斯·库克旅行社在莱斯特正式诞生，并第一次组织了为期一周、有 350 人参加的团体消遣性观光旅游，目的地是利物浦。出发前，托马斯·库克作了大量准备，从路线考察、旅游地的确定、食宿安排以及《旅游手册》的印制等，此后，他再次创造性地推出旅游代用券（相当于现代的旅行支票）用于支付旅馆费用。托马斯·库克的这次活动与以往的完全不同，它充分表现出旅行社的业务特点。

① 这是一次营利性的商业旅游活动，不再是过去的"业余活动"，他从过去组织旅游活动的经历中已经认识到，人们要求参加旅游活动的积极性充分证明旅游需求已经发展到一定的规模，因而创办相应业务的时机已经成熟。

② 这是一次长途旅游，此前他所组织的旅游都是当日往返的一日游，而这一次则是在外过夜的长途旅游。

③ 托马斯·库克不仅自己担任导游和陪同，沿途一些地方还雇佣了地方导游。

④ 编印出版了《利物浦之行手册》，此为世界上第一本旅游指南。

⑤ 组织活动前，他还进行路线考察和组织产品，以确定沿途要停留的参观游览地点，了解廉价旅游的情况。

总之，托马斯·库克旅行社的诞生，具有开拓性的世界意义。他为世界旅游和当代旅行社的发展做出了不可磨灭的贡献，因而被公认为近代旅游业创始人或近代旅游业之父。

1845 年，托马斯·库克又亲自率领 30 个人的团队出国旅行，目的地是瑞士。第二年组织了一个大型旅游团，去苏格兰旅行。1855 年，他又先后组织数十万人参加在伦敦举办的第一届世界博览会和巴黎万国博览会。1856 年推出欧洲大陆游，从伦敦出发，途经安特卫普、布鲁塞尔、滑铁卢、科隆、莱茵河、美因兹、法兰克福、海德堡、斯特拉斯堡，最终到达巴黎。为扩大业务，托马斯·库克于 1863 年在瑞士成立了一个营业所，专门受理和经营赴瑞士旅游的团体业务。1865 年，他与儿子约翰·梅森·库克（John Mason Cook）联合，成立了托马斯父子公司，并相继在美洲、非洲、亚洲设立分公司，成为当时世界上最大的一家旅游企业。1872 年，该公司成功组织了一次历时 222 天的 9 人环球旅游。19 世纪下半期，欧美许多国家也相继诞生一批旅行社，如佛格基旅行社、圣·弗朗西斯科旅行社、布劳内尔旅行社、运通公司等。

（3）旅游指南手册的出现

1839 年，出生在德国埃森的贝德克尔编写了世界上最早的旅游指南手册。贝德克尔是一名徒步旅行爱好者，经常将旅途中的见闻，包括何处设有咖啡馆、糖果店、旅馆、客栈等都记录在案，最终编制为城市旅游图、旅游手册。他的第一本手册主要介绍荷兰、比利时的基本状况，1844 年编撰出版了《瑞士导游指南》。为此，有人将贝德克尔与托马斯·库克同视为近代旅游业的创始者。

此后，各种旅游地图、导游手册、旅游指南、风景名胜介绍纷纷出现在旅游市场上，方便了外出旅游者，对旅游活动的顺利开展起到推动作用。

（4）职业导游队伍的形成

托马斯·库克在 1845 年组织的利物浦之行中，不仅自己担当导游，还专门聘请了地方导游，为首次团队旅游。1846 年的苏格兰之行又设置了专职导游，是首次为旅行团正式配备职业导游的旅行。此后 1851 年组织的 16.5 万人赴伦敦参加水晶宫举行的世界博览会和 1856 年组织的 50 万人参加巴黎万国博览会过程中，也专门提供了一批为旅游者做向导和讲解的导游。这些向导和导游以此为职业，且人数由少到多。职业导游队伍的形成，使旅行社的业务更加完善，并日益满足广大旅游者的需要。

（5）旅行支票的问世

1845 年，托马斯·库克旅行社率先推出旅游代用券，以方便旅游者在莱斯特——利物浦的观光旅行中支付住宿等费用。1867 年库克又提出饭店担保的设想，即发行一种能被饭店接受以替代现金的凭证，这样旅游者可事先付款以取得保证书，用于在指定的饭店支付费用，然后由库克父子公司与之结算。1874 年流通券正式出台，不仅可在饭店使用，而且还可在国外的一些银行、商店、餐店中使用。1879 年，库克公司增加了银行业务和外币兑换业务，为国际旅游者提供了金融上的方便。1891 年，库克父子公司正式发售旅行支票。到 19 世纪后期，库克父子公司不仅拥有旅游公司、交通运输公司，银行也成为一个重要组成部分，极大地方便了旅游者，并适应旅游活动发展的需要。

综上所述，伴随一批现代化饭店的崛起、旅行社的诞生、旅游指南手册的出现、职业导游队伍的形成，以及为旅游活动服务的金融支付凭证——旅行支票的产生，产生了完整意义上的近代旅游业。与中世纪的宗教旅游、17 世纪的"大旅游"相比，近代旅游更为便利、舒适、安全、快捷，让人们获得一种其乐无穷和心旷神怡的享受，旅游队伍比以前任何时期都壮大、强健。

2.3 现代旅游的大发展

第二次世界大战结束后，世界经济得到恢复，尤其是在 20 世纪 50 年代以后，和平与发展逐渐成为时代主流。宏观环境的改变，为现代旅游的兴起和普及创造了良好条件，并使其在半个多世纪里保持持续、蓬勃的发展。

2.3.1 20 世纪上半期的世界旅游业

19 世纪末到 20 世纪上半期，世界旅游业的发展令人欢欣鼓舞。自托马斯·库克旅游公司问世后，一大批旅游组织和旅游企业相继涌现。1850 年英国的托马斯·尔内特成立了"旅游者组织"，主要提供日程安排、交通、食品、旅游用具等服务。1857 年英国登山俱乐部宣告成立，1872 年佛格基旅行社和圣·弗朗西斯科旅行社建立，1885 年英国帐篷俱乐部诞生，1890 年法国、德国先后成立观光俱乐部。1893 年日本建立了专门接待外宾的"嘉宾会"，后改名"日本观光局"。20 世纪初，意大利、苏联也出现了一批旅行社。英国托马斯·库克旅游公司、美国运通公司、比利时铁路卧车公司成为世界旅行代理业的三巨头。

旅馆业随着铁路热和公路的兴起更是蓬勃发展。欧美许多国家的铁路沿线兴建了众多旅馆。旅游客源市场的扩大，反过来又进一步刺激了现代化大饭店的建设，如英国伦敦的"萨沃爱"、"卡尔顿"，法国巴黎的"里兹"，瑞士卢塞纳的"大国民"，美国波士顿的"特里蒙特"，都是当时赫赫有名的大饭店。

法国的勒杜、瑞士的西蒙是享誉世界、名噪一时的旅馆设计师，而恺撒·里兹（1850～1918年）、埃尔斯沃思·弥尔顿·斯塔特勒（1863～1928年）是对世界饭店业发展做出杰出贡献的一代旅馆管理大师。里兹的名言"客人永远是对的"被视为经典格言。他将提高服务质量，尽可能让顾客满意放在第一位，管理轴心始终围绕着顾客运转，且十分重视人才，曾与世界名厨埃斯科菲尔精诚合作。斯塔特勒的名字与美国饭店业紧密相连，是最早提出旅馆商业化主张饭店管理者，制定了"房间＋浴间＝1美元＋0.5美元"的经营模式。他在饭店业开展了一场技术革命，开创了"斯塔特勒时代"，其许多创举和技术发明，后均被广泛推广并沿用至今，故他被认为是现代化商业饭店的鼻祖。

2.3.2 现代旅游崛起的主要原因

第二次世界大战后，特别是20世纪60年代以来，世界旅游之所以能够取得如此快速的发展，与战后以来世界整个局势处于相对和平与缓和的状态紧密相关。此外，由于60年代以来科学技术的迅猛发展及其在生产中的应用，促进了世界经济在半个世纪内的持续发展，从而为大众旅游活动的开展奠定了坚实的基础。现代旅游崛起原因主要如下。

（1）经济发展带来收入水平不断提高，使群众性旅游活动支付能力增强

战后，世界各国的经济都有了较快的发展，特别是进入20世纪90年代以后，发展中国家的经济增长速度比发达国家更高，一些发展中国家和地区已进入中等发达国家的行列，因此，这些国家和地区人们的收入水平不仅具备了在国内或地区内旅游的条件，而且在国际旅游格局中也成为不可忽视的客源国和客源地区。

（2）闲暇时间的增多，为人们外出旅游创造了条件

随着劳动生产率的提高，人们闲暇时间增多，特别是带薪假期的实施，为人们外出旅游创造了条件。自1933年美国率先将工作时间定为每周40小时起，世界上现已有144个国家实行五天工作制。此外，世界上许多发达国家还普遍实行带薪假期制度，如美国3～4.5周、法国4周、德国2.5～3周、意大利2周、西班牙30天等。我国也于1991年6月由中央和国务院发出《关于职工休假问题的通知》，规定了机关工作人员的年休假制度，一些有条件的企事业单位根据各自的情况实行年休假制度。由于带薪假日时间较长，有力推动了中、远程旅游业的发展。

（3）交通工具的进步和革新，使快速远程流动成为现实

20世纪60年代末70年代初，第二代喷气式客机诞生并投入商用，使大量人员的快速空间位移成为可能。1969年、1971年美国分别生产出第一架波音747型和DC-10型宽体客机，1969年英国、法国联合生产了协和式宽体飞机，该飞机于1976年投入了商业运输。与以前的客机相比，这类运输机具有运载量大、巡航速度快、航程远、油耗省等特点，很快被普遍应用于国际民航运输事业中。据世界航空运输协会统计，1960年世界民用航空运输周转量为1090亿客公里，1972年世界国际、国内航空运输总人次已达4.5亿。宽体客机在民航的广泛使用，时空距离大为缩小，出国旅游、洲际旅游、环球旅游不再是一个梦想，成为可望又可及的现实。

在铁路运输上，自 20 世纪 50 年代以来，世界各国都加速研发高速铁路运输。1964 年日本首先建成了一条时速超过 200 公里的东海道新干线。1967 年、1976 年和 1978 年，法国、英国和联邦德国也相继建成时速达 200 公里的高速铁路。1983 年，法国修建的巴黎至里昂的高速铁路，时速最高可达 260 公里，1990 年再次将其最高时速提高到 515.3 公里。目前，日本和西欧一些国家研制的磁悬浮列车的时速均在 400 公里以上。

汽车所特有的机动灵活、快速敏捷越来越被大众肯定，欧美国家相继出现公路建设热潮。至 20 世纪中期，发达国家和一部分新兴工业化国家更加快了现代公路网建设，尤其是高速公路的建造，长途公共汽车运营网络的不断扩大与完善，使汽车日益成为这些国家的主要旅游交通工具。众多家庭拥有自备汽车，驾车旅游习以为常。

（4）信息科学技术的日新月异，为旅游信息化奠定基础

信息科学技术日新月异，增进了人们对世界各地事物的兴趣和了解，极大地方便了人们的旅游预订，为旅游信息化奠定基础。20 世纪 60 年代免费电话的使用是旅游预订最大的一次革新，而 90 年代以来人们利用电脑网络进行阅读、查询和进行旅游预订，更是旅游信息化的一次革命。1998 年，仅美国就有 1.5 亿人次访问了饭店预订网址，在制订旅游计划和预订旅游产品时利用国际互联网的游客在 1997 年达到游客总数的 27%。

（5）经济联系日益密切，推动了商务旅游及其与之相关旅游活动的开展

战后国际经济联系的不断加强，使得地区与地区之间、国与国之间和一个国家内部各地区之间的经济联系日益紧密。经济联系的加强导致人员之间的频繁来往，从而推动了商务旅游及其与之相关旅游活动的开展。如我国 1982 年接待商务游客仅 10 万人，占当年接待外国游客总数的 1.27%，1998 年已上升到 135 万多人，占当年接待外国游客总数的 19%。

（6）世界各国和地区的政府对旅游业的发展越来越重视

首先，旅游是人类的社会基本需要之一，它应同其他各项社会需要协调发展，作为人类享受的一种权利而受到政府的保障和支持，正如 1985 年世界旅游组织第六次全体大会通过的《旅游权利法案》所指出的那样。该法案的第一条规定：人人享有休息和闲暇的权利，……以及在法律范围内不加限制地自由来往的权利。第三条规定，各国应该：进一步采取措施，特别是通过更好地分配工作和娱乐时间，建立和改善年度带薪休假制度和调开休假日期，以及关心和爱护青年、老年和残疾人等手段，使每人都能参加国内和国际旅游。

其次，发展国内旅游，可以扩大内需，促使货币回笼和经济的发展。

最后，发展入境旅游可以增加外汇收入。

此外，发展旅游还具有增加政府税收，扩大就业渠道等其他方面的好处。因而受到各国政府的重视，特别是在发展中国家，把它作为振兴经济的一个产业来对待。因此，各国政府采取了许多措施，如投入资金、吸引外资、增加旅游项目、举办旅游促销活动、完善旅游设施、加强旅游管理、简化出入境手续等，以推动旅游业健康、持续发展。

影响战后旅游迅速发展的因素还有很多，除上述从需求方面的推动因素外，还有一些供给因素推动和促成了战后旅游，如廉价团体包价旅游的发展和很多国家为发展旅游业，所采取的支持态度和鼓励措施等。

2.4 发展趋势

旅游是当今世界发展最快的产业，日趋显示出"朝阳产业"的强劲势头。作为国民经济

的重要组成部分，随着时代和社会的进步与发展，旅游将呈现信息化、国际化和可持续发展的趋势。

2.4.1 旅游信息化发展

信息技术是利用电子计算机和现代通信手段，获取、传递、存储、处理、显示信息和分配信息的技术，其发展将从根本上影响旅游市场的营销方式。从世界范围来看，互联网已广泛用于促销、查找、预定和支付旅游产品与服务，旅游的发展空间与变化速度也因信息技术的发展而日益拓展与促进，旅游企业有更快的反应能力来应对旅游者及其对高品质产品的持续追求。就旅游产品的易逝性和不可贮存性而言，信息技术可以通过迅速、准确的信息交流，协调供给和需求双方之间的关系。

从某种程度上来说，旅游是一种以信息为基础的产品，且随着信息技术的创新和应用、人们对互联网依赖度越来越高，旅游也越来越被卷入信息化的网络经济。互联网是一种新兴的营销中介，对旅游分销系统的影响也将越来越深远。作为重要的信息来源，因其具有独特优势和潜能，即所有旅游企业都可使用互联网新型营销工具，在网上进行沟通和业务交易。具体表现如下。

首先，信息技术为旅游者提供了获取信息、计划旅程和预定旅游产品的途径，提高了消费的便利性和选择的灵活性。

其次，信息技术为旅游代理商和旅游经销商提供了拥有自己网站的机会，极大地扩展了市场范围，通过对信息技术的使用来帮助运作和完成旅游经营过程。

此外，信息技术为旅游供应商（航空公司、饭店、景点等）提供一种直销的渠道，能够通过让旅游者自己预定来减少分销成本。

当前，网上旅游预定的比例和在线销售量日益增长。越来越多的旅游者选择通过互联网购买机票、获取有关目的地的信息、查询价格与行程。旅游供应商也主动运用电子邮件开展营销。网上旅游消费者，特别是商务旅游者和自助消遣旅游者，也往往通过注册旅游供应商网站或某一在线旅游服务，以获取提供产品及促销信息的电子邮件。

总之，以互联网为代表的信息技术在未来将持续发展，旅游信息化将越来越普及，网上购买的旅游者和销售产品的商家将持续增多。但旅游信息化在发展中也存在一定局限性，互联网上大量的信息远远超过旅游者所能消化吸收的数量，其速度和使用的方便程度还需要进一步提高。如旅游企业如何长时间吸引旅游者的注意力以完成信息传递、旅游者如何选择可靠安全的旅游网站、如何便捷地查找有用的旅游信息、如何有效比较不同旅游供应商的价格和行程等。同时涉及网上使用信用卡安全交易、旅游者隐私和财产安全等，也应引起特别的关注和重视。

2.4.2 旅游国际化发展

随着交通运输工具的日新月异和旅游成本的降低，跨国的中远程旅游日渐兴旺，且伴随世界经济全球化进程的不断发展，科技进步也逐步加快产品、资金、信息、技术和人员等要素在全球的流动，旅游国与国的界限已越来越模糊，各地区旅游国际化的程度不断提高，各国政府也积极借鉴和研究世界其他国家发展旅游业的经验和政策措施，并针对海外市场推出强力营销攻略，以应对世界范围内愈加激烈的国际旅游竞争。

欧洲和北美是现代国际旅游的两大传统市场，但自20世纪80年代后，随着亚洲、非洲、拉丁美洲和大洋洲等地区一些新兴市场崛起，国际旅游在世界各地区的市场份额相应出现新的分配和组合。随着全球经济重心从大西洋地区向太平洋地区的转移，国际旅游市场重心东移将成为趋势，亚太地区将成为未来国际旅游的热点区域。与此同时，世界经济的迅速分化和重组，直接影响各区域国际旅游客源的发生、发展、消费和转移，导致客源市场分布格局由集中性逐步走向分散化。亚洲、非洲和拉丁美洲的一些新兴工业国，将逐步取代传统的客源国，日益成为国际旅游的主体市场。各旅游接待国或地区也因此越来越重视安全因素对旅游市场营销的影响，对一些不可预测的不安全因素预先代办保险，为旅游者消除后顾之忧，把不安全因素对市场的冲击减少到最低程度，以进一步加快旅游国际化的步伐。

2.4.3 旅游可持续发展

现代旅游发展飞速，短短几十年就逐渐成为全球产值大、吸纳就业人数多的新兴产业。受利益驱动的影响，已呈现出简单的数量型增长和扩大造成对旅游资源的掠夺性开发、旅游设施的恶性膨胀等方面的不足，以及出现了导致环境美学价值的侵蚀、环境宁静度和舒适度的下降等破坏，甚至出现"旅游摧毁旅游"的恶性现象，越来越多的旅游者和业内人士开始关注并寻求旅游可持续发展之路。

旅游业是在发展与环境保护关系上矛盾冲突最小、目标最为接近的产业。尽管如此，如果规划不当、开发建设不当、管理不当、旅游者行为不当，也会造成对生态的破坏、对资源的损害和对环境的污染。也正因如此，自1992年6月在巴西里约热内卢召开联合国环发大会以来，世界旅游组织就一直在倡导旅游可持续发展，并于1997年2月在马尔代夫召开了"可持续性旅游发展研讨会"，各国均已达成以下共识：旅游业比任何部门更依赖自然、人文环境的质量，精心保护好生态环境是发展旅游业的生命线；实现旅游可持续发展，政府必须发挥主导作用，旅游与环保部门必须密切配合，制定切实可行的法规制度和行动计划；实现旅游业可持续发展，必须强调规划先行，管理跟进，同时要依靠投资者与社区在开发建设与管理中的积极合作，依靠旅游者素质的提高与自觉配合；实现旅游业可持续发展，必须以实现经济效益、社会效益和环境效益的统一为目标，进行制度创新和管理创新，大力发展绿色产品和绿色经营，使旅游可持续发展成为各有关方面的共同行动，并长期坚持下去。

旅游可持续发展要求人们以长远的眼光从事旅游经济开发活动，因此对经济增长的必要性提出质疑，要求确保旅游活动的开展不超越旅游接待地区接待旅游者来访的能力。在保持和增进未来旅游发展机会的同时，满足旅游者和旅游地居民当前的各种需要，寻求旅游与自然、文化和人类的生存环境融为一体，并平衡和协调彼此之间的关系。

思 考 题

1. 中世纪旅行活动的发展过程中哪些大事件对古代旅行、旅游活动产生了重大影响？
2. 中国古代旅行的主要形式有哪些？
3. 欧洲17世纪的"大旅游"是指什么？
4. 产业革命对近代旅游发展产生了哪些影响？
5. 现代旅游崛起的主要原因是什么？
6. 世界旅游的发展趋势是什么？

3 旅游的特点与分类

本章提示

本章主要讨论了旅游的定义、本质和特点及旅游的分类。通过本章的学习，应掌握准确旅游的定义，明白旅游的本质，了解旅游的分类及划分的方法，熟悉不同旅游类型的特点。

旅游是一种社会现象，它是社会经济、技术、人类精神文明和物质文明发展到一定阶段的必然产物。从 19 世纪中叶的英国人托马斯·库克开始，人们将旅游业作为一种全新的产业来经营，迄今也有一百多年了，现在旅游业已成为世界上最大的产业，旅游活动也是当今规模最大、涉及面最广的人类活动之一，对社会经济、文化交流、国际间的合作具有很大的促进作用。伴随着旅游的发展，人们越来越重视对旅游学这门新学科的研究。本章主要讨论旅游的概念、特点、基本属性以及旅游活动的分类等基本问题。

3.1 旅游的概念和特点

"旅游"一词在中国始见于南朝梁代诗人沈约的《悲哉行》一诗中："旅游媚年春，年春媚游人……"。而其英文"tourism"则首次出现在 1811 年版的《牛津词典》中。我国在 20 世纪 70 年代以前很少用到"旅游"一词，常见的是"旅行"。与"旅游"意义相似的还有一个词汇"观光"，远在 3000 年前《易经》一书"观"卦中就有"观光之国，利用于宾王"的句子。目前，我国台湾地区及受汉文化影响的日本、韩国都在文献中使用"观光"一词。

那么，什么是旅游呢？从一般意义上来说，旅游是"旅行"和"游览"两者相互结合的活动，两者既互相联系又相互区别。旅行是人们在空间上从一个地方到另一个地方的行进过程，游览是旅游的目的，旅行则是达到目的的手段。然而，由于人类社会的旅游活动具有历史发展的阶段性，旅游现象具有内涵的丰富性，同时旅游所牵涉的社会现象具有复杂性，所以，国内外对旅游的认识和关于旅游的定义有许多种，可谓仁者见仁，智者见智，迄今尚未达成共识。

3.1.1 旅游的几种典型定义

国内外学术界、旅游组织关于旅游的定义基本上可以分为两类，一类是概念性定义或者是理论性定义（conceptual definitions）；另一类是在实践过程中因需要而产生的技术性定义或实践性定义（technical definitions）。这类技术性定义是有关组织出于统计工作等方面的需要，根据人们的外出目的、在外逗留时间以及其他标准所作的比较具体的界定，在此不作叙述。

在国际上比较有影响力的旅游概念性定义如下。

① 1811 年英国出版的《牛津词典》中有对旅游的最早的描述，即"离家远行，又回到

家里，在此期间参观游览一个地方或者几个地方"。

② 在西方社会运用的比较广泛的一个定义是英国萨里大学的博卡特（Burkitt）和梅特利克（Medlik）在合著的《旅游的过去、现在和未来》（Tourism Past Present And Future）一书中提出来的："旅游是指人们到正常生活和工作以外的目的地的临时和短期的运动，以及他们停留在这些目的地上的一切活动。"又指出："旅游发生于人们前往和逗留在各种旅游地的流动，是人们离开他平时居住和工作的地方，短期暂时前往一个旅游目的地，运动和逗留在该地的各种活动。"

③ 德国的蒙根罗特在 1927 年出版的《国家科学词典》中关于旅游的定义是，"狭义的理解是那些暂时离开自己的住址，为了满足生活的文化的需求，或各人各种各样的愿望，而作为经济和文化商品的消费者逗留在异地的交往。"在德语中旅游一词由"陌生"和"交往"二次复合而成。

④ 20 世纪 50 年代，奥地利维也纳经济大学旅游研究所认为："旅游可以理解成是暂时在异地的人的空余时间活动，主要是出于修养；其次是出于教育，扩大知识和交际的原因的旅行；再次是参加这样或那样的组织活动，以及改变有关的关系和作用。"

⑤ 瑞士学者亨泽克和克雷夫于 1942 年合著的《普通旅游概要》中对旅游的定义是："旅游是非定居的旅行和暂时居留而引起的现象和关系的总和。这些人不会导致永久居留，并且不从事任何赚钱的活动（后改为主要不多为赚钱活动）"。该定于在 20 世纪 70 年代，被旅游科学专家国际联合会（AIEST）所采用，又称为"艾斯特"定义。这也是目前在旅游学界影响较大的一个定义。

⑥ 1966 年，法国学者让·梅特森提出："旅游是一种消闲的活动，它包括旅游或在离开定居地较远的地方逗留，其目的在于消遣、休息或为了丰富他的经历和文化修养。"

⑦ 日本旅游学专家律田新教授在《现代观光论》一书中提出："所谓旅游，是人们离开日常生活圈，再返回原地，去考察别的国家，别的地方的文物制度，观赏游览风光等为目的的旅行。"这个定义在日本旅游界极具代表性。

⑧ 1980 年美国密执安大学商学院旅馆和餐饮管理系的罗伯特·麦金托什和查尔斯·R·戈尔德耐两位教授在合著的《旅游学——要素、实践、基本原理》中指出："旅游可定义为，在吸引和接待旅客及其访问者的过程中，由于游客、旅游企业、东道政府及东道居民的相互作用而产生的一切现象和关系的综合。"

⑨ 美国参议院领导的一个研究小组提出："旅游是人们出于日常上班工作以外的任何原因，离开其居家所在的地区，到某个或者某些地方旅行的行动或活动。"

⑩ 世界旅游组织在 1980 年马尼拉会议之后，曾提到要用"人员运动"（movements of persons）一词取代"旅游"（tourism），将其定义为："人们出于非移民及和平的目的或者出于导致实现经济、社会、文化及精神等方面的个人发展及促进人与人之间的了解与合作等目的而作的旅行。"

⑪ 世界旅游组织于 1991 年 6 月 25 日，在加拿大渥太华召开了"旅游统计国际大会"，会后制订了 5 本技术手册，其中一本对旅游下的定义是："旅游是指人们为了休闲、商务或其他目的离开他们的惯常环境，去往他处并在那里逗留连续不超过一年的活动。"

我国学术界关于现代旅游的一些概念如下。

①《中国百科大辞典》中"旅游学"部分指出："旅游是人们观赏自然风景和人文景观的旅行游览活动。包含人们旅行游览、观赏风物、增长知识、体育锻炼、度假疗养、消遣娱乐、探亲猎奇、考察研究、宗教朝觐、购物留念、品尝佳肴以及探亲访友等暂时性移居活

动。从经济学观点看，是一种新型的高级消费形式。"

② 李天元教授在其《旅游学概论》中认为："旅游是人们出于移民和就业任职以外的其他原因离开自己的长住地前往异国他乡的旅行和逗留活动，以及由此所引起的现象和关系的总和。"

③ 王洪滨主编的《旅游学概论》中指出："旅游是人们离开常驻地到异国他乡访问的旅行和暂时停留所引起的各种现象和关系的总合。"

④ 1994 年，邓观利教授在《旅游学》中指出："旅游是在一定的社会经济条件下产生的一种社会经济现象，是人们离开长住地大规模流动，以寻求新的物质精神生活和新的业务联系为目的的旅行，是暂时居留而不导致定居和就业所引起的相互作用的一切现象和关系的总和。"

⑤ 谢彦君等在《旅游学概论》中的定义为："旅游是个人以前往异地寻求审美和愉悦为主要目的而度过的一种具有社会、休闲和消费性的短暂经历。"

⑥ 申葆嘉等在《旅游学原理》中提出"旅游是产业革命以后分化自旅行的非定居者在地域上移动和暂时逗留所引起的关系和现象的总和；他们不导致长期居留，并不利用旅游从事任何赚钱的活动。"

⑦ 魏向东在《旅游学概论》中提出："旅游是旅游者在自己可自由支配的时间内，为了满足一定的文化享受目的，如游憩、娱乐、保健、求知、增加阅历等，通过异地游览的方式所进行的一项文化体验和文化交流活动，并由之而导致的一系列社会反应和社会关系。"

3.1.2 对旅游定义的归纳分析

仔细观察前面列举的各个旅游定义，可以看到不同学者对旅游认识和研究的出发点和侧重点不同。大体可归纳为两种：一种是从旅游者的活动角度出发，强调旅游者的活动目的、活动性质、活动时间；另一种是从旅游者活动与旅游目的地关系的角度出发，强调旅游者的旅游活动及其所引发的各种现象和关系。两种表述各有其合理性。因为旅游首先是作为旅游主体的人的活动——即旅游者的旅游活动导致了各种旅游需求，旅游者的活动进而产生了旅游供给即旅游业的活动。但旅游又不仅仅是旅游者的活动，旅游的内涵是综合性的社会现象。旅游者往返于出发地与目的地的旅游活动和在目的地逗留期间的访问活动，由此会引起广泛多样的经济现象、社会现象、文化现象乃至政治现象。而旅游者、旅游企业、目的地政府以及目的地居民之间也会因不可避免的直接或间接接触而产生错综复杂的关系。在这个意义上，作为旅游学的研究对象，旅游的定义不应仅仅是指旅游者的活动，而应将旅游业的活动以及旅游的影响等、因旅游者的活动而引发的各种现象和关系也包括在内，从而构成旅游学的研究领域。

值得提出的是，"艾斯特"定义之所以较为科学和影响广泛，就在于它较为全面地揭示了旅游的内涵和基本特征，同时对旅游这一概念概括全面、表述精练。在这个定义中，旅行和逗留"引起的现象和关系的总和"的表述不仅包括了旅游者的活动，而且也涵盖了由此产生的各种社会现象和社会关系，反映了旅游内涵的综合性。"非定居者"的表述体现了旅游活动的异地性。"旅行和暂时居留"以及"这些人不会导致长期定居"指出了旅游活动的暂时性。"不牵涉任何赚钱的活动"则说明了旅游活动的非就业性。

但是，"艾斯特"定义中关于"非定居者"、"不牵涉任何赚钱的活动"的表述或者说中文释文还不够严谨与确切，可能会误导人们对旅游定义的理解。因为现代旅游既包括以消遣度假为目的的消遣型旅游，也包括以工商事务为目的的差旅型旅游，而在以工商事务为目的的差旅型旅游中，毫无疑问会涉及大量的"赚钱的活动"。比如商务洽谈、签订合同以及展览推销等工商事务，它们都是公司企业赚钱活动的组成部分。因此，人们根据"艾斯特"定义的中文释义，很可能得出因工商事务而外出的旅行和逗留不属于旅游范畴的误解。而旅游一词作为日常生活用语，其所指的确不包括以工商事务为目的的差旅外出，一般都是指人们因消遣度假而离家外出旅行的活动，以工商事务为目的的差旅型外出则称之为"出差"，旅游作为日常生活用语的释义，可能会进一步加剧人们对旅游科学概念的误解。但是，实践是检验真理的标准，大量的事实证明：在工商事务及参加会议等差旅活动中，几乎都伴随有不同程度的消遣旅游活动；任何旅游接待国或地区都把因事来访者消费纳入本国或本地区的旅游收入，不可能把消遣旅游和事务访问分立为两个账户，因为两者的访问目的虽然不同，但他们在目的地的消费对该地经济的客观影响都是一样的；世界旅游组织等国际机构也因此而公认事务访问者属于旅游者。可见，虽然现代旅游的主要构成是消遣旅游，但差旅型访问活动亦应纳入旅游概念这一点是不无道理的。

根据上述分析，参照世界上现有的较具代表性的各种旅游定义，依据现代旅游发展的客观实际，编者将旅游的定义归纳为：旅游是人们出于移民和就业以外的原因，离开常住地到异国他乡的非定居性旅行和暂时性停留，以及由此产生的一切现象和关系的总和。

3.1.3 旅游的特点

旅游是人类满足高层次需要的一种活动，是人类文明进步的产物。受社会经济多种因素的影响，旅游活动的形式、内容和规模在不同历史时期表现不同，但旅游活动的基本特征却是一致的，表现为综合性、异地性、暂时性、流动性、经济文化性。

（1）综合性

旅游是一个综合性的活动。旅游者在外出旅游期间，对吃、住、行、游、购、娱等方面的服务都有需求，离不开旅行社、餐饮业、旅馆饭店业、交通运输业、邮政电信业等旅游服务设施。旅游者外出进行旅游活动的形式多种多样，如观光、探险、娱乐、探亲访友等，对旅游活动客体内容的要求千差万别。旅游资源也是多种多样的，既有自然资源，也有人文资源；既有物质的，又有精神的。旅游者选择旅游的形式也是千差万别的，有选择跟团、探险、自驾游；旅游活动和社会的、经济的、文化的、自然的要素都有联系，涉及经济社会的方方面面，正是诸多因素构成了旅游活动的综合性。

（2）异地性

旅游是旅游者离开常住地前往异地他乡进行的精神文化活动，是一种特殊的生活方式。人们长期在一个地方生活，对日常所见的环境会感到平淡乏味，希望到异地见到不一样的风景和民俗人情，满足猎奇心理。而旅游活动则能实现人的这种需要，异地的自然风光、人文景观、民俗风情可满足他们的愿望，所以，异地性是旅游的特点之一。

（3）暂时性

旅游是旅游者在异地短暂的活动，他们离开常住地一段时间又返回常住地，是一种不同在常住地的活动的形式。世界旅游组织对这个时间做了规定即不超过一年，所以，暂时性是旅游的特点之一。

（4）流动性

旅游活动是暂时的异地活动，旅游者离开常住地一段时间又返回常住地，这就决定了旅游活动的流动性。旅游者从客源地流向旅游目的地，从一个游览地流向另一个游览地。旅游者的流动构成了对交通的需求，成为旅游活动的特点。

（5）经济文化性

旅游的目的多种多样，不同的文化可以带给旅游者更多的精神需求，游遍名胜古迹、体验风俗人情、欣赏音乐舞蹈、品尝美味佳肴、遍访名胜古迹，这些都是人们在旅游中的目的，都伴随着消费，旅游者期望在精神和物质两方面都有所收获。旅游者个人的兴趣爱好可能不同，但追求精神愉悦、学习文化知识、获得审美享受、寻求自身发展和价值承认却是旅游者开展旅游活动的共同愿望。因此，旅游具有一定的经济文化性。

3.2 旅游的基本属性

旅游是一项综合性很强的活动，离不开社会经济、人文历史的方方面面，不同学科的专家对旅游的属性也有不同的声音，经济学家认为旅游是经济活动，社会学家认为旅游是社会性的活动，这主要是由于以下的原因造成的：第一，最初对旅游活动的研究是以经济为背景的。我们知道，旅游是伴随着人类社会经济发展而进步的，因而把旅游活动作为一项经济活动来研究。第二，旅游是一项综合性的活动，涉及多方面，包括政治、经济、文化等，旅游是人们在异地停留并由此引起的现象的总和，只有全方位的把握才能准确理解其属性。第三，旅游者的旅游目的是多种多样的，有商务、探亲、观光、度假、娱乐、宗教等目的，于是难免会把几类归为一起来诠释旅游的基本属性。

随着人们认知的提高和旅游的不断发展，旅游在人文环境下开展，并具备经济活动和文化活动的特点，也必定会反映社会经济中的多种现象。

3.2.1 旅游是人类社会经济文明发展的产物

旅游是人的活动，是不能脱离人的，旅游的发展要在一定经济物质基础之上的。人类文明史发展到奴隶社会才有旅游活动的，并且在初期，只是帝王将相、达官贵人的特权，后来有一些因为经商、宗教发展起来的旅游的形式，但是总的说来还是有一定限制的。随着工业文明的发展，人们的生活水平的提高，对生活质量的追求和精神生活的需求，旅游的要求越来越多，越来越细化，旅游的内容和形式也更加丰富，这一切都是与人类社会经济发展和文明的进步分不开的。

3.2.2 旅游活动是人的高层次的审美实践的精神活动

根据马斯洛的需要层次理论，人的需求是有层次的，只有满足了最低层次的需求才会有更高层次的要求。旅游是人们在满足了最基本的生活后的更高层次的需求，既包括物质上的又有精神上的，旅游的消费是多样性的，是高层次的综合性的休闲活动，通过旅游中的吃、住、行、游、购、娱，旅游者在游览了大自然的美丽后获得身心的愉悦，也由于在不一样的环境中，使得在旅游过程中可以开阔视野、增长见识，从而充实、提高和发展自己。

人类的旅游活动还和文化有着不可分割的关系，旅游本身就是一种文化交流活动，旅游者不仅仅汲取旅游目的地的文化，同时也把自己生活地的文化带到目的地，使之交流融合。从旅游的对象旅游资源来看，人文旅游资源就包括了社会、政治、经济、历史、宗教、艺术和民俗风情等，这些都涉及文化内涵。文化贯穿旅游的始终。

3.2.3 旅游活动是综合性的社会活动

旅游涉及方方面面的活动，是一个复杂的系统。从旅游的全过程来看，旅游者来到异地他乡，众多的部门都要为其提供服务，组成了一个庞大的旅游目的地支撑系统，在整个旅游活动中，任何一个单项都不能成为旅游，只有相互依托、相互支持才能构成旅游。旅游是人们在社会中所进行的一项活动，不但可以促进不同国家之间，不同地区之间的友好关系，还能增进相互了解和友谊，旅游者做出出游的决定，是一个综合的结果，受其社会文化价值观的影响，而在旅途中组成的临时社会中，对经济发展、社会进步、生态环境都有一个连锁的反应。每年各地政府和世界组织都会定期举办各种旅游节事活动，提出不同的主题口号，来促进社会的发展。

阅读：世界旅游组织提出的主题口号

1980 年　旅游业的贡献：文化遗产的保护与不同文化之间的相互理解

1981 年　旅游业与生活质量

1982 年　旅游业的骄傲：好的客人与好的主人

1983 年　旅游和假日对每个人来说既是权利也是责任

1984 年　为了国际间的理解、和平与合作的旅游

1985 年　年轻的旅游业：为了和平与友谊的文化和历史遗产

1986 年　旅游：世界和平的重要力量

1987 年　旅游与发展

1988 年　旅游：公众教育

1989 年　旅游者的自由活动创造了一个共融的世界

1990 年　认识旅游事业，发展旅游事业

1991 年　通信、信息和教育：旅游发展的动力

1992 年　旅游促进社会经济一体化，是各国人民相互了解的途径

1993 年　争取旅游发展和环境保护的和谐

1994 年　高质量的服务、高质量的员工、高质量的旅游

1995 年　通过负起责任而受益

1996 年　旅游业：宽容与和平的因素

1997 年　旅游业：21 世纪创造就业和倡导环境保护的先导产业

1998 年　政府与企业的伙伴关系：旅游开发和促销的关键

1999 年　旅游业：为新千年保护世界遗产

2000 年　技术和自然：21 世纪旅游业的双重挑战

2001 年　旅游业：为和平和不同文明之间对话服务的工具

2002 年　经济旅游：可持续发展的关键

2003 年　旅游业：一种消除贫困、创造就业与社会和谐的驱动力

2004 年　旅游拉动就业

2005 年　体育与旅游——促进相互理解、文化和社会发展的力量

2006 年　旅游：让世界受益

2007 年　旅游：为妇女敞开大门

2008 年　旅游：应对气候变化挑战

2009 年　庆祝多样性

2010 年　旅游与生物多样性

3.2.4 旅游是一种社会文化现象

旅游活动和文化密不可分，旅游本身就是一种文化交流的活动，是在一定文化背景下的产物。在游览、参观、交往、休憩等旅游活动中充分体现了文化内容，总之，文化作为一根主线贯穿了旅游消费的全过程。旅游是一个以获取新的文化知识和感受为宗旨的审美过程，中国古代有句俗语叫做"读万卷书，行万里路"，由此可见很早以前人们就懂得旅游的文化内涵，在现今知识高度发展的信息社会里，人们对旅游中的文化含量的要求只会越来越高。从对自然山水的观光旅游到现在的休闲度假参与型旅游，以及如今时髦的生态文化旅游、特种旅游等，这些都是人们对社会文化的追求的需要。

3.3 旅游的分类

随着旅游的发展和社会经济的强大，世界各地参与旅游的人数越来越多，旅游活动的范围越来越广，形式越来越多样化，空间范围不断扩大，与社会经济、政治、文化、科技、民族、宗教等产生密切联系。在现代社会中，旅游的类型多种多样，有关于旅游的分类，目前在学术界和实际工作的部门中都没有统一的标准。许多学者对现代旅游进行了分类，因研究角度和采取的标准不同，出现了多种分类结果，比较常见的分类标准是按是否跨越国境国界和旅游的形式及内容进行分类。

3.3.1 按是否跨越国境国界划分

按旅游者到达的旅游目的地是否跨越国境国界，可将现代旅游分为国际旅游和国内旅游。

3.3.1.1 国际旅游

国际旅游是指跨越国境而开展的旅游活动，一个国家的居民跨越国界到另一个或几个国家进行的旅游。

根据跨越国境的方向将国际旅游分为入境旅游和出境旅游。以我国为例，其他国家或地区的居民前来我国旅游，称之为国际入境旅游或者简称入境旅游（inward tourism）。我国的居民离开我国到境外其他国家或者地区去旅游，称之为出境旅游或出国旅游（outward tourism）。

根据旅游的距离，国际旅游又可分为跨国旅游、洲际旅游和环球旅游等形式。跨国旅游是指离开居住国到另一个国家或多个国家进行的旅行游览活动，以不跨越洲界为限。洲际旅游是指跨越洲际范围的旅游活动。比如亚洲旅游者来到美洲、日本游客来到欧洲。环球旅游是指以世界各大洲的主要国家地区的港口风景城市为游览目的地的旅游活动，像科学探险考察也是属于此类。

要说明的是，从严格意义上来说，我国港澳台地区的居民前来大陆地区旅游或是大陆地区居民赴港澳台地区访问，都不是国际旅游。

按照在旅游目的地国停留时间的长短，国际旅游活动又可以分为过夜的国际旅游和不过夜的国际一日游。在很多国家统计的国际入境旅游旅游人次中，一般都不包括来访的国际一日游人次。但是这些国际短程游览的旅游者在目的地国家的消费，却很难从当地的国际旅游收入中分离开来。所以在国家的旅游收入统计中，既包含过夜旅游者的消费，也包括来访的一日游游客在该国的消费。尤其对于某些相互接壤国家的旅游业来说，这些一日游的市场是一个非常重要的市场，比如美国和加拿大，新加坡与马来西亚等。

国际旅游一般具有以下特点。

① 旅途长，所需时间多，支出费用高，多数属于经济富裕人士的旅游或科学考察和探险性旅游。

② 一般需办理繁琐的手续，旅游者可能还会遇到语言、货币、礼仪、生活习惯不相同等障碍。

③ 发达国家的国际旅游比不发达国家的人次多。

3.3.1.2 国内旅游

国内旅游是指人们在其居住国境内进行的旅游活动，通常是指一个国家的居民离开自己的长住地，到本国境内其他地区进行的旅游活动。要注意的是，按照世界旅游组织（WTO）的解释，并不属于所在国居民的长驻外国人在所在国境内进行的旅游活动也称之为国内旅游。这里的长驻，是指外国人在所在国的连续驻留时间已达一年或者更久。旅游的发展历史证明，旅游活动总是呈现出由近及远、渐进发展、国内旅游先于国际旅游的普遍发展规律。这主要是因为国内旅游的路程较短，出行较为方便，所用的时间也较短，旅游花费也低也不用办理复杂的手续。在当今世界上的旅游业发达国家中，其国际旅游业大都是在随着国内旅游业的发展和成熟所积累的经验和物质条件的基础上发展起来的。

在当今国际旅游活动迅速发展和普及的情形下，由于国内的旅游业发展起来较为容易，而且国内旅游业不能为国家增加创汇等原因，几乎所有国家的政府都尤其支持本国国际旅游业的发展，发展中国家是如此，发达国家更是无一例外。在当今世界的旅游活动过程中，国内旅游一直占据着很大的比重。据世界旅游组织的估算，在每年全世界旅游总人次中，国内旅游人次约占总量的90%以上。即使在经济发达的国家，国内旅游也占到了很大的比重。

我国的国内旅游自20世纪80年代中期开始活跃，据国家旅游局的统计数字，1985年为2.4亿人次；90年代走上快车道，1995年为7.84亿人次，进入20世纪以后，国内旅游更是大踏步向前迈进，2001年国内旅游活动人次在同年我国国民旅游活动总量中所占的比重高达98%，2005年国内旅游活动的规模已上升至12.12亿人次，国内旅游消费总额达5285.86亿元人民币，2007年国内旅游总人次已达16.1亿人次，国内旅游消费总额达7770.62亿元人民币。因此，随着人们生活水平和经济实力的不断提高，国内旅游需求的规模今后仍然会继续发展和壮大。

在国内旅游中，由于旅游者支付能力有强有弱，旅游需求千差万别，又将国内旅游分为地方性旅游、区域性旅游和全国性旅游三种。地方性旅游，是指当地居民在本区、县市内进行的旅游，实际上是一种短途旅游活动。区域性旅游，是指人们离开本区、本县、本市范围内的居住地到邻省、邻市或邻县的风景名胜点的旅游活动。全国性旅游，指跨越多个省份的旅游，如从南京出发到上海、无锡、杭州、福建武夷山等一系列的旅游线路。

国内旅游的特点如下。

① 旅途相对较短，所需时间较少，支出费用较低。

② 不需办理繁杂的手续，旅游者一般没有语言障碍。

③ 参与的人次数远比国际旅游的人次多。

④ 国内旅游是国际旅游的先导，许多国家一般是先发展国内旅游再推进国际旅游。当然也有的国家因经济条件差，国内旅游需求不足，优先吸引国际游客，获得旅游经济效益。

3.3.2 按照旅游者出游的目的划分

按照旅游者出游目的的不同，现代旅游可以分为观光型旅游、娱乐消遣型旅游、文化型旅游、度假保健型旅游、公务型旅游、家庭事务型旅游、宗教朝觐和购物型旅游等。

3.3.2.1 观光型旅游

观光型旅游是从古至今最普遍的旅游的形式，也就是传统中的"游山玩水"，曾经有一度观光成为了旅游的代名词。观光型旅游主要指旅游者到异国、异地游览山川美景，领略风土人情，鉴赏人文古迹的活动。随着20世纪60年代中期以来度假旅游的兴起和70年代以来会议旅游的增多，单纯的观光型旅游在整个旅游市场上的增长速度减缓，但是观光旅游者的人数依然众多。

自从1978年改革开放以来，中国的旅游业发展迅速。我国地域广袤，人文古迹众多，自然风光优美，具有独特的东方文化圈，这些都对海外游客构成了极大的吸引力。我国旅游资源丰富，观光型的旅游产品吸引了大量的游客并经久不衰，现在观光型旅游也是我国旅游市场的重要组成部分，如表3-1所示。再比如根据日本报社做过的调查，发现日本公民出国旅游中，单纯观光旅游者的数量就占到了62.5%，这些旅游者都是希望利用闲暇时间观赏秀美的风景。

表3-1 2008年1~5月按旅游目的地统计来华外国旅游者人数

项 目	人数/人	占总人数比重/%
会议/商务	2771408	25.8
观光休闲	5196909	48.4
探亲访友	30399	0.28
服务员工	1032949	9.6
其他	1704314	15.92
总计	10735979	100.0

注：数据来源自中国国家旅游局。

观光旅游的特点如下。

① 观光范围广。观光的内容不仅有自然风光，而且包括历史古迹、文化名胜、民族风情等。

② 适应性强。无论男女老幼，无论何种职业、何种身份的人，都适宜进行观光旅游。

③ 接待方便。参加观光旅游的人一般没有什么特殊要求，接待比较方便。

3.3.2.2 娱乐消遣型旅游

娱乐消遣型旅游是指以娱乐、消遣为目的而达到精神放松、身心愉悦、享受临时变换环境的旅游形式。随着现代化信息社会的高度发展，人们面临着更多的挑战和压力，工作忙碌，生活单一枯燥，为了放松身心，暂时摆脱工作和家庭中的角色，去异地消遣娱乐以获得精神的放松。消遣型旅游已经成为现代社会中大多数人的选择，并逐渐发展成为当今世界旅游的主流类型。

这类旅游者对旅游活动没有太大的要求，以轻松愉快的氛围达到放松的效果，获得精神的欢愉。比如越野、垂钓、登山等都属于此类。20世纪80年代，我国还主要是以观光旅游为主，进入90年代，客源结构逐步由观光型向消遣型转化，为了顺应客流市场的结构变化，全国各省市在开发此类旅游产品中做了大量的工作，设计了很多节庆活动，如南京的国际梅花节、山东潍坊的风筝节、哈尔滨的冰雪节、广州的美食节等。随着人们生活水平的提高，城市化程度的加深和对闲暇时间的娱乐需求的增加，娱乐消遣型旅游的高潮正在袭来。

娱乐消遣型旅游的特点如下。

① 活动形式灵活多样，有登山旅游、狩猎旅游、野营旅游、滑雪旅游、美食旅游等。

② 适宜各种人群参加，是世界现代旅游的主要类型之一。

③ 受旅游资源的制约较小。

3.3.2.3 文化型旅游

文化型旅游是指为了追求精神文化的满足，以文化交流为主，通过旅游来观察社会，体验风俗人情、了解异地文化，丰富自己的文化知识，增长见识的旅游活动。在如今知识日新月异的社会，高等教育的普及及人们的文化水平不断提高的前提下，人们对于文化交流和认识的欲望越来越强烈，他们到异国了解传统文化，探访文物古迹，交流文学、建筑、艺术、科技等各方面的成果，从而领略到异域文化的新奇。文化型旅游具体包括了历史文化旅游、民俗文化旅游、区域文化旅游、宗教文化旅游等，中国有五千年的历史，拥有众多的人文古迹，56个民族有自己的悠久发展历史和独有的民俗风情，这些是人类的宝贵财富，吸引了来自海外特别是欧美国家和日本的大量文化型旅游者。我国具有开展文化型旅游的得天独厚的条件，据统计1997年，全国共接待来华游客742万人次，其中文化型旅游者就占了590万人。世界上不少国家都在开展文化型旅游方面卓有成效，如法国的浪漫之旅，奥地利维也纳的音乐之旅等。

文化型旅游在世界范围内日益兴盛，对旅游者的要求也比较高，不少国家都认识到了通过此类旅游对青年人进行教育和培养的作用，有意识地组织青年人出国修学旅游和科学考察旅游。我国就接待过许多汉语言学习团、针灸学习团、烹饪学习团以及野外考察团、探险团等，这些都与一定的专业知识背景想结合，满足了人们对文化知识的渴求也欣赏了异国风光。

3.3.2.4 度假保健型旅游

度假保健型旅游是指以度假休闲为活动的旅游活动。由于现代人工作压力较大，对身体健康的要求较高，人们的支付能力有所增长，对此类旅游的需求也就渐长，通过参加一些有益于身体和心理健康方面的旅游活动，达到消除疲劳，增进身体和心理健康，治疗慢性疾病等目的。其主要具体形式有医疗旅游、避暑旅游、避寒旅游、温泉旅游和森林旅游等，这些类型的旅游者人数将会越来越多，方式也会越来越个性化。不少人利用带薪假期，来到幽雅清静、四季温差不大的旅游胜地，尤其是海滨旅游风景度假区。在世界范围内，据我国香港旅游发展局统计，2001年有50％外来游客访问香港地区的主要目的是度假。古巴依托其海岸线长的优势，依靠精湛的医疗技术和卫生设备，开辟了海滨旅游胜地和医疗保健旅游，吸引了大量的游客。

度假保健型旅游的特点如下。

① 目的是通过度假旅游消遣娱乐、消除疲劳、增进身心健康。

② 停留时间较长，消费较高。

③ 形式比较灵活，一般不需要导游。

④ 度假地点多选择在风景秀丽的海滨、温泉等，既可休息又可享受美景。

3.3.2.5 公务型旅游

公务型旅游一般是指出于工作方面的需要而外出，主要目的是完成自己的工作任务，如经商、参加会议、展览、国际间地区间的经济贸易洽谈、科学技术文化交流等。随着世界联系的紧密，各国、各地区之间在经济、政治、文化、科技等方面展开了广泛的合作，公务型旅游者在外出中所需要的服务和其他旅游者都一样。主要有商务旅游、专业团体旅游和会议旅游等多种形式。最突出的还是会议旅游。

会议旅游是指会议接待者利用召开会议的机会，组织各国与会者参加的旅游活动。西方国家的理论研究中，会议旅游是事件及事件旅游研究中较受关注的重点领域。会议旅游包含了国际上的各种专业会议、协会年会、论坛、展销会、商务洽谈会、奥运会、各大洲的体育运动比赛等。由于这些国际会议具有影响力较大，规格较高，筹备时间较长，消费大的特点，比一般的旅游接待活动有较高的经济收益，因而成为西方发达国家竞相发展的旅游项目。过去，许多国际会议大都在欧美地区召开，为了竞争的需要，许多国家都建设了豪华的会议宾馆，各式各样的会议大厅，提供各种通信及会议设施，并设有专门的会议旅游市场经理负责推销。近年来，部分国际会议逐渐向亚洲国家走动，如新加坡连续多年被列入世界十大会议城市，主要就是从会议旅游中找到了突破口。从1980年开始，国际会议旅游在我国已得到重视并开始发展，近年来为进一步发展会议旅游，各城市在建造、改造旅馆的过程中，都加强了对设施的改造，北京已经成为了一个重要的国际会议中心之一，上海也有很大的发展空间。据上海媒体透露，截至2008年10月，已有1000多名专业的会议组织者活跃在上海的会展旅游市场上，为各种大型的国内、国际会展提供专业的服务。

会议旅游的特点如下。

① 消费水平高。参加会议的人员，经济收入高，购买力强，比一般旅游者的消费要高。

② 逗留的时间长。由于参加会议的人员在参加会议后才进行旅游活动，因而，大部分人都要逗留一周左右的时间。

③ 计划性强。会议旅游大多在旅游淡季举行，这样可以有效地调节旺季与淡季客源的不平衡，从而可以提高旅馆的全年利用率。

④ 受波动较小。会议旅游不受气候和旅游季节的影响，时间固定。

3.3.2.6　家庭事务型旅游

家庭事务型旅游是指以探亲访友、出席婚礼、寻根访祖、参加开学典礼等涉及处理个人家庭事务为目的而进行的旅游。寻根问祖、探亲访友旅游是其中最主要的一种。

寻根问祖、探亲访友旅游是指多数由于怀念故土，眷念乡情而引起的故土重游、寻根访祖和观光旅行游览相结合的旅游形式。如美国非洲裔黑人到非洲大陆的寻根旅游等。1976年，美国黑人作家阿历克斯·哈莱写了一本小说《根》，后又改编为电影，在美国黑人中间引起强烈共鸣，不少美国黑人前往非洲冈比亚寻根求源，考察自己的家族史，从而促进了冈比亚旅游业的发展。

自从1978年以来，来中国进行寻根访祖和探亲的友人日渐增多，成为了一种很特殊的旅游形式，主要集中在华侨较多的广东、福建等地。寻根旅游在我国还有一种形式，那就是有些外国人曾出生在中国并幼年生活在此，或曾经长期在中国工作和生活过，还有在第二次世界大战期间受德国法西斯迫害，来我国上海避难的犹太人的子女，他们到我国旅游的目的是旧地重游，看看有什么新变化，有的人还到医院寻找自己的出生资料，有的人到自己曾居住的房屋看看，有的人探望自己的友人，他们把这一旅游目的的实现认为是一种特殊的享受。

家庭事务型旅游的特点如下。

① 对价格较为敏感。由于该类旅游者因私出行，大都很在乎价格。

② 外出的季节性较为弱。他们出行的主要目的是处理家庭和个人事务，一般是利用带薪假期和传统节假日，或者根据家庭事务的紧迫性临时决定出行的时间，因此受自然因素的影响较小，季节性较弱。

③ 这类旅游者往往很少在旅游目的地住宿和用到旅游过程中的其他的服务设施。

3.3.2.7　宗教朝觐旅游

宗教朝觐旅游是世界上最古老的旅游形式，是指以宗教朝觐为活动内容的旅游，包括了朝觐、礼佛祈福、取经或在寺院做法事追悼亡灵，或者以宗教考察为主要目的的旅游活动。

如来自亚洲的佛教旅游者，来自西方国家的基督教旅游者，来自西亚、北非、中亚、南亚和东南亚等地的伊斯兰教旅游者。我国许多宗教场所每年都会迎来大批宗教朝拜者和宗教观光者。古语云：“世间好语佛说尽，天下名山僧占多”。每年到峨眉山、普陀山、五台山、九华山等名山汉传佛教圣地进行礼佛朝拜、观光旅游的人络绎不绝，有增无减；也有一些信奉藏传佛教的人们去西藏的布达拉宫、大昭寺等名寺礼佛；不少道教信徒每年到龙虎山、青城山、茅山等古道观朝拜和旅游。

宗教朝观旅游的特点如下。

① 宗教圣地是这一类旅游的目的地。如“宗教之都”——麦加吸引着全世界的穆斯林。

② 对这类旅游者的服务往往多根据宗教教义的规定进行，整个过程具有庄严肃穆的氛围，使得他们能够获得精神上的归属感。

③ 宗教旅游有较强的时间性。麦加朝圣于每年的伊斯兰教历12月初开始，12月10日宰牲节达到高潮，之后朝观活动即告结束。

3.3.2.8 购物型旅游

购物旅游是一种以到异地都市购物消费为主要目的结合观光都市的旅游形式。这类旅游的出现与社会的经济条件有关。上海、广州、北京、武汉等商业发达城市，吸引了众多的旅游者购物。香港地区更是有“购物天堂”的美誉，每年全世界都有数以万计的旅游者到香港购物，购物支出占据了他们旅游花费的一半以上。我国的购物旅游发展水平还有限，如何以丰富又具特色的商品吸引旅游者是一个值得深思的问题。

3.3.3 其他分类方法

除了以上的分类方法，对旅游还有其他划分形式。如按旅游目的划分，可将旅游分为民俗风情旅游、生态旅游、蜜月旅游、探险旅游、冰雪旅游等；按旅游组织的形式划分，有团体旅游、散客旅游等；按旅游费用来源划分，有公费旅游、自费旅游、奖励旅游等；按消费水平来划分，有经济型旅游、豪华型旅游等；按旅游交通来划分，有飞机旅游、火车旅游、汽车旅游、自行车旅游、徒步旅游等。

总之，旅游的分类方法众多，由于现代旅游条件不断变化，旅游者旅游动机和目的的不同，人们的旅游需求日益多样化导致未来一定会有更大的变化。我们划分旅游类型，主要目的是为了认识各种旅游的特点和活动规律，为深入研究旅游做准备。实际上，在21世纪，旅游者外出旅游的目的往往不是单一的，而是几种目的的综合，有时候很难硬是归入某一种类型，掌握常见的分类方法是必要的，但实际中更要灵活的分析，应该自己找出标准进行划分。

3.4 旅游发展的新视点（阅读材料）

3.4.1 生态旅游

3.4.1.1 生态旅游的发展历史

生态旅游的发展有极其深刻的社会、历史及经济背景。随着工业化进程的加快，现代城市的飞速发展，信息社会的高度流通，环境污染、资源短缺、生态恶化的形势日益严峻，经济发展与环境保护的矛盾也日趋尖锐，环境的恶化已经直接威胁到人类自身的生存和发展并引起了人类社会对环境质量的普遍关注。旅游业对环境、经济和社会产生的影响和效用变得越来越举足轻重。伴随着旅游业在世界范围内的迅速发展，最初被很多国家称为"无烟"产业的传统大众旅游对于生态环境的冲击与破坏越来越明显，人们发现旅游业所带来的就业、GDP 增长等经济收益是以较高的社会和环境成本为代价的。于是，各界人士开始重审旅游业，开始寻找一种将经济发展与生态环境保护相结合的可持续发展的旅游方式，生态旅游正是在这样的时代背景下于 20 世纪 70~80 年代应运而生的。

1872 年，美国建立起世界第一个国家公园——黄石公园，其他国家都纷纷效仿建立"国家公园体系"，截止到 1989 年，地球面积的 3.2% 已经处于各类形式的保护之中。生态旅游从最初是在欧洲和北美洲国家首先发展起来的，到现在各国都给予了高度的重视。从 20 世纪 70 年代到现在，生态旅游的发展大致经历了以下三个阶段。

（1）萌芽阶段

这一阶段是指 20 世纪 60 年代末至 70 年代初，随着环境运动的蓬勃发展，人们开始审视旅游对环境和社会的各种影响，开始探讨如何正确利用自然并实现旅游、保护和可持续发展之间的平衡。这时生态旅游应运而生，但没有一个验证的概念，人们对于它的认识还仅仅局限于对自然环境的友好利用。

（2）发展阶段

这主要是指 20 世纪 80 年代，首先是在发达国家，人们开始追求一种回归自然的体验式和自我参与式旅游，渴望与大自然融为一体，要求回归自然已成为人们的生活理念。有远见的旅游经营商们逐渐意识到生态旅游的潜在市场，纷纷推出生态旅游线路，前往偏远的自然旅游地旅游度假。与此同时，欠发达国家也开始意识到，生态旅游一方面可以赚取外汇，另一方面作为无烟产业比伐木和农业等其他资源利用方式对资源本身的破坏性小，能够将保护与开发相结合。于是，生态旅游作为一种经营创新得到了发展。到了 20 世纪 80 年代末期，很多欠发达国家都将生态旅游确定为实现保护和发展目标的手段。

（3）趋于成熟阶段

这主要指 20 世纪 90 年代以后，随着生态旅游在一些国家的成熟发展，为当地社会带来了长期生存机会和财富。于是，政府部门、研究人员、当地居民、非政府组织等介入了生态旅游的实践与探索，它的内涵也不断得清晰完善，各种原则和框架也不断建立，人们对生态旅游的规划、发展模式等方面做出了更加深入的探索。联合国还把 2002 年确定为"国际生态旅游年"，可见生态旅游在国际旅游业中占据了重要的地位。可见，生态旅游经过 20 多年的发展，由萌芽阶段走向逐步成熟阶段，但仍有很大的发展空间，比如对生态旅游区及其功能划分、生态规划的体系没有确立等。

3.4.1.2　生态旅游的概念

生态旅游（ecotourism），对于其定义，不同的学者有不同的说法，经过 20 年的发展，其理论研究已经形成了一定的基本框架和方法，但是总体还处于发展初期，距离成为一门成熟的学科还有很大距离。

世界自然基金会（WWF）是研究生态旅游比较早的国际机构，其 1990 年对生态旅游所做的定义是：生态旅游必须以"自然为基础"，就是说它必须涉及为学习、研究、欣赏、享受风景和那里的野生动植物等特定目的而对受到干扰比较少或没有受到污染的自然区域所进行的旅游活动[1]。澳大利亚国际生态旅游研究中心的拉尔夫·巴克利（Ralf Buckley）[2] 把生

---

❶ Elizabeth Boo. Ecotourism [M]. Washington. the Potentials and Pitfalls. WWF. 1990. 2
❷ Buckley. A Framework for Ecotourism [J]. Annals for Tourism Research. 1994. 21 (3). 661—664

态旅游定义为以自然为基础的旅游、可持续旅游、生态环境保护旅游和环境教育旅游的交叠部分。美国学者李（D. N. B. Lee）❶认为理想的生态旅游系统包括：旅游者对所游览地区具有保护意识，当地居民在发展旅游业中充分考虑环境和文化需求，采用一个有当地居民参与的长期规划战略，减少旅游业带来的负面影响，培育一个有利于当地社会发展的经济体系。

在不到 20 年的时间里，世界生态旅游发展迅猛。国内的生态旅游始于 20 世纪 90 年代，国内学者对生态旅游的概念做了界定，即生态旅游是为适应人们"回归自然"和保护环境的需要而产生的一种新型旅游形式，是以后旅游的主要趋势。它以自然生态环境为基础，以各种自然生态景观和人文生态景观为客体，以满足人们日益增长的回归自然、认识自然、欣赏自然和保护自然的强烈需求为目的。生态旅游主要包括两方面内容：第一，它以相对未受干扰的自然区域作为活动基础，不会导致生态破坏和环境恶化；第二，它以了解当地的环境、文化和自然历史知识，欣赏和研究当地的自然生态景观及相关的文化特征作为活动的目的。

郭来喜（1992）认为，"生态旅游"是以大自然为舞台，以高雅科学文化为内涵，以生态学思想为设计指导，以休闲、度假、保健、求知、探索为载体，旅游者参与性强，品位高雅，形式多样，既使旅游者身心健康，知识增多，又能增强热爱自然，珍惜民族文化，保护环境的意识，弘扬民族精神，实现可持续发展的旅游体系。

1993 年 9 月，在中国北京召开的第一届东亚国家公园自然保护区域会议上对生态旅游定义为："倡导爱护环境的旅游，或者提供相应的设施及环境教育，以便旅游者在不损害生态系统或地域文化的情况下访问、了解、鉴赏、享受自然及地域文化"。

王尔康认为："狭义的生态旅游是指到偏僻、人迹罕至的生态环境中进行探险或考察的旅游，如南极探险，攀登喜马拉雅山，南美原始森林观赏珍奇植物等；通常是极具冒险精神或强烈科学研究目的的少数旅游者进行此类旅游。这些地区一般交通不便，环境脆弱，气候恶劣，不可能开展大规模的旅游活动。广义的生态旅游包括一切在大自然中进行的游览、度假活动，如森林生态旅游、海洋生态旅游、高山生态旅游等。只要人们进入自然界旅游，就必然会影响自然界，所以教育他们成为生态旅游者，保护自然环境"。

在日本，比较有代表性的"生态旅游"定义是日本自然保护协会的定义。日本自然保护协会将"生态旅游"定义如下："生态旅游是旅游业的一种形式，它意味着游客不再破坏自己所观光地区的生态系统和文化，而是去理解并且欣赏该地区的环境。为了使他们从自己的经历中获得乐趣，要对他们进行环境教育，还要组建与环境有关的机构。最终目的是使游客全力保护该地区的文化、自然以及经济状况"（日本自然保护协会，1994 年）。该定义是从保护自然的立场出发得出来的。

不同学者或组织从不同的角度给生态旅游下定义，是由旅游的综合性所决定的。通过对这些定义分析可以看出，随着生态旅游的发展，生态旅游的概念在不断被拓展，内涵在不断被丰富与充实。生态旅游力求达到生态效益、经济效益和社会效益三者的综合效益最大化，实现旅游目的地和旅游的持续发展。生态旅游实质上是以生态原理和可持续发展原则为指导，它培养旅游者学习、体验及欣赏自然环境，或是在与自然环境相联系的文化背景中欣赏其中的一些元素。它具有明显的环境和社会-文化可持续性，它选择能够促进旅游目的地自然和文化资源基础发展的道路，并提高生态旅游经营机构的生存能力。从以上几个典型的定义看来，可以看出生态旅游的概念应该包含以下几点。

① 生态旅游是以生态系统为支撑，以生态旅游资源主体为基础而开展的欣赏研究自然景观、野生动物及相关文化特征的活动。生态旅游资源包括自然旅游资源和文化旅游资源，生

---

❶ Lee. DNB. SnePenger D. J. An Ecotourism Assessment to Tortuero [J]. Costa Rica. 1992. 19（2）. 367—370

态旅游活动是人们对自然和文化的了解和享受。

② 生态旅游以可持续发展为目标，生态学为指导思想，不改变生态系统完整性。生态旅游地良好的环境、自然风光、独特的民俗风情是全世界的遗产，承担着对全人类环境保护的重任。

③ 生态旅游追求经济、社会、生态环境的协调发展，鼓励当地社区居民参与，并为当地的社会发展和环境保护做出贡献。生态旅游是一种先进的旅游开发和管理的思想，核心内容就是做好旅游开发和环境保护的协调，并为当地提供一定的经济利益。

3.4.1.3 生态旅游的特点

生态旅游的特点，实质上是对生态旅游基本特征的归纳，应在生态旅游本质的规定下进行，在与传统大众旅游比较的基础上，美国学者 Wight、加拿大学者 R. W. Butler、郭来喜、卢云亭（1996）、世界旅游组织（WTO，2000）等学者和组织对生态旅游的特征从不同角度进行分析说明。概括起来，生态旅游基本特点如下。

（1）自然性

自然性指旅游生态环境和文化环境的原始自然性。生态旅游地与旅游者、旅游规划管理和经营者及当地居民的人文活动过程的相互作用，从而构成一个空间异质性区域，因此生态旅游的资源基础除了纯自然环境或相对不受干扰的自然区域（如自然保护区、国家公园等），还包括一些生态旅游地的人文景观。它包括如下方面。

① 指旅游者所到的旅游区具有独特的自然生态风光，人口相对稀少，受工业化影响程度较低，保存着生态环境的相对原始状态。

② 指在这个区域内具有独特的历史和现实的文化，其生活方式和文化模式保留纯自然原始状态的系统，对于旅游者具有心理文化上的吸引力。使旅游者选择去某地旅游的共同心理特征是了解、观察、体验有别于他们本土文化模式的异域文化。

③ 指在上述两个内容的基础上设计的特种旅游项目和线路，要体现特定的旅游生态环境特征相对集中、自然地理条件与人文条件和谐相存的要求，游乐项目和线路能够使旅游者体验到过去未曾体验到的心理感受。

（2）保护性

与传统的大众旅游活动相比，生态旅游的最大特点就是保护性。传统旅游由于参加人数之多、旅游热潮来势之猛，促使旅游开发和旅游管理急功近利，在经济效应的推动下，开发和管理都是粗放性的，旅游活动影响甚至破坏环境的现象随处可见。在可持续发展理论的影响下，人们开始反省若再不注意保护，将破坏人类的自然和文化遗产。而生态旅游的保护性体现在方方面面，对于旅游开发规划者来说，保护性体现在遵循生态规律和人与自然和谐的原则进行设计；对于旅游开发商来说，保护性体现在认识旅游资源的可持续利用，在科学的规划开发基础上谋求持续的投资效益；对于管理者而言，保护性体现在按照科学的环境容纳量开展旅游活动，谋求经济、社会、生态三大效益协调发展；对于游客，保护性则体现在旅游中的环保意识和自身的素质，珍视自然赋予人类的物质及精神价值。

（3）参与性

生态旅游的参与性主要表现在两个方面：一方面，生态旅游可以让旅游者亲自参与自然与生态系统之中，在实际体验中更加热爱大自然。同时，保证旅游者获得与众不同的经历和旅游体验。另一方面，生态旅游是旅游者、旅游地居民、旅游经营者和政府、社团组织及研究人员广泛参与的一种旅游活动。所以，生态旅游还要求旅游者、旅游地居民、旅游经营者和政府、社会组织及研究者广泛参与旅游决策与管理，从而提高旅游决策和管理的科学性、民主性，有利于地方经济和社会的发展。

（4）专业性

传统的大众旅游是为了满足旅游者消遣、娱乐等目的，对游客无特定的要求，但生态旅游是一种有别于传统大众旅游的特殊形式的旅游活动，它对旅游者、旅游经营者都有一定的要求。旅游者一般是经过前期调查了解之后，以求获取大自然的知识为目的的旅游。这样的旅游产品的开发若没有专业性知识的人是难以完成的，生态旅游活动的管理也需要有专业性的人才来从事专业性的行为。所以，生态旅游的专业性具体表现为小规模、低密度、分散性强的特点。

（5）开发利用的可持续性

生态旅游资源和生态环境是发展生态旅游的物质基础，旅游资源和环境保护是旅游业持续发展的必要条件，生态旅游需要以生态旅游地为载体，以生态环境容量为基础，要求旅游者、管理者和经营者及当地居民树立旅游环境容量观，以维护有限的旅游资源不受破坏和可持续利用。

（6）高品位性与普及性

生态旅游开展的早期，生态旅游的参与者多为特定族群，一般是有较高的教育背景或文化素养的人，以获取自然生态知识和人文历史知识为主，他们知识广博，文化和生活品位较高，具有独立人格，喜欢寻找新的刺激和满足。但近些年生态旅游正在朝着普及化的方向发展，而且将成为不可遏制的发展趋势。现在普通的工人、职员、学生等都加入到生态旅游的队伍中，随着社会经济和文化的发展，大众环境意识的提高，生态旅游者的队伍还将不断扩大，生态旅游已成为一种消费热潮。

3.4.2 乡村旅游

3.4.2.1 乡村旅游的发展历史

乡村是人类聚居地的最初形态，乡村旅游并不是一种新的旅游形式，学者认为它发源于19世纪的欧洲，首先流行于贵族阶层，作为现代人逃避工业城市的污染和快节奏生活方式而发展起来的。1865年，意大利"农业与旅游全国协会"的成立，标志着此类旅游活动的产生。由于铁路等交通设施的发展，大大促进了乡村旅游的发展，使欧洲阿尔卑斯山区和美国、加拿大落基山区成为世界上早期的乡村旅游地区，但大规模的开展乡村旅游是在20世纪80年代后。纵观国际乡村旅游的发展历程，大致可以分为以下三个阶段。

第一阶段，萌芽阶段。在19世纪初，城市人开始认识农业旅游价值，并参与了乡村农业旅游，主要开展国如法国、意大利。

第二阶段，观光—发展阶段，在20世纪中后期，乡村观光农业发展，形成农业和旅游相结合的新产业，主要开展国如西班牙、日本、美国。

第三阶段，度假—提高阶段，在20世纪80年代以后，观光农业由观光功能向休闲、度假、体验、环保多功能扩展，主要开展国如日本、奥地利、澳大利亚。基于社会发展和乡村经济的发展而发展的乡村旅游现已走上了规范发展的成熟阶段。

我国是一个有着悠久历史的农业大国，在几千年的农业文化背景下，我们的祖先很早以前就涉足"乡村旅游"了，《管子·小问》中有"桓公放春三月观于野"的记载，当时的活动包括赏花、垂钓、采摘、住宿等，已有旅游的雏形。而现代意义上的乡村旅游在我国的发展具有强烈的中国特色，我国的乡村旅游起源于20世纪80年代，党的十一届三中全会把工作中心转移到经济建设上来以后，旅游业同其他行业一样，驶入健康发展的轨道，但由于受计划经济等体制的束缚，发展的步伐还不快，与发达国家和地区相比还有相当大的差距。90年代，中央提出建立社会主义市场经济体制以后，乡村旅游发展才突飞猛进。随着我国加入WTO，在农业发展急需调整产业结构、寻找新的经济增长点的情况下，发展乡村旅游作为促进农业产业结构调整、充分利用农村剩余劳动力资源、维护农村社会经济可持续发展的重要途径，将会越来越受到重视，国家旅游局还将2006年定为"乡村旅游年"。

3.4.2.2 乡村旅游的概念

乡村旅游的英文为 rural tourism，也有些国家称为 agritourism（农业旅游）、green tourism（绿色旅游）和 farm tourism，译法的不同主要由于对乡村旅游的界定标准和界定角度的差异，导致对乡村旅游概念和内涵认识上的不同。目前，中外学者从各自研究的角度出发，对乡村旅游的概念都提出了各自的看法，这些观点主要如下。

Gilbert 和 Tung（1990）为乡村旅游下的定义是：乡村旅游就是农户为旅游者提供住宿等条件，尤其在农场、牧场等典型乡村环境中从事各种休闲活动的一种旅游活动。

BemardLane（1994）对乡村旅游的概念作过较全面的论述，界定乡村旅游特别是纯粹形式的乡村旅游是：①位于乡村地区；②旅游活动是乡村的，即旅游活动建立在小规模经营企业之上，开阔空间，与自然紧密相联，具有文化传统和传统活动等乡村世界的特点；③规模是乡村的，即无论是建筑群还是居民点都是小规模的。④社会结构和文化具有传统特征，变化较为缓慢，旅游活动常与当地居民家庭相联系，乡村旅游在很大程度上受当地控制；⑤由于乡村自然、经济、历史环境和区位条件的复杂多样，乡村旅游具有不同的类型。

欧洲联盟（EU）和世界经济合作与发展组织（OECD）（1994）将乡村旅游（rural tourism）定义为发生在乡村的旅游活动，认为"乡村性"（rurality）是乡村旅游整体推销的核心和独特卖点。因此其认为乡村旅游应该是发生在乡村地区，建立在乡村世界的独特面貌、经营规模小、空间开阔和可持续发展的基础之上的旅游类型。

刘德谦（2006）认为乡村旅游就是以乡村地域及与农事相关的风土、风物、风俗、风景组合而成的乡村风情为吸引物，吸引旅游者前往休息、观光、体验以及学习等的旅游活动。

何景明、李立华（2002）认为狭义的乡村旅游是指在乡村地区，以具有乡村性的自然和人文客体为旅游吸引物的旅游活动，乡村旅游的概念包含两个方面：一是发生在乡村地区，二是以乡村性作为旅游吸引物，二者缺一不可。

程道品（2003）认为研究乡村旅游的概念，应从旅游主体—旅游者、旅游客体—旅游资源吸引力因素以及旅游者的动机、旅游者的活动范畴等方面对旅游资源加以界定。他对乡村旅游的定义为：乡村旅游是以远离都市的乡野地区为目的地，以乡村特有的自然和人文景观为吸引物，以城镇居民为主要目标市场，通过满足旅游者休闲、求知和回归自然等需求而获得经济和社会效益的一种旅游方式。

杜江、向丽萍（1999）认为乡村旅游是以乡野农村的风光和活动为吸引物，以都市居民为目标市场，以满足旅游者娱乐、求知和回归自然等方面需求为目的的一种旅游方式。

肖佑兴（2003）认为乡村旅游是以乡村空间环境为依托，以乡村独特的生产形态、民俗风情、生活方式、乡村风光、乡村居所和乡村文化等为对象，利用城乡差异来规划设计和组合产品，集观光、游览、娱乐、休闲、度假和购物为一体的一种旅游形式。它具有乡土性、知识娱乐性、参与性、高效益性、低风险性以及能满足游客回归自然的需求性等特点。

郭焕成认为乡村旅游，是指以乡村地区为活动场所，利用乡村独特的自然环境、田园景观、生产经营形态、民俗文化风情、农耕文化、农舍村落等资源，为城市游客提供观光、休闲、体验、健身、娱乐、购物、度假的一种新的旅游经营活动。

吴必虎认为所谓乡村旅游就是发生在乡村和自然环境中的旅游活动的总和。

从以上相关的概念可以看出尽管学者们对"乡村旅游"的定义角度不同，但基本都强调了乡村旅游发生的空间和主要旅游资源，指出了乡村旅游的吸引物是特有的田园风光和人文景观、农事活动、民俗和风土人情。可以看出，乡村旅游是以优美的乡村自然生态景观、独特的乡村人文景观、丰富的乡村社会景观等为吸引源，以满足多种旅游需求为目的的旅游消费行为及其引起的现象和关系的总和。这个概念是不断完善的，随着旅游活动的发展乡村旅游将会得到新的阐释。

3.4.2.3 乡村旅游的特点

（1）乡村性

乡村地域辽阔，类型多样，绝大多数地方保持着自然风貌，加上各地风格各异的风土人情、乡风民俗，使乡村旅游在活动对象上具有独特性特点。古朴的乡村作坊，原始的建筑风格，土生的农副产品，具有城市无可比拟的贴近自然的优势，为游客重返自然提供了条件。

（2）参与性

乡村旅游不仅指单一的观光游览，是包含观光、娱乐、康疗、民俗等在内的多功能复合型旅游活动。乡村旅游重在体验，不仅能够体验乡村的民风民俗、劳作形式，而且能够在劳动的欢娱之余，购得自己满意的农副产品或民间工艺品。这就导致了游客在主体行为上具有很大程度的参与性，如干农家活，吃农家饭等。

（3）生态性

乡村风光和生态景观是发展乡村旅游的基础和前提。要体现乡村旅游的生态性，一定要采取必要的生态保护手段，保护好环境，走可持续发展之路。

（4）文化性

乡村旅游的文化性是通过农耕文化体现出来的。清新的田园风光、丰富的农事活动、天地人和谐的意境是乡村旅游的主旋律，更是农耕文化的精髓所在，悠久的历史文化也成为吸引游客的亮点。

（5）经济性

乡村旅游还具有见效快、收益高的特性。发展乡村旅游能充分利用原有的农业生产资源条件，针对游客需求推出特色化产品，从而获取经济效益。

（6）多样性

乡村旅游资源以自然风貌、劳作形态、农家生活和传统习俗为主，"十里不同风，百里不同俗"，各地都有独特的历史文化传统和民俗风情，而且每一种乡村景观类型都具有其特定的景观环境、景观行为、人类活动方式，所以乡村景观呈现多样化的特点。

（7）时空多变性

乡村旅游资源受季节和气候的影响较大，季节、气候的不同变化也赋予了乡村旅游资源不同的景观和风貌特征，农事活动按时令的规律运作，能够更好地满足游客多样化的需要。同时，乡村在空间上分散性的特点，可以避免城市旅游中出现的拥挤和杂乱，缓解游客游览时的紧张心情，最大限度地满足游客的休闲要求。

（8）可持续性

乡村旅游的发展必须贯彻可持续原则，如发展高科技农业大生产、无土栽培、立体式栽培、节水灌溉、节能日光温室等，这些都满足了旅游者求新求异、增长见识的心理需求。为保护好乡村旅游资源，在进行开发时必须坚持可持续发展理念，达到经济、社会、生态效益的平衡。

思 考 题

1. 什么是旅游？谈谈你对旅游定义的认识。
2. 旅游的本质特征有哪些？
3. 旅游活动都有哪些特点？
4. 简述现代旅游的几种分类方法。

4 旅游者

本章提示

旅游是由人发起的行为，因而旅游活动的主体是旅游者。旅游活动作为人类社会实践活动的一部分，是指人们出于移民和就业以外的原因，离开长住地到异国他乡的非定居性旅行和暂时性停留，以及由此产生的一切现象和关系的总和。随着这样一种活动规模的扩大，外出旅游的人群逐渐形成一个具有足够规模的旅游者群体。旅游业的所有接待服务工作都是针对和围绕旅游者的需求而提供的。没有旅游者就没有旅游活动，也就不可能形成旅游业，因而关于旅游者的研究是旅游研究中的重要领域。本章重点介绍旅游者的基本概念，分析旅游者形成的条件和影响旅游者需求的主观因素，并探讨旅游者的基本类型和各类型旅游者的主要特点。

4.1 旅游者的概念

对旅游者的研究，必然从对旅游者基本概念的界定开始。什么是旅游者？简而言之，旅游者是指离开长住地到异国他乡旅行和访问的人。但这仅仅是一个概念性定义，是对旅游者本质属性的一种概括。虽然这样的概念性定义对于旅游基础理论研究具有重要意义，但在统计旅游者人数时，却难以避免一个难题：哪些人算旅游者，哪些人不算旅游者？例如，一个人离开居住地到异地观光停留时间超过了 24 小时，这种情况纳入旅游者统计，看来是无可非议的；但是另一个人离开工作或居住场所，到所在地的旅游区或郊野游玩了若干个小时，当晚又回到长住居所，这种情况能不能纳入旅游者统计？由于界定标准不一致，在某些国家这两者都纳入统计；而在另外一些国家后者的旅游者地位却不被承认。所以，为了有效地区分旅游者和非旅游者，就涉及旅游者概念的技术性定义。

旅游者概念的技术性定义，一般是依据是否跨越国境而区分出国际旅游者和国内旅游者两个大类。目前国际上对国际旅游者的技术性定义已基本达成共识，但对国内旅游者的技术性定义至今尚无一致看法，主要分歧集中在：是以离开长住地的时间长短为标准，还是以离开长住地距离远近为标准来界定国内旅游者。

目前国内外比较有影响力的有关旅游者的定义，主要以下列几种为代表。

4.1.1 国际联盟统计专家委员会的定义

早在 1937 年，国际联盟统计专家委员会（the Committee of Statistics Experts of the Short-Lived League of Nations）就曾对旅游统计中的国际旅游者的界定标准和范围作出了一个定义。具体内容为：国际旅游者就是"离开自己的居住国，到另一个国家访问超过 24 小时的人。"该委员会列出了纳入国际旅游者统计的人员范围：

① 为了消遣、家庭事务或身体健康方面的原因而出国旅行的人；

② 为出席国际会议或作为各国公务代表而出国旅行的人；

③ 为工商业务原因而出国旅行的人；

④ 在海上巡游过程中中途登岸访问某国的人员，即使其停留时间不超过 24 小时，也视为旅游者。

不能纳入国际旅游者统计范围的人员包括：

① 到外国就业任职者；

② 到国外定居者；

③ 到国外学习，寄宿在学校的学生；

④ 居住在边境地区而日常越境到邻国工作的人；

⑤ 临时过境但不作法律意义上停留的人，即使在境内超过 24 小时也不算旅游者。

4.1.2 联合国的定义

1963 年，联合国在罗马召开国际旅行与旅游会议，会议就各国对旅游者的统计口径进行了修改和补充，提出采用"游客"（visitor）这一总体概念。"游客"分为两类，一类是过夜旅游者即称为旅游者（tourist）；另一类是当日往返的一日游游客称为游览者（excursionist）。具体解释如下。

游客是指除了为获得有报酬的职业以外，基于任何原因到其他一个非定居国观光、访问的人。游客外出的目的可以是消遣活动（包括娱乐、度假、疗养保健、学习、宗教和体育活动等），也可以是工商事务、家庭事务、公务出差、出席开会等。根据游客在一个国家停留的时间长短分成两类：游客在一个国家作短暂停留超过 24 小时的称为旅游者；在一个国家作短暂停留不超过 24 小时的称为游览者，其中包括海上巡游过程中的来访者。

罗马会议后，1968 年，联合国统计委员会和国际官方旅游组织联盟（International Union of Official Tourism Organizations，世界旅游组织前身，简称 IUOTO）正式通过了这一定义。1970 年经济合作与发展组织（OECD）旅游委员会也采纳了这一定义。随后，该定义纷纷被其他一些国际性旅游组织包括世界旅游组织所采纳。

4.1.3 中国国家统计局对国际游客的界定

改革开放以后，大批海外游客纷纷到中国大陆旅游观光，出于对来华旅游者统计方面的需要，1979 年国家统计局对国际旅游者作了如下界定。

国际游客（即海外游客）指来我国大陆观光、度假、探亲访友、就医疗养、购物、参加会议或从事经济、文化、体育、宗教活动的外国人、华侨、港澳台地区同胞。其中，外国人是指具有外国国籍的人，包括加入外国国籍的中国血统华人；华侨指持有中国护照，但侨居外国的中国同胞；港澳台地区同胞指居住在我国香港、澳门、台湾地区的中国同胞。同时并规定，游客是出于上述目的离开长住国到我国大陆连续停留时间不超过 12 个月，且其主要目的不是通过所从事的活动获取报酬的人。其中，长住国指一个人在近一年的大部分时间内所居住的国家（或地区），或虽然在这个国家（或地区）只居住了较短的时间，但在 12 个月内仍将返回这个国家（或地区）。

根据游客在我国停留的时间不同，分为海外旅游者和海外一日游客。凡在我国旅游住宿设施内至少停留一夜的外国人、华侨、港澳台地区同胞称为海外旅游者；凡未在我国旅游住宿设施内过夜的外国人、华侨、港澳台地区同胞称为海外一日游客。其中，海外一日游游客包括乘坐游船、游艇、火车、汽车来华旅游在车（船）上过夜的游客和机车船上的乘务人员，但不包括在境外（内）居住而在境内（外）工作，当天往返的港澳台地区同胞和周边国家的居民。

同时还规定，不能列为海外游客的人员包括：

① 应邀来华访问，由政府部长以上官员率领的代表团及其随行人员；

② 外国驻华使馆员、外交人员及其随行人员；

③ 常驻我国达一年以上的外国专家、留学生、记者、商务机构人员等；

④ 乘坐国际航班过境，不需要通过护照检查进入我国口岸的中转旅客与机组人员；

⑤ 边境地区往来的居民；

⑥ 回大陆定居的华侨、港澳台地区同胞；

⑦ 到我国定居的外国人或原已出境又返回我国定居的外国侨民；

⑧ 归国的我国出国人员。

从上述规定可以看出：目前，世界各国在对国际旅游者进行界定时往往都是以联合国（罗马会议）的定义为基准的。除个别条款的解释上有所区别外，基本内容相对一致。因而可以说，目前世界上就国际旅游者的界定已达成基本共识。

4.1.4 不同国家对国内旅游者的定义

国内旅游者的定义目前在国际上尚未达成共识，因而给国际间的旅游统计、分析都造成了一定的影响。总体而言，以下是有一些较为代表性的对国内旅游者的定义。

美国对国内旅游者的定义是：旅游者是指为了出差、消遣、个人事务，或者出于工作上下班之外的其他任何原因而离开家外出旅行不少于50英里的人，而不管其在外过夜还是当日返回。

加拿大对国内旅游者的定义是：旅游者是指到离开其所居住地边界至少50英里以外的地方去旅行的人。

英国对国内旅游者的定义是：基于上下班以外的任何原因，离开居住地外出旅行过夜至少一次的人。

法国对国内旅游者的定义是：基于下列原因离开自己的主要居所，外出旅行超过24小时但未超过4个月的人。这些原因包括：消遣（周末度假或假期）；健康（温泉浴或海水浴治疗）；出差或参加各种仪式的会议（体育比赛、朝圣或讨论会等）；商务旅行；改变课堂教学的修学旅行。同时指出下列人员不包括在国内旅游者之列：外出活动不超过24小时的人；为了就业或从事职业活动而前往某地的人员；到某地定居的人；在异地但膳宿在学校的学生及现役军人；到医疗机构治疗或疗养的人；在规定假期内，为家庭事务而探亲访友的人。

为了国际旅游统计、分析的统一和可比性，1984年世界旅游组织对国内旅游者作出了一个定义：为了娱乐度假、体育活动、公务集会、会议、学习、探亲访友、保健、慈善工作或宗教目的而在自己定居的国家内对某个目的地进行至少24小时但不足一年的访问的旅行者。与该组织对国际旅游者的定义保持一致，国内旅游者也被分成了国内旅游者（domestic tourists）和国内不过夜游览者（domestic excursionists），国内不过夜游览者是指基于上述任何目的而在目的地逗留不足24小时的人。

4.1.5 中国国家统计局对国内游客的界定

中国国家统计局规定，国内游客是指任何一个为休闲、娱乐、观光、度假、探亲访友、就医疗养、购物、参加会议或从事经济、文化、体育、宗教活动而离开长住地到我国境内其他地方连续停留时间不超过 6 个月，并且在其他地方的主要目的不是通过所从事的活动获取报酬的人。国内游客包括在我国境内长住一年以上的外国人、华侨和港澳台地区同胞。

国内游客分为两类，国内旅游者和国内一日游游客。国内旅游者是指我国大陆居民离开常住地在境内其他地方的旅游住宿设施内至少停留一夜，最长不超过 6 个月的国内游客；国内一日游游客是指我国大陆居民离开常住地 10 千米以上，出游时间超过 6 小时，不超过 24 小时，并未在境内其他地方的旅游住宿设施内过夜的国内游客。

中国国家统计局同时规定，下列人员不在国内游客统计之列：到各地巡视工作的部以上领导；驻外地办事机构的临时工作人员；调遣的武装人员；到外地学习的学生；到基层锻炼的干部；到境内其他地区定居的人员；无固定居住地的无业游民。

由这个定义我们可以看出，中国国家统计局所界定的国内游客标准与联合国（罗马会议）定义所采用的标准基本是一致的。如前所述，国内旅游与国际旅游的本质区别就在于是否跨越国界，除此之外并没有其他的差别。因而，对国内游客也就没有必要再进行新的定义，即使在需要根据国情另行定义的情况下，一般也参照联合国（罗马会议）的定义，以便国际间统计数字有可比性。

4.2 旅游者产生的客观条件

世界旅游组织在 1980 年《马尼拉宣言》中指出，旅游是"对人类休息和娱乐基本权利的承认"，旅游活动的宗旨之一"是彻底实现人的价值"，"旅游和度假已经演变成人类现代生活的基本需要之一，人人都有外出旅游度假的权利"。但是，是否人人都可以无条件地成为旅游者？事实上一个人要成为现实的旅游者，是需要具备一定条件的。一般而言，旅游者形成的客观条件取决于三个方面的因素：一是可自由支配收入，二是闲暇时间，三是其他客观条件。

4.2.1 可自由支配收入

众所周知，旅游是一项时时处处需要消费的活动。旅游者在旅游过程中需要吃饭、住宿、乘坐交通工具、参观游览各类旅游景点等，所有这些都要消耗一定的物质资料和劳动。为此，旅游者就必须付出一定的代价——支付货币。因此，旅游者必须具有一定的经济实力，这是实现旅游活动的首要条件。与此同时，旅游消费还不同于一般商品的消费，它不是一般地维持人的生命延续而必须发生的生存性消费，而是在其基本物质资料得到满足以后，追求更高的精神享受需要而产生的消费。因此，一个人要成为旅游者，必须在其物质资料得到满足以后还有剩余的货币，才可能产生旅游的动机。实践证明，国际性大众旅游的兴起同各国国民收入的提高以及家庭收入的增加是密不可分的。国际旅游统计表明：当一国人均国民生产总值达到 800～1000 美元时，居民将普遍产生在国内旅游动机；达到 4000～10000 美元时，将产生去邻国旅游动机；超过 10000 美元时，将产生全球旅游动机。

大量研究表明，旅游动机能否实现，主要取决于一个人（或一个家庭）的可自由支配收入。所谓可自由支配收入指的是：在一定时期（通常指一年）内的全部收入扣除纳税、社会花费（健康和人寿保险、老年退休金和失业补贴的预支等）、日常消费的必须消费部分以及预防意外开支的储蓄后的剩余部分。

可自由支配收入反映出人的旅游支付能力，它不仅决定人们能否成为旅游者，实现旅游活动，同时还影响旅游者的旅游消费水平、消费结构以及旅游者对旅游目的地和旅游方式的选择。从旅游消费结构来看，旅游消费是由食、住、行、游、购、娱六大要素构成，其中旅游者在前三大要素上的消费为基本旅游消费，在旅游活动中基本消费部分是不可或缺的，旅游者要想在这些方面削减开支一般比较困难，而在游、购、娱三大非基本旅游消费要素上的消费则具有很大的伸缩性，旅游者可以根据自己的实际情况节省旅游开支。在旅游目的地和旅游方式的选择上，一般情况下，经济较富裕的家庭在旅游目的地的确定上，选择的余地比较大，只要旅游目的地有足够的吸引力，他们就做出旅游决定，即便是昂贵的环球旅游也能吸引这部分旅游者。在旅游活动中，他们通常选择飞机这种快捷舒适的方式，入住豪华酒店。而经济条件相对差一点的家庭，在旅游目的地的选择上会受到许多限制，他们只能选择一些与自己经济承受能力相当的旅游地。在旅游方式的选择上，他们一般选择经济实惠的火车旅行，到旅游目的地后入住设施一般的酒店等。由此可见，可自由支配收入在旅游者形成中起着关键性作用。

4.2.2　闲暇时间

旅游的一个显著特征是异地性，也就是说，旅游者必须花费一定的时间，离开长住地去异地参观访问。因而，要成为旅游者，除了须具备一定的经济收入外，还必须有足够的闲暇时间。闲暇时间也是决定人们能否成为旅游者参加旅游活动的又一个重要的客观条件。

人一生的时间是有限的，每天的时间更是固定的 24 小时。一般而言，人的时间可分成工作时间、生活时间和闲暇时间三大部分。工作时间是指人们为了维持生存出外工作以赚取货币的时间；生活时间是为了满足人们的生理需要如吃饭、睡眠以及处理日常生活事务等而花费的时间；闲暇时间指的是人们在日常工作、学习、生活及其他必需时间之外，可用于自由支配从事娱乐、社交、消遣或任何其他自己所感兴趣的事情的时间。

闲暇时间是人们非工作时间中的一部分，在现代社会中，它有四种分布情况：每日闲暇、每周闲暇、公共假日以及带薪假期。

每日闲暇时间是指每天在工作和生活之余的闲暇时间，其特点是零散地分布在一天中的各个时段中，虽可用于休息或娱乐活动，但却无法用于旅游活动。

每周闲暇时间通常指周末休息日。目前，世界上欧洲、亚洲和北美地区的很多国家都实行了每周五天甚至四天半的工作制度，每周工时大都不超过 40 小时，但由于周末时间相对短，一般只适合开展一些近距离旅游活动。1994 年 3 月，我国试行了"隔周五天工作制"。1995 年 5 月 1 日起，正式开始实行五天工作制，即职工每日工作 8 小时，每周工作 40 小时。每周闲暇时间的增加拉动了中国公民的旅游需求。

公共假日指的是节假日，从世界范围来看，各国的公共假日与各民族的传统密切相关，如西方国家最典型的公共假日是圣诞节、复活节；我国的公共假日为元旦、春节、劳动节、国庆节等。节日期间往往是家人或亲友团聚、外出活动的好时机，特别是连续 2～4 天的公共假日，成为人们外出探亲访友或旅游度假的高峰时间。

特别值得一提的是，从 1999 年 10 月到 2007 年 12 月执行新的法定节假日，即围绕"五一"劳动节、"十一"国庆节和春节等公共假日推行新的休假制度期间，我国公民的出游格局中出现了"五一"、"十一"和春节三个出游量十分庞大的旅游黄金周。随之 2007 年我国国内旅游总人次达到 16.1 亿人次，比 2006 年增长 15.5%；国内旅游收入达 7771 亿元，比2006 年增长 24.7%。2008 年我国国务院又重新修改了《全国年节及纪念日放假办法》，在原有假日的基础上增加了清明节、端午节和中秋节，同时"五一"劳动节的假期由原来的三天改为一天。新的节假日制度使得人们的闲暇时间更多，假期出游率进一步增高。2008 年"十一"黄金周期间，全国共接待旅游者 1.78 亿人次，比 2007 年"十一"黄金周增长 22.1％；实现旅游收入 796 亿元，比 2007 年同期增长 24.2％；旅游者人均花费支出达 448元。这样的增长，无疑同上述公共假日放假制度的改革赋予了人们更多的闲暇时间有关。

带薪假期是经济发达国家以法律的形式规定的对就业员工实行的优惠制度，它是自工业革命以来几代劳动大众不断斗争的结果。1936 年法国率先通过以立法的形式规定每年每个劳动者享有 6 天带薪假期。现在世界各国的带薪假期普遍有所增加，在欧洲每年平均期限大约是 22～25 个工作日，很多国家还规定了带薪假期的最短期限，时间大约集中在 6～9 月之间。西方国家大多数旅游者是借助带薪假期进行国际旅游的，所以也相应形成了旅游目的地 6～9 月之间的旅游旺季。

总之旅游需要有时间保证，对于处于职业生涯中的人来说，需要有足够数量而且相对集中的闲暇时间才有可能实现外出旅游。所以，虽然并非所有的闲暇时间都可以用于旅游，但从旅游需求方面看，闲暇时间是实现个人需求必不可少的重要条件。

4.2.3 其他客观条件

可自由支配收入和闲暇时间是旅游者实现旅游行为的两大基本客观条件，但旅游者的形成还会受到其他一些客观条件的制约。概括起来主要有：旅游资源的吸引力、旅游目的地国的社会条件、可进入性以及旅游者的宗教信仰、民族习俗、身体状况和家庭结构四个方面。

① 旅游资源的吸引力。旅游资源是旅游目的地吸引旅游者的所有自然、社会及其他因素，是旅游目的地自然风貌和社会风情的象征，体现着旅游目的地自然、社会、历史、文化、建筑及民族特色。旅游资源吸引力的大小是旅游者是否选择去该地旅游的重要因素。

② 旅游目的地国的社会条件。主要指的是目的国的政治经济制度、社会政治环境以及社会治安等方面的条件。一般旅游者都有一个共同的心理追求，即追求安全、舒适的旅游环境，所以旅游者普遍选择社会环境安定、政治观点相近的国家作为旅游目的地。相反，如果一个国家政治、经济、社会治安等各方面处在不稳定或动荡状态，旅游者是不会选择前去旅游的。例如，2008 年泰国国内反政府示威等活动影响到泰国政局稳定，很多旅游者改变或延迟了去泰国旅游的计划。

③ 可进入性。指的是旅游者进入目的地的各种要素的难易程度。具体包括旅游客源地与旅游目的地之间的时空距离，旅游目的地内部道路交通状况，以及国际旅游中涉及的旅游入关签证、服务效率等。由于旅游活动是实现旅游者在空间的位移及短暂的逗留，必然需要一定数量和一定质量的交通及设施保证，因而交通在可进入性中起着至关重要的作用。随着现代科学技术的不断发展，交通运输取得了突飞猛进的发展，20 世纪初飞机的出现开创了现代旅游的新纪元，随后高速公路的不断开通、高速火车的普及等，使得旅游者在旅行过程中更快捷、舒适和安全，大众旅游也得以充分发展。

④ 旅游者的宗教信仰、民族习俗、身体状况及家庭的人口结构等因素。世界上不同的地区、不同的民族有不同的宗教信仰和习俗忌讳，这对旅游者选择旅游行为有一定的影响。此外，一个人的身体状况是其能否成为旅游者的重要因素。外出旅游一般要求旅游者具有健康的身体，否则难以达成好的旅游体验。还有家庭人口结构也是旅游者形成的一个重要条件，例如拥有婴幼儿的家庭外出旅游会有诸多不便。有研究表明，只有夫妻二人组成的小家庭闲暇时间受限制较少，外出旅游倾向高；二代户家庭因子女出游愿望高也较多选择外出旅游；三代或多代同堂的家庭由于家庭事务多、负担重，年均出游率最低。

4.3 影响旅游者需求的主观因素

当人们的闲暇时间和可自由支配的经济收入达到了一定的水平，当人们具备了健康而良好的身体素质，拥有较少牵挂与拖累的家庭人口状况，一般而言，也就具备了外出旅行游览的客观条件，就有可能成为旅游者。然而，一个人能否成为现实的旅游者，光有客观条件是不够的，还必须有主观条件。如果一个人没有旅行游览的主观愿望和要求，即使客观条件样样具备，这个人也不能成为现实的旅游者。就是说，一个人要成为旅游者，不仅应当具备促使其成为旅游者的客观因素，而且应当具备促使其成为旅游者的主观因素。而促使旅游者形成的主观因素通常被称之为旅游动机。

4.3.1 个人需要与旅游动机

旅游动机是一个心理学名词。旅游者的旅游行为是遵循"需要引起动机，动机激发行为"的方式来运行的。当外部条件不变时，内在需要是一个人产生动机的根本原因。所谓需要是客观刺激通过人体感官作用于大脑而引起的某些缺乏状态。需要使人产生欲望和驱动力，这种驱动力就是动机，动机是推动人们从事某种活动的动力。个体缺乏某种东西有两种情况：一种是缺乏个体内部维持生理作用的物质因素如：食物、饮料、药品等。例如饿了渴了，说明人的生理上缺乏食物和水，进而产生了吃饭喝水的需要。还有一种是缺乏社会生活所必需的心理及精神因素，如成就感、荣誉感、受人尊重、音乐享受等。当一个人缺乏这些东西时，就会感到身心不安、紧张或不舒服从而产生某种需要。旅游动机的产生和人类其他行为动机一样，也来自人的需要。

旅游动机，是激励人们旅行游览的主观愿望和要求，是满足旅游需求的内在考虑。有什么样的旅行游览的主观愿望和要求，就会有什么样的旅游动机。而人们旅行游览的主观愿望和要求又是由人的旅游需要所决定的。因此，归根结底，旅游需要决定着旅游动机，离开旅游需要，就不能深入揭示旅游动机。

影响旅游者形成的主观因素即旅游动机是与美国现代心理学家、行为科学家亚伯拉罕·马斯洛（1908～1970）的"人类需要层次论"密切相关的。马斯洛认为，人类至少有生理、安全、社会、受人尊重、自我实现等5种基本需要，这5种需要由低层次向高层次逐步发展，依次递进，如图4-1所示。一般来说，当低层次的需要基本满足以后，就会出现较高层次的需要，人们就是在不断的追求中出现新的需求，产生新的行为动机。

图 4-1　人类的需要

① 生理的需要　包括食欲、睡欲、居住、本能性的活动和母性行为等需要。这种需要是最低限度、最基本的，因而也是最强大的动力。

② 安全的需要　包括免受野兽的伤害以及冷热气候的袭击和犯罪、谋杀、专制的威胁，偏爱的职业稳固、工作受到保护并有一定积蓄和各种保险等需要。信仰也部分地受到这种需要的驱使。

③ 社会的需要　包括希望与家庭、亲友、同事、上司建立和保持良好的人际关系并得到爱情和友情，愿意归属某些团体以受到他人的帮助并能帮助他人等要求。虽然这种需要比较复杂、难以捉摸，但对大多数人来说还是很强烈的。

④ 受人尊重的需要　这种需要包括两类：其一是希望自己有成就、有实力、能胜任、有信心并能自由和独立；二是希望自己有威望、有名誉、受人赏识、得到高度评价和重视。这类需要是无止境的，因而也是难以完全满足的。

⑤ 自我实现的需要　这种需要是指，希望自己日益成为自己所期望的人，完成与自己能力相对应的一切事，找到自己的位置，发挥自己的潜力，达到理想的境地，获得最大成就的乐趣。

马斯洛认为，一般社会成员在上述所有愿望中总是部分得到满足而部分得不到满足，其中：生理的需要的满足率约为85%，安全的需要的满足率约为70%，社会的需要的满足率约为50%，受人尊重的需要的满足率约为40%，自我实现需要的满足率约为10%。

在这五个层次的需要中，前两种纯属基本物质方面的需要，后三种是属于精神方面的需要。由于旅游是人们在基本的物质生活资料得到满足以后才会产生的一种纯属于精神方面的需要，因此，可以认为：旅游动机的产生与马斯洛的需要层次论中的后三个层次的需要是密切相关的。马斯洛的需要层次理论对于旅游实践有一定的指导意义。

动机是需要的表现形式。由于人们的需要多种多样，比较复杂，导致人们外出的旅游动机也越来越丰富多样。世界各国的学者从不同的角度对旅游动机进行了分类，最常见的有：日本学者田中喜一提出的人们外出旅游的四类动机，如表4-1所示，美国学者罗伯特·麦金托什提出的旅游四种基本动机，如表4-2所示，以及美国学者约翰·A·托马斯提出的人们外出旅游的18种旅游动机，如表4-3所示。

表 4-1　田中喜一列举的旅游动机

心理的动机	思乡心、交友心、信仰心
精神的动机	知识的、欢乐的、见闻的动机
身体的动机	治疗的、休养的、运动的动机
经济的动机	购物和商务的动机

表 4-2　罗伯特·麦金托什列举的旅游动机

身体健康的动机	休息、运动、游戏、治疗等
文化方面的动机	艺术、风俗、语言、宗教等
人际方面的动机	在异地结识新的朋友、探亲访友、摆脱日常工作家庭事务等
地位与声望的动机	考察、交流、会议、从事个人兴趣的研究、求学等

还有很多学者也将旅游动机进行了分类，由于人们所采用的标准不同，观察问题的角度不一样，往往得出不同的分类结果。概括起来，旅游动机总是可以分为以下几类：

① 健康娱乐动机；

② 好奇、探索的动机；

③ 文化方面的动机；

④ 社会交往的动机；

⑤ 探亲访友与追宗归祖的动机；

⑥ 公务与商务方面的动机。

表 4-3 约翰·A·托马斯列举的旅游动机

教育和文化方面的动机	①观察别的国家人民是怎样生活、工作和娱乐的; ②浏览特别的风景名胜; ③更多的了解新鲜事物; ④参加一些特殊活动;
疗养和娱乐方面的动机	⑤摆脱每天的例行公事; ⑥过一下轻松愉快的生活 ⑦体验某种异性或浪漫生活
宗族方面的动机	⑧访问自己的祖籍出生地 ⑨到家属或朋友曾经去过的地方
其他动机	⑩气候(例如为了避暑) ⑪健康(需要阳光、干燥的气候等) ⑫体育活动(去游泳、滑冰、钓鱼或航海) ⑬经济方面(低廉的费用支出) ⑭冒险活动(到新地方去、接触新朋友、取得新经验) ⑮取得一种胜人一筹的本领 ⑯适应性(不落后于别人) ⑰考察历史(古代庙宇遗迹、现代历史) ⑱了解世界的愿望

实际上,旅游是一种综合性很强的活动,可以满足人们多方面的综合性需要,因此,对于一个人来说外出旅游往往会有多种动机,而并非是出于某一单个方面的动机。

4.3.2 影响旅游动机的因素

人们的旅游动机受多重因素的影响,这些影响因素有的来自人们自身,也有的来自外部的客观环境。

4.3.2.1 个性心理类型对旅游动机的影响

在旅游动机的影响因素中,人们的个性心理因素起着决定性的作用。所谓个性指的是:个体在先天素质基础上,在一定的社会条件下,在成长过程中形成和发展起来的比较稳定的心理特征的综合。个性也可以说是一个人区别于他人的个人行为的特征。由于人们先天性遗传的生理素质以及其所处的客观社会环境的不同,每个人都表现出各自不同的个性特征和个性行为。个性心理一般包含两方面的内容:一是个性倾向性,另一是个性特征。前者包括:需要、动机、兴趣、理想、信念、世界观;后者包括:能力、气质、性格。心理学家认为人们的个性心理因素可以分为几个基本类型,并通过个性心理类型来解释人的个性心理因素对旅游动机的影响,其中较有代表性的是普洛格的心理类型模式。

普洛格心理类型模式把人们的个性心理划分为五大类,分别是:自向中心型、类自向中心型、混合中心型、类异向中心型、异向中心型,如图 4-2 所示。从图中我们可以看出,人们的个性心理类型呈两边小,中间大的连续曲线,这在数学上被称为正态分布。

自向中心型和异向中心型是两种极端的类型,属于这两种个性的人在旅游行为上表

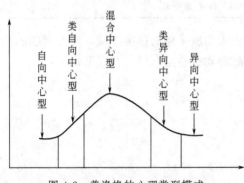

图 4-2 普洛格的心理类型模式

现出明显的特点，具体见表 4-4 所列。但自向中心型和异向中心型在总人口中所占的比例较小，大部分人的个性是属于中间状态的混合中心型。类自向中心型和类异向中心型则分别属于两个极端类型与混合中心之间的过渡类型。这两种类型的人略倾向于各个极端特点。

表 4-4 自向中心型和异向中心型的比较

自向中心型	异向中心型
喜欢熟悉的旅游地	喜欢人迹罕至的旅游地
喜欢熟悉的旅游活动	喜欢获得新鲜经历和享受新的喜悦
喜欢阳光明媚的旅游场所	喜欢新奇的不寻常的旅游场所
活动量小	活动量大
喜欢乘车前往旅游地	喜欢坐飞机前往旅游地
喜欢设备齐全、家庭式饭店和前往旅游商店	只求一般的饭店，不一定要现代化大饭店和前往专门吸引旅客的商店
全部日程都要事先安排好	要求有基本的安排，留有较大的自主性、灵活性
喜欢熟悉的气氛、熟悉的娱乐活动项目，异国情调要少	喜欢与不同文化背景的人会晤、交谈

表 4-4 中所列显示出两种个性心理类型的行为差异。属于自向中心型的人往往是以自己的理想为中心，或只注意自己生活范围内的狭小问题，处处小心谨慎，循规蹈矩，不喜欢做冒险的事，他们在旅游行为中表现为选择自己所熟悉的、旅游发展成熟的目的地，并且要求旅游整个过程中安排得井井有条，一切活动都是按照计划进行，这些人一般适合于包价旅游。而异向中心型的人表现外向、行为积极、自信、富有冒险性，对各种各样的事物都感兴趣，他们往往选择一些比较偏僻不太为人所知的地方去旅游，在旅游活动中只需要为其提供一些基本条件，因此他们往往成为新辟旅游地的最早游客，世界上较流行的背包旅游者往往就属于这种类型。

4.3.2.2 社会文化对旅游动机的影响

社会文化是在历史发展过程中，经过不断继承、发展逐渐积累起来的物质和精神财富的总和。每个人都是社会的一员，社会文化的历史形成、发展过程、表现形态和价值观念直接影响和制约着人们的动机和行为。处于不同文化背景的人们在价值观念、信仰、态度等方面有着较大的差别，他们的旅游动机也必然会受到社会文化的影响。

（1）民族习俗

每个民族在长期的发展中形成了自己的文化传统和独特的风俗习惯。这些都对人们的行为产生很大影响。有的崇尚勤劳、节俭，乡情浓厚，不愿离乡离土到异地旅游；有的民族爱好四处周游、探险、欣赏异地的自然、人文景观，在游历中寻找自己的价值。旅游动机就受到不同民族人民的不同生活观念与价值取向的制约。目前，发达国家和地区的居民，普遍把旅游看作是人类生活的一项基本需求；而一些经济欠发达国家的居民，则对旅游没有多大兴趣，甚至认为旅游是花钱买罪受。

（2）宗教

宗教是一种社会意识形态，不同的宗教倡导不同的价值观和行为准则，影响到人们动机的形成。世界上宗教种类繁多，比较盛行的主要有基督教、伊斯兰教和佛教。宗教信仰常常导致信徒进行宗教朝圣、宗教领袖寻踪、宗教艺术修学、宗教历史访古等宗教旅游。例如去青藏高原纳木错转湖朝圣的队伍终年不断，不分男女老少，人人都以转湖朝圣为积大德，祈望由此能给自己积来无限的福分，在这种心理的驱使下信徒们不辞辛苦，长途跋涉，日夜兼程地转湖，形成一道独特的宗教旅游景观。

4.3.2.3　性别、年龄以及受教育程度对旅游动机的影响

由于生理和心理的不同以及社会传统观念的影响，男女在家庭和社会生活中所处的地位和作用不尽相同，在旅游动机上也存在很大差异。长期以来，男性比女性更多地从事社会事务和体力劳动，而较少地从事家务，因而他们对外界了解更多，旅游动机更强烈。男女在体力方面的差异导致对旅游内容的选择也有所不同，如探险旅游和商务旅游中以男性为主导，而在购物旅游中以女性居多。

随着人们年龄的增长，每个年龄段都会出现不同的旅游欲望和需求，因此，旅游动机也有所差别。如青年人活泼好动、精力充沛、求知欲强，他们参与的意识也更强，对新、奇、异以及探险很感兴趣，因此他们的旅游动机更多地与张扬个性、求新、求知、猎奇等的心理需求相联系。人到中年，工作和事业有一定的基础，有较多社会经历和生活经验，生活上有家庭的制约，因而其旅游动机多倾向于求实、求稳、求名或与专业爱好、追求享受等心理需求相联系。老年人一般会有积蓄，经济条件较好，离退休后闲暇时间也较多，但受到身体状况制约，其旅游动机往往是访古寻友、寻根问祖，参观名胜古迹等。

受教育程度也在很大程度上影响着一个人对外界信息的了解与兴趣，从而影响到旅游动机的强弱。由于受教育程度高的人容易克服对旅游中异国他乡陌生环境的心理恐惧，所以，总的来说，旅游动机的强弱与人们受教育程度成正比例关系，受教育程度越高，旅游动机越强，反之亦然。

4.3.2.4　相关群体对旅游动机的影响

所谓相关群体就是指能影响一个人的态度、行为和价值观的群体，如家庭、邻居、亲友和周围环境等。人们生活在社会中，总是属于一定的相关群体，相关群体对一个人的态度、意见和偏好有着重大影响。同一群体成员一般都有相似的兴趣、爱好、价值取向和行为规范。即使个人在某些方面有时与群体产生差异，但是在相关群体的影响下，也会改变自己的某些观点和行为，以便与相关群体保持一致，以求一定的心理认同。例如，如果在某一个群体中已把探险旅游作为一种时尚，则其某个成员即使性格保守，也会产生尝试探险旅游的动机。

可见，影响旅游动机的因素是多方面的，特别是随着时代的发展，人们的旅游形式和旅游动机呈现出多元化、个性化发展的趋势。随着旅游业的快速发展，旅游市场的竞争也日趋激烈。旅游企业要想在激烈的竞争中赢得市场，就必须深入研究旅游者的动机，全面了解旅游者的需求和旅游动机，及时推出符合目标市场需求的旅游产品和服务。

4.4　旅游者的类型与特点

在旅游研究和实际工作中，常常需要将旅游者进行分类。通过研究几种常见类型的旅游者的特点，能便于旅游目的地政府部门以及旅游企业开展针对性的宣传和促销活动。旅游者类型划分与旅游类型划分相似，比较常见的分类方法有：按是否跨越国境国界为标准，将旅游者划分为国际旅游者和国内旅游者两类；按旅游者所在地理区域范围为标准，分为洲际旅游者、环球旅游者、国内旅游者和国际旅游者四类；按旅游者的组织形式，分为团体旅游者、散客旅游者和自助旅游者三类；按旅游费用的来源将旅游者分为自费旅游者、公费旅游者和奖励旅游者三类；还可以按享受程度标准、旅游交通方式标准、年龄性别标准等为旅游

者划分类型。这里主要以旅游活动内容或旅游者出游目的为标准,将旅游者分为观光型、娱乐消遣型、文化型、度假保健型、公务型、家庭及个人事务型、宗教朝觐型和购物型旅游者八个大类。

4.4.1 观光型旅游者

观光型旅游者是指传统意义上的以欣赏自然风光和人文景观为活动内容的旅游者。这类旅游者,就是所谓"游山玩水"的旅游者,也是最常见、最普通的旅游者。他们以观光游览为目的,希望通过参观、游览,欣赏山川美景,领略风土人情,增长见识,扩大视野,获得一些新、奇、特的感受。如被称为世界七大奇迹之一的埃及金字塔以及希腊的古迹、瑞士的自然风光、中国的故宫等早已成为世界各国旅游者心目中的观光旅游圣地。在20世纪90年代以前,观光型旅游者是世界各国最常见、最主要的旅游者。如日本每日新闻社就曾做过调查,发现日本公民出国旅游中,以单纯观赏为目的的旅游者占了62.5%。我国旅游资源丰富,既有黄山、九寨沟、桂林山水等自然景观,又有长城、故宫、兵马俑等人文景观,独具特色的观光型旅游产品吸引了大量的旅游者,观光旅游经久不衰。在20世纪80年代到我国旅游的大批海外游客中,75%属于观光型旅游者,成为我国当时旅游市场的主体。目前观光旅游者在我国入境的外国游客中仍占主体。

观光型旅游者具有以下几个特点。①出游的季节性强。这是基于三个方面的原因:一是观光的对象受自然条件的影响,其景观存在着季节的差异,各旅游点在不同季节吸引力不尽相同;二是某些人文旅游资源如节庆活动也有时间性,导致观光旅游随季节发生变化;三是旅游者外出旅游主要是利用节假日和带薪假期,这也在客观上形成了旅游的淡旺季差异。②旅游者对旅游目的地的选择自由度大。一是由于观光旅游产品丰富,分布广,可替代性强,旅游者拥有广泛的选择余地;二是不存在对旅游者产生限制的因素,旅游者可以对景点的知名度和吸引力、旅游产品的质量、旅游活动过程中的安全因素等进行全面考虑后作出选择,具有灵活性。③旅游者对价格较为敏感,在旅游过程中花费不大。一般来说,食、住、行方面支出是旅游者必要的基本开支,而不同旅游者在游、购、娱方面的支出则表现出很大差别。观光型旅游者大多是自费旅游,外出目的是观光、游览,因此对价格较为敏感,除了食、住、行、游等必要的花费以外,在其他方面的消费比较少。④重游率低。这一类型旅游者希望每次都能观赏到新奇的内容,所以在有选择的情况下,一般会去新的旅游景点(区),较少故地重游。

4.4.2 娱乐消遣型旅游者

娱乐消遣型旅游者是以娱乐、消遣求得精神松弛,消除紧张,享受旅游以及暂时变换环境所带来的欢愉为主要目的的旅游者。现代社会竞争日趋激烈,人们工作强度大,生活节奏快,紧张的工作和生活使人们普遍感觉到压力大、负担重,生活枯燥乏味。为了消除紧张生活所带来的烦恼,最好的方式就是摆脱掉自己常规的社会角色和工作中的压力,去异地娱乐消遣旅游,以求得暂时的身心放松。因此,该类型旅游者正在不断增多,并逐步发展成为当今世界旅游者的主流类型之一。

娱乐消遣型旅游者具有以下特点。①在外出旅游的季节性以及在旅游目的地的选择等方面基本与观光型相同,有较强的季节性和选择性。②娱乐消遣型旅游者虽然也以自费为主,较在乎价格,但更加追求物有所值,所以一般花费比观光型旅游者高。③重游率高。只要旅游产品内涵丰富,能达到满足精神愉悦的目的,并且物有所值,有较大的参与性,他们常常会故地重游，甚至有旅游者反复光顾同一旅游目的地。

4.4.3 文化型旅游者

文化型旅游者是指为追求精神文化的满足，以文化交流为旅游活动内容的旅游者。他们到异地他乡去了解目的地的传统文化，探访文物古迹，交流文学、艺术、民俗、建筑、教育、科技等方面的成果，领略异地文化的新奇，以开阔视野，增长见识。文化型旅游具体包括历史文化旅游、民俗文化旅游、区域文化旅游、宗教文化旅游等形式。文化旅游历史悠久，同时又是现代旅游的一个发展趋势。中国有上下五千年的文明史，有56个民族，每个民族都有自己悠久的历史文化和独特的传统民俗，各种文化旅游资源相当丰富，吸引了来自海外特别是欧美和日本的大量文化型旅游者。因此，开发文化旅游资源，吸引文化型旅游者，可以发挥我国的资源优势，不仅能产生客观的经济效益，而且可以产生广泛的社会效益和环境效益。对于弘扬我们民族文化、进行爱国主义教育、增进国与国之间的相互了解、美化城市环境和树立良好的目的地形象有非常积极的意义。

文化型旅游者一般具有以下几个特点。①具有较高的文化修养。这类旅游者对文化有着浓厚的兴趣，一般具有较高的文化修养，其中不乏专家学者。例如参观中国三星堆遗址的外国游客，往往对中国远古文明有较强的兴趣。②具有某方面专长或对文化具有特殊的兴趣。文化是无形的，如果缺乏一定的知识或没有浓厚的兴趣，是难以获得文化旅游享受的。如一个旅游者不具备一定的考古专长或对探险的偏好，那他是不可能有能力和勇气参加考古探险旅游团的。而参加电影节或音乐节旅游的旅游者，一般在音乐艺术方面有一定的兴趣或专长。③对旅游线路的科学性比较敏感，可能会多次到一个地方旅游。这类旅游者对线路选择，主要看文化内涵的连续性和整体性，如果一次不能了解考察对象的全貌，可能会多次重游。

4.4.4 度假保健型旅游者

度假型旅游者是指以度假休闲为活动内容的旅游者；保健型旅游者主要是指通过参加一些有益于身体和心理健康方面的旅游活动，以达到消除疲劳、增进身体和心理健康、治疗慢性疾病等目的的旅游者。其具体形式主要包括医疗旅游、避暑旅游、避寒旅游、温泉旅游、森林旅游、度假村旅游等。随着社会经济的发展这类旅游者人数会越来越多，方式也会越来越个性化。

度假保健型旅游者具有以下特点。①收入较高，旅游消费较多。这类旅游者主要是经济发达国家的一些旅游者以及发展中国家的一些收入较高者，以中老年人居多。他们大多收入较高，消费能力强，为了追求特定疗效、获得身心的康复，愿意花费较多的钱。②对服务质量要求高。为了健康的需要，他们对环境、舒适度、安全等有较高要求，"花钱买健康，花钱买舒适"是他们主要的消费心理。③一般停留时间较长，重游率比较高。这类旅游者在一个度假地会停留数日，如果感到满意，可能会再度光顾。

4.4.5 公务型旅游者

公务型旅游者是出于职业的需要而外出的旅游者，他们以办展览，进行贸易和商务洽谈，出席会议或进行某些科学文化交流为主要目的，在完成公务的同时，进行参观游览。其表现形式主要有商务旅游、会议旅游、讲学旅游等，地点一般都选择在旅游胜地或风景文化历史名城。由于公务型旅游活动把公务、商务与旅游活动交织在一起，给旅游目的地带来了可观的经济收益。因此，这类旅游者日益受到许多国家和地区的欢迎和重视，并日益发展成为现代世界旅游市场上重要的客源。

公务型旅游者具有以下特点。①社会地位高，消费能力强，消费水平高，对价格不太敏感。一方面，这类旅游者一般具有一定的身份、地位，如企业家、专家、学者和公务员，其本身收入较高；另一方面，这些人外出主要是公费，有的单位为了企业形象要求其工作人员外出差旅消费标准要达到一定水准，因而他们有较强的支付能力。②对服务水平要求高。为了提高工作效率和维护自己的身份地位，他们通常要求提供打印、通信、信息等方面的完善服务，注重舒适、方便、快捷。③出行频繁，在目的地滞留时间较长。只要工作需要，他们可能多次往返于一个目的地。有的高级别差旅人员随员也较多，如家人、秘书和司机，易形成一人出差、多人旅游的模式，更增加了这一类型旅游者的人数。④出行不受季节性影响，对目的地的选择没有多大自由。只要是工作需要，他们就会随时出行，不受自然因素影响，对目的地的选择必须首先考虑工作需要。

4.4.6 家庭及个人事务型旅游者

家庭及个人事务型旅游者是指以探亲访友、寻根问祖、出席婚礼、参加开学典礼或节庆活动等涉及处理家庭和个人事务为目的而出行的旅游者。

家庭及个人事务型旅游者主要具有以下特点。①对价格较为敏感。由于该类旅游者因私出行，主要是自费，因而大多对价格较为敏感，追求物美价廉。②外出季节性较弱。他们出行的主要目的是处理家庭和个人事务，一般是利用带薪假期和传统的节假日，或者根据家庭事务紧迫性临时确定出游时间，因此，外出受自然因素影响小，季节性较弱。③这类旅游者在旅行过程中往往较少利用旅游地住宿以及其他服务设施，在旅游统计中常常被忽略，但对旅游交通业是一个较为重要的群体，他们往往因时间紧迫，对交通工具不会过分挑剔。④这类旅游者对目的地的选择没有自由度。

4.4.7 宗教朝觐型旅游者

宗教朝觐型旅游者是指以朝圣、拜佛、求法、取经或宗教考察为主要活动内容的旅游者。他们的活动既包括宗教人士的云游、朝圣，也包括非宗教人士到宗教圣地拜佛求佛，对宗教建筑、宗教环境和宗教仪式的观光，欣赏宗教音乐的娱乐活动等。很多宗教信徒或出自对各种神灵的虔诚，或由于对名山古刹、教堂圣殿以及丰富多彩的古代宗教建筑形式的迷恋，都热衷于这种既能达到宗教目的又能通过游览活动获得审美乐趣的宗教旅游活动。宗教朝觐型旅游是世界上最古老的旅游形式之一，在当今时代仍然有大量旅游者参与。我国许多宗教场所如河南少林寺、浙江杭州灵隐寺、西藏拉萨布达拉宫等每年都迎来大批宗教朝觐者和宗教参观者。

宗教朝觐型旅游者具有下特点。①宗教圣地是这一类旅游者的目的地。如圣地麦加吸引着全世界的穆斯林；我国的四大佛教名山每年接待大量佛教徒。②对这类旅游者的接待服务特殊，一般根据宗教教义的规定进行，整个过程必须具有庄严肃穆的气氛，使参与者获得精神上的归属感。③宗教朝觐具有时间性，如麦加朝圣于每年12月初开始，12月10日的"宰牲节"达到高潮，之后朝觐活动即告结束。宗教观光的时间性和季节性不强。

4.4.8 购物型旅游者

旅游购物作为旅游业的六大要素之一，在旅游业发展中占有十分重要的地位。购物型旅游者是指以购买异地商品为主要目的而外出旅游的旅游者。它是随着社会经济发展，交通发达，人们生活水平提高而逐渐发展起来的一种购物与观光游览相结合的旅游方式。这类旅游者的出现与社会经济发展状况相关。如我国香港地区作为"购物天堂"，每年接待来自世界各地的旅游者，购物费用占了他们全部旅游支出的一半以上；人口不到 3 万人的"袖珍之国"安道尔，因没有关税、物价低廉，每年吸引旅游者近 300 万人，购物旅游收入是其旅游业收入的主要组成部分，一般占 30％左右。

购物型旅游者具有以下特点。①拥有丰富多样、特色鲜明和优惠价格的商品的商业城市或土特产品产地是购物型旅游者的旅游目的地。这类旅游者还很关注对购物的社会支持环境，如交通是否便利、进出境手续是否简单等。②这类旅游者出行的季节性不强，全年都可以进行购物旅游活动。③购物型旅游者在关心所购物品价格的同时，对旅游产品本身的价格却并不大敏感。④消费水平高，对旅游地经济贡献较大。

以上是对各类旅游者特点的分析。需要指出的是，旅游者外出旅游的目的往往不是单一的，而是多种目的、多种需求的综合，或者以一种目的为主附带其他目的。正是由于多种目的的重叠与复合，有时也使旅游者很难明确归入到哪一种类型。在实际工作中，要进行灵活的分析，灵活运用理论，结合各类旅游者的特点，更好地进行旅游开发与旅游市场营销。

思 考 题

1. 如何理解旅游者的概念？
2. 旅游者形成的客观条件有哪些？
3. 什么是旅游动机？旅游动机分为哪些类型？旅游动机的影响因素有哪些？
4. 简述常见的几种旅游者类型及其特点。

5 旅游资源

本章提示

　　旅游学认为旅游者是旅游活动的主体，旅游资源是旅游活动的客体，旅游业是旅游活动的媒体，旅游就是由客体（旅游资源）、主体（旅游者）和媒体（旅游业）三大要素构成的综合体。旅游资源作为旅游活动的三大构成要素之一，是一个国家或地区发展旅游业的物质基础，其旅游资源的特色与丰度、利用程度、开发水平，直接影响到该国或地区的旅游总体发展水平。本章主要讲述旅游资源的概念、特点、分类、旅游资源的调查与评价，旅游资源的开发与保护等内容。

5.1 旅游资源的概念和特点

5.1.1 旅游资源的概念

　　目前，旅游资源概念尚处于泛论阶段，学术界和旅游界部门对旅游资源概念的理解与界定还未达成共识。

5.1.1.1 国内学者对旅游资源概念的理解

　　20世纪80年代以来，一些专家、学者根据其研究的实践和理解，从不同角度给出了旅游资源的定义。其中，比较有代表性和影响力的有以下几种。

　　① 凡能为人们提供旅游观赏、知识乐趣、度假疗养、娱乐休息、探险猎奇、考察研究以及人民友好往来和消磨闲暇时间的客体和劳务，均可称为旅游资源。（郭来喜）

　　② 旅游资源就是吸引人们前往游览、娱乐的各种事物的原材料。这些原材料可以是物质的，也可以是非物质的。它们本身不是游览的目的物和吸引物，必须经过开发才能成为有吸引力的事物。（黄辉实）

　　③ 旅游资源是在现实条件下，能够吸引人们产生旅游动机并进行旅游活动的各种因素的总和，它是旅游业产生和发展的基础。（陈传康，刘振）

　　④ 凡是能激发旅游者的旅游动机，能为旅游业利用，并能够产生经济效益、社会效益和环境效益的现象和事物，均称为旅游资源。（孙文昌）

　　⑤ 旅游资源是指对旅游者具有吸引力的自然存在和历史文化遗产，以及直接用于旅游目的的人工创造物。（保继刚，楚义芳，彭华）

　　⑥ 旅游资源是旅游地资源、旅游服务及其设施、旅游客源市场三大要素相互吸引、相互制约的有机系统，是有关这三大要素相互间的吸引向性的总和。（杨振之）

　　⑦ 经过开发可对旅游者产生旅游吸引力，并能为旅游业所利用以产生经济效益、社会效益和生态环境效益的有形及无形要素。（马勇，李玺）

　　⑧ 旅游资源是指客观地存在于一定地域空间并因其所具有的愉悦价值而使旅游者为之

向往的自然存在、历史文化遗产或社会现象。（谢彦君）

⑨ 凡是能够造就对旅游者具有吸引力环境的自然事物、文化事物、社会事物或其他任何客观事物都可构成旅游资源。（李天元）

⑩ 旅游资源指在现代社会能够吸引旅游者和产生旅游动机并实施旅游行为的因素的总和。它能够被旅游业利用，并且在通常情况下能够产生社会效益、环境效益和经济效益。（刘振礼，王兵）

⑪ 凡能吸引旅游者产生旅游动机，并可能被利用来开展旅游活动的各种自然、人文客体或其他因素，都可称为旅游资源。（甘枝茂，马耀峰）

综上所述，多年来，众多的学者对旅游资源的内涵作了积极的探讨，并提出了许多建设性的概念和定义，但随着 2003 年我国国家标准《旅游资源分类、调查与评价》（GB/T 18972—2003）和国家标准《旅游区（点）质量等级的划分与评定》（GB/T 17775—2003）的颁布实施，国内有关旅游资源的概念逐渐趋于一致。两个国家标准将"旅游资源"定义为：自然界和人类社会中凡能对旅游者产生吸引力，可以为旅游业开发利用，并可产生经济效益、社会效益和环境效益的各种事物和因素。此定义充分考虑了国内外旅游界多年来对旅游资源的研究成果，具有极高的科学性和权威性，本书采用此定义。

5.1.1.2 国外学者对旅游资源概念的理解

西方学者多使用旅游吸引物（tourist attractions）这一概念来替代旅游资源（tourist resources），指旅游地吸引旅游者的所有因素的总和。它不仅包括旅游地的旅游资源，还把适宜的接待设施和优良的服务，甚至把舒适快捷的旅游交通条件也涵盖在内。例如，霍洛韦（J. C. Holloway）在《The Business of Toursim》中提出："旅游吸引物必须是那些给旅游者以积极的效益或特征的东西，它们可以是海滨或湖滨、山岳风景、狩猎公园、有趣的历史纪念物和文化活动、体育运动以及令人愉悦舒适的会议环境。"原苏联地理学家普列奥布拉曾斯基等从技术经济的角度将旅游资源定义为：在现有技术和物质条件下，能够被用作组织旅游经济的自然的、技术的和社会经济的因素。大多数情况下，旅游吸引物是旅游资源的代名词，二者通用。近年来，"旅游吸引物"这一名词在我国的应用亦日渐增多。

5.1.2 旅游资源概念的认识

5.1.2.1 旅游资源必须具有吸引游客的功能和旅游价值

根据旅游资源的概念，旅游资源必须具有吸引旅游者的功能和旅游价值。旅游资源对旅游者的吸引性是其基本属性，是旅游资源实用价值的主要体现，它不仅是判断是否是旅游资源的重要判别标准，也是旅游资源的重要核心内容。例如优美的自然美景、驰名的文物古迹、舒适的气候环境、奇特的风土人情、优惠的购物环境、精湛的艺术表演等旅游资源，它们可以吸引游客前去参观、游览、疗养、学习、体验等，从而促进旅游活动的开展。

这里有两点需要注意，其一，所谓旅游资源对旅游者的吸引力，是指对社会旅游者的群体而言，而不是以个别人的爱好为标准。由于旅游者旅游需求的不同，旅游资源能吸引的相关群体具有一定的倾向性。就某种具体的旅游资源来说，它可能对某旅游者群体吸引力颇大，而对另外的旅游者群体则无多大的吸引力，如乡村居民被都市的现代化建筑、设施构成的都市风光所吸引；而久居闹市的城市居民则对乡村地区的田园风光十分向往。其二，旅游资源的核心吸引力特性需符合社会和生态原则，要剔除那些不符合生态、社会伦理规范的部分，如色情、赌博、偷猎等是不健康的、病态社会的产物，并非文明和进步的表现，虽能获取一定的经济效应，但对旅游业来讲，这些事物违反了社会公德标准，侵犯了人类的根本利益，不应列入旅游资源的范围之内，只能作为一些国家或地区招徕游客的一种特殊手段。

5.1.2.2 旅游资源的内涵和外延在不断扩大

旅游资源是一个动态发展的概念，它的范畴在不断地扩大。随着社会的进步、经济的发展以及科技水平的提高，人们的旅游需求日趋多样化、个性化，促使了旅游资源范畴的不断外延。如我国在20世纪90年代之前，旅游类型主要是观光游览，旅游资源开发主要集中在自然风光和文物古迹的观览。90年代以后，随着国内旅游业的蓬勃发展，人们的旅游需求日益多样化，工业旅游、探险旅游、都市旅游、科考旅游、农业旅游、生态旅游、休闲度假旅游等迅速兴起，诸如工厂的车间、农场的茶园、果园、城市会议中心、度假酒店等成为重要的旅游资源。旅游资源的内涵外延在不断地扩大，几乎到了无所不包的程度。今后，随着科学技术的发展，原来不可能被旅游业开发利用的事物现象，都将可能成为旅游资源，人们漫步深海、遨游太空、去南北极探险、登月旅游的愿望也会成为现实。

5.1.2.3 旅游资源包括已开发的和未开发的资源形态

旅游资源依据开发状态可分为未开发的和已开发的旅游资源两类。未开发利用的那些能对旅游者产生吸引力的客观实体或要素，它们经过开发，可为旅游业所利用，由潜在的旅游资源转变为现实的旅游资源，理所当然属于旅游资源。已开发利用的旅游资源以及新创造的人造物和因素，由于它们既可被视为加工后的旅游产品，同时又可作为继续开发的对象，不断地加工提高，继续开发，重复利用，更应属于旅游资源。总之，从长远观点看，作为资源形态，无论其是否经过开发，只要是能激发人们的旅游动机，都应属于旅游资源的范畴，因为资源开发有否并不改变其旅游资源的性质和功能，这只是资源利用深度的问题。

5.1.2.4 旅游资源既有物质形态的，也有非物质形态的

旅游资源有自然、人文的；有物质的，也有非物质的；有有形的，还有无形的，具有多种形态。自然界赋存的山峦沟壑、河流湖泊、流泉飞瀑、花鸟虫鱼、云雾奇观、日光月色等皆是物质形态的有形自然资源。人文旅游资源则一部分为物质形态的有形资源，另一部分则属于非物质形态的无形资源。前者如园林、宫殿、文物等，它们是物质的、有形的客观实体，看得见、摸得着，认同感较强，易于被人们所认可；后者如文化艺术、文学作品、风土人情、神话传说等，它们则不易被人们感知。实际上，这些非物质的无形旅游资源，是在物质的基础上产生并依附于物质而存在的，如不同的文化总是通过生活方式、风俗习惯、艺术创作、文字记载等形式表现出来。充分发掘这些无形的非物质旅游资源，不仅可以丰富旅游资源的内容，而且还可以与有形的、物质的旅游资源紧密结合，产生独特的旅游吸引力。

5.1.3 旅游资源的特点

5.1.3.1 美学特性

旅游资源同一般资源最主要的区别，就是它具有美学特征，具有观赏性，这是由旅游的本质规定性所决定的。叶朗在1988年1月20日的《中国旅游报》上曾撰文说："旅游，从本质上说，就是一种审美活动。离开了审美，还谈什么旅游？"。此外，沈祖祥、冯乃康、王柯平、俞孔坚等专家学者也分别对旅游活动的审美性进行了阐释和论述。谢彦君总纳各家观点，认为旅游在根本上是一种主要以获得心理快感为目的的审美过程和自娱过程，是为了寻求愉悦而发生的行为。因此，旅游者对于审美愉悦的追求，使得美学观赏性成为旅游资源的基本特性。

美学观赏性构成旅游资源吸引力的最基本要素，影响到旅游资源的品质。一般来说，旅

游资源的美学特征越突出，观赏性越强，对旅游者的吸引力也就越大。此外，旅游资源作为资源所共有的经济性特征，也是通过它的美学观赏性来实现的。因为旅游活动最基本的内容就是"游"，而"游"本身就是对美的事物的观赏与品味，如长江三峡、杭州西湖、桂林山水、万里长城、秦始皇兵马俑、日本富士山、埃及金字塔、古罗马斗兽场、法国埃菲尔铁塔等，都因其美学观赏性较强，带给人以强烈的审美愉悦体验，而成为世界著名的旅游资源。

5.1.3.2 文化特性

文化内涵是旅游资源的灵魂。旅游资源的文化性不仅体现在人文旅游资源所蕴含的丰富的文化内涵，而且自然旅游资源也为旅游者提供了科学的、自然的知识和美的享受。实践证明，旅游资源具有充实人们精神生活、启迪心灵、陶冶情操、增长知识，开阔视野等功能。例如各种科学展馆给人们提供了学习科学知识、探索自然奥秘的条件；古村落景观有助于人们感受自然淳朴的乡土文化；奇峰异石、流泉飞瀑、烂漫山花、云海奇观等优美的自然风光带给人以自然的审美享受，同时带给人以精神的启迪。因此，旅游成为一种文化交流活动。

旅游资源的文化内涵是吸引旅游者的重要因素，但要获取这种文化审美享受，往往与旅游者的文化修养和审美水平密不可分。旅游者在知识结构、年龄、性别、兴趣爱好、审美水平等方面的差异，直接影响其对旅游资源文化内涵的认知水平。某些旅游资源文化内涵太过深厚，除少数专业人士可以较好理解外，被一般大众接受或许存在较大难度，这样反而不能有效激发旅游者的旅游兴趣，造成"阳春白雪"、"曲高和寡"之窘境。因此，旅游开发者不仅要深入研究、挖掘旅游资源的文化内涵，而且还应采取合理的措施使其文化内涵能充分有效地展示给旅游者，使旅游者能充分感受传统优秀文化的熏陶，提高旅游体验质量。

5.1.3.3 空间特性

（1）广泛多样性

旅游资源是一种普遍存在于自然界和人类社会中的资源类型，种类众多、内容丰富、分布面广。它既有自然的，也有人文的；既有古代遗存的，也有现代兴建的；既有实物性的，也有体察性的。随着社会的进步、经济的发展以及科技水平的提高，旅游者的需求日趋多样化、个性化，旅游资源的范围在不断地扩大，内容日益丰富。旅游者的足迹已经从高山之巅到了大海之底，从繁华都市到了渺无人烟的沙漠和苦寒之地，甚至已迈入太空。从某种程度上讲，旅游资源的范畴已几乎无所不包。因此，地球上的任何地域都存在相对意义上的旅游资源，只是必须把它放在一定的时间和空间条件下来进行分析。

（2）区域分异性

旅游资源既是地理环境的组成部分，同时它们的形成和存在又受到地理环境的影响和制约。随着自然地理环境的区域变化，旅游资源表现出明显的地域性特征。例如热带风光、高山冰雪、沙漠驼铃、椰林竹楼、林海雪原等自然景观的差异。此外，人类活动也受到地理环境影响与制约，人类在长期的生存发展中，为了求得自身较好的生存发展，顺应自然、适应自然，因而作为人类创造出的各种人文景观也都带有地方特色，正所谓"一方水土养育一方人"，道理正在于此。例如民居建筑中，我国黄土高原的窑洞、牧区的帐篷与毡房、西南地区亚热带的竹楼、华北地区的四合院等的差异，都与一定的自然环境与区域差异密切相关。

旅游资源的区域差异，意味着资源的可模仿性和复制性极差，并导致旅游资源具有不可替代性和不可移动性，成为构建旅游差异化竞争优势的基础所在。尽管许多有关民俗风情的主题公园仿制了逼真的竹楼、吊脚楼、蒙古包、窑洞等兄弟民族的村寨或居室，但它缺乏地域背景、周边环境以及民风民俗的衬托，在游客的视域中，真假泾渭分明，无法替代。至于那些历史感厚重的旅游资源，则更无法离开其赖以生存的特定的自然环境和人文背景，否则将会失去其本身的历史价值与观赏价值。如圆明园、八达岭长城、壶口瀑布、吉林雾凇等资源的特定地理人文环境，是无法用人工力量来搬迁或异地再现的。因此，旅游资源的区域特性赋予其不可移动的特性和高垄断性，决定了旅游资源本身及旅游流的存在。正是旅游资源的区域性差异，才形成了旅游者的空间流动，最终形成了旅游的异地性特征。

（3）要素组合性

一方面构成旅游资源的要素是复杂多样的，孤立的资源要素很难形成具有独自吸引力的旅游资源。如一颗古树、一块石碑、一副字画等，虽然每个资源要素均具有很高的资源品位，但若是孤立成景的话，就很难吸引旅游者。因为，根据"最优化原理"，旅游者总希望花尽量少的时间和财力，欣赏到更多的景物。另一方面，"众口难调"，单一化的旅游资源难以满足不同旅游者的多样化需求。因此，多种资源要素协调共生形成的旅游资源体更具吸引力。例如黄山以"奇松、怪石、云海、古松"闻名于世，就包括了山、石、植被、天象等多种资源要素。杭州西湖风景区，有山有水、有草有木、有洞有泉、有园林和寺庙、有古迹和遗址，可谓"山林洞石俱全，峰云溪瀑兼备"，自然人文相得益彰，旅游资源要素不仅类型多样，而且组合有序，层次清晰，整体性强，可满足不同年龄、性别、职业、文化素养以及兴趣爱好的旅游者的需求，从而誉满全球。因此，旅游资源的组合形式是多样的，其组合要素比例越协调，组合内容越丰富、规模越大、富集程度越高，旅游吸引力也就越大。

5.1.3.4　时间特性

（1）季节性

由于自然地理条件特别是气候的影响，加上人为因素的推波助澜，使得旅游资源的季节变化性和周期性十分明显，主要表现在以下三个方面：①某些自然景色只有在特定的季节或时间段出现。例如，吉林的雾凇景观、北京香山的红叶景观、钱塘江大潮景观、洛阳的牡丹花于四月中旬观赏最佳等；甚至诸如云海、日出、佛光、彩虹、海市蜃楼等天象奇观，也仅仅在一天中特定时间内或特定气候环境下出现，转瞬即逝。②同样的自然景物在不同的季节里展现出不同的风姿。例如，同一座山，"春山艳冶而如笑，夏山苍翠而如滴，秋山明净而如洗，冬山惨淡而如睡"，其春夏秋冬四时之景各不相同。③某些人文景象或活动只在特定的季节或时间段出现。例如，哈尔滨的冰灯、山东潍坊的风筝会、河南洛阳的牡丹花会、云南傣族的"泼水节"和白族的"三月街"、内蒙古的"那达慕"大会等。旅游资源的这种季节性、周期性变化会导致旅游线路、旅游景点等出现淡季和旺季、冷点和热点。掌握这个规律，重视不同类型资源的优化组合，合理调整旅游活动内容，实行旅游价格的季节弹性浮动制，延长旺季时段，做到淡季不淡，冷点不冷，是旅游开发者应该充分重视的问题。

（2）时代性

旅游资源随着时代的需求而产生、发展或消亡，由于人类生产水平、科学技术、审美观念、道德规范的变化，名噪一时的旅游胜地可能会随着人们旅游兴趣的转移而趋于萧条，鲜为人知的旅游地可能会因迎合了旅游者需求的变化而日益兴旺。因此，无论是历史文物古迹等人文景观，还是自然景观都表现出很强的时代性特征。原来不是旅游资源的事物和因素，今天可能会成为新的旅游资源。例如，古代帝王的陵墓和宫殿、古城墙、古战场、古民居、古典园林、寺庙道观、火山喷发的遗迹、地震遗迹等，其存在之初并没有被人们作为旅游资源，但随着时间的推移，人们的需求发生变化，有的已经成为极具吸引力的旅游资源。科技进步本身也可形成新的旅游资源，如随着太空科技的发展，人类乘坐航天飞机遨游太空的愿望已经实现，外太空旅游逐渐进入人们的旅游行程安排之中。由于人类活动对环境的影响以及旅游需求的变化，如因过量开采地下水造成泉水枯竭、河流上游兴建水库使得瀑布断流等因素，原有的旅游资源会因之而失去吸引力，不再成为旅游资源。

5.1.3.5 经济特性

（1）永续使用性和不可再生性

旅游资源中除了少部分内容会在旅游活动中被旅游者消耗，需要自然繁殖、人工饲养、栽培和再生产来补充外（狩猎、垂钓、购物、风味品尝等），绝大多数旅游资源只要不搞"竭泽而渔"式的过度开发，都具有长期重复使用的价值。例如山水风光、城镇风貌、文物古迹、园林建筑等，旅游者在参观游览时只会带走审美感觉，获得美的享受，但不能把这些旅游资源带走。因此，从理论上讲，只要保护得当，旅游资源具有供人们永续利用的特性。

当然，在旅游资源的实际开发利用过程中，也存在着因利用不当而使旅游资源质量下降，甚至导致完全被破坏的现象。而无论是自然旅游资源还是人文旅游资源一经破坏就无法恢复，即使经过人工修复，也已经不是原貌，其吸引力会大大降低。因此，旅游资源也具有不可再生性的一面，这就要求在开发利用的同时，保护工作亦须同步进行，采取各种保护措施，一方面减少旅游资源的自然耗损和人为破坏；另一方面，保护好生态环境，为某些自然景观、人文景观的存在和发展创造良好的条件，从而延长旅游资源重复使用的年限。

（2）旅游资源价值的不确定性

旅游资源价值的评价主要分为两类，即旅游资源自身价值评价和旅游资源开发价值评价，两者联系密切，但又差异明显，主要表现在评价结果的差异上。旅游资源的自身评价，主要是根据对旅游资源调查所得到的资料，通过整理、统计得出特征资料，据此判断旅游资源的品位；旅游资源开发评价则以旅游资源自身评价为基础，同时考虑旅游资源开发不可或缺的外部开发条件以及客源市场条件等因素，判断旅游资源的开发价值。前者主要着重于资源本身的属性特征，后者则充分考虑了资源开发的外部因素及市场需求因素。因此，由于评价因素的不同，旅游资源开发评价往往与资源自身评价结果有较大差异。

影响旅游资源价值不确定性的原因主要包括以下三个方面：①旅游资源价值是随着人类认识水平、审美方式、开发能力、宣传促销等众多因素的变化而变化的。不同时代、不同社会经济条件下，同种旅游资源的价值是不同的。②不同的人可以从不同的角度对旅游资源价值做出不同的评判，如城市居民对田园风光的向往与乡村居民对都市风光的青睐，就正好反应了由于评价主体不同所造成的评价结果的差异。③旅游资源价值由于资源开发利用方式及开发利用外部条件的不同而有所差异。例如同一湖泊资源，用来开发观光、度假、体育、疗养等，其旅游市场的反应会有所不同，其体现的开发价值也就不同。因此，旅游资源的价值应该在一定的认识水平、具体的开发利用方式以及旅游市场需求下加以判断。

5.2 旅游资源的分类

5.2.1 旅游资源分类的意义

旅游资源的分类，就是根据旅游资源的共性和个性，按一定的目的，一定的需要对旅游资源进行集合归类的一个科学区分过程。对旅游资源进行科学的分类，可以使纷繁复杂的旅游资源条理化、系统化，形成旅游资源有关资料的信息系统，不仅便于旅游资源的归档、查找、管理和对比，也是认识、评价旅游资源，开发利用和保护旅游资源的客观需要，是旅游管理者、旅游开发者和旅游决策者制定旅游规划、保护旅游资源必不可少的科学资料和重要依据。同时，通过分类过程，可以加深人们对旅游资源特征、属性的认识，总结和发现旅游资源的生成和发展规律，从而促进有关理论与实践工作水平的提高。因此，旅游资源分类的目的和意义，在于通过各种分类系统的建立、补充，加深对旅游资源的认识，掌握其特点、规律，为进一步开发利用和保护以及进行科学研究工作服务。

5.2.2 旅游资源的分类方法

旅游资源的分类研究始于 20 世纪中叶，由于此项工作开展的比较晚，加之旅游资源内涵十分丰富，相关专家、学者出于不同的分类目的和标准，提出了多元化的分类方案。因此，旅游资源分类方案目前尚无定说。总体而言，旅游资源的分类方法主要有以下几种。

5.2.2.1 中国国家旅游局分类方案

2003 年 2 月 24 日，由中华人民共和国国家旅游局提出，国家质量监督检验检疫总局发布，2003 年 5 月 1 日实施的中华人民共和国国家标准《旅游资源分类、调查与评价》（GB/T 18972—2003），依据旅游资源的性质，即现存状况、形态、特性、特征等，将旅游资源划分为 8 个"主类"、31 个"亚类"、155 个"基本类型"。每个层次的旅游资源类型具有相应的汉语拼音代号，前 4 个主类在属性上属于自然旅游资源，后 4 个主类属于人文旅游资源。

旅游资源的该种分类体系是从满足实践需要的角度出发，适用于各类型旅游区（点）的旅游资源开发与保护、旅游规划与项目建设、旅游行业管理和旅游法规建设、旅游资源信息管理与开发利用等方面，不同于一般的学术性或其他目的的旅游资源分类，具有较强的实践指导意义，是我国各地开展旅游资源调查、分析与评价的基本方法，见表 5-1 所示。

"国标"突出了普适性和实用性，在充分考虑前期研究成果和广泛实践的基础上，制定了旅游资源类型体系，可操作性强，为各地旅游资源调查分类和评价提供了很好的规范性指导。自"国标"推出以来，各级旅游部门基本上都以"国标"为依据开展工作。

5.2.2.2 按旅游资源属性分类

（1）两分法

所谓"两分法"就是将旅游资源按其属性分为自然旅游资源与人文旅游资源两大系列的一种分类方案。这是目前最常见、应用最广泛的一种分类方案。许多专家、学者就此进行了大量的研究工作，但由于各人认识的差异以及所采取分类依据的不同，导致对自然旅游资源及人文旅游资源的进一步细分结果出现了差异。因此，目前学界尚无一个取得普遍认同的两分法分类方案。下述分类方案较为典型，故摘录于此，以供参考。

1990 年，中国科学院地理研究所和国家旅游局资源开发司制定的《中国旅游资源普查分类表》将旅游资源划分为二级 8 大类（地表类、水体类、生物类、气候天象类、历史类、近现代类、文化游乐体育胜地类和风情胜地类）108 种基本类型。1992 年，由中国国家旅游局和中国科学院地理研究所起草的《中国旅游资源普查规范（试行稿）》，将上述旅游资源分类体系进一步浓缩，将旅游资源分为 2 大类 6 类 74 种基本类型，即将旅游资源首先分类自然旅游资源和人文旅游资源，进而将自然旅游资源分为地文景观类、水域风光类和生物类，将人文旅游资源分为古迹与建筑类、消闲求知健身类和购物类，见表 5-2 所示。

表 5-1　旅游资源分类表

主类	亚类	基 本 类 型
A 地文景观	AA 综合自然旅游地	AAA 山丘型旅游地、AAB 谷地型旅游地、AAC 沙砾石地型旅游地、AAD 滩地型旅游地、AAE 奇异自然现象、AAF 自然标志地、AAG 垂直自然地带
	AB 沉积与构造	ABA 断层景观、ABB 褶曲景观、ABC 节理景观、ABD 地层剖面、ABE 钙华与泉华、ABF 矿点矿脉与矿石积聚地、ABG 生物化石点
	AC 地质地貌过程形迹	ACA 凸峰、ACB 独峰、ACC 峰丛、ACD 石(土)林、ACE 奇特与象形山石、ACF 岩壁与岩缝、ACG 峡谷段落、ACH 沟壑地、ACI 丹霞、ACJ 雅丹、ACK 堆石洞、ACL 岩石洞与岩穴、ACM 沙丘地、ACN 岸滩
	AD 自然变动遗迹	ADA 重力堆积体、ADB 泥石流堆积、ADC 地震遗迹、ADD 陷落地、ADE 火山与熔岩、ADF 冰川堆积体、ADG 冰川侵蚀遗迹
	AE 岛礁	AEA 岛区、AEB 岩礁
B 水域风光	BA 河段	BAA 观光游憩河段、BAB 暗河河段、BAC 古河道段落
	BB 天然湖泊与池沼	BBA 观光游憩湖区、BBB 沼泽与湿地、BBC 潭池
	BC 瀑布	BCA 悬瀑、BCB 跌水
	BD 泉	BDA 冷泉、BDB 地热与温泉
	BE 河口与海面	BEA 观光游憩海域、BEB 涌潮现象、BEC 击浪现象
	BF 冰雪地	BFA 冰川观光地、BFB 长年积雪地
C 生物景观	CA 树木	CAA 林地、CAB 丛树、CAC 独树
	CB 草原与草地	CBA 草地、CBB 疏林草地
	CC 花卉地	CCA 草场花卉地、CCB 林间花卉地
	CD 野生动物栖息地	CDA 水生动物栖息地、CDB 陆地动物栖息地、CDC 鸟类栖息地、CDE 蝶类栖息地
D 天象与气候景观	DA 光现象	DAA 日月星辰观察地、DAB 光环现象观察地、DAC 海市蜃楼现象多发地
	DB 天气与气候现象	DBA 云雾多发区、DBB 避暑气候地、DBC 避寒气候地、DBD 极端与特殊气候显示地、DBE 物候景观
E 遗址遗迹	EA 史前人类活动场所	EAA 人类活动遗址、EAB 文化层、EAC 文物散落地、EAD 原始聚落
	EB 社会经济文化活动遗址遗迹	EBA 历史事件发生地、EBB 军事遗址与古战场、EBC 废弃寺庙、EBD 废弃生产地、EBE 交通遗迹、EBF 废城与聚落遗迹、EBG 长城遗迹、EBH 烽燧
F 建筑与设施	FA 综合人文旅游地	FAA 教学科研实验场所、FAB 康体游乐休闲度假地、FAC 宗教与祭祀活动场所、FAD 园林游憩区域、FAE 文化活动场所、FAF 建设工程与生产地、FAG 社会与商贸活动场所、FAH 动物与植物展示地、FAI 军事观光地、FAJ 边境口岸、FAK 景物观赏点
	FB 单体活动场馆	FBA 聚会接待厅堂(室)、FBB 祭拜场馆、FBC 展示演示场馆、FBD 体育健身馆场、FBE 歌舞游乐场馆
	FC 景观建筑与附属型建筑	FCA 佛塔、FCB 塔形建筑物、FCC 楼阁、FCD 石窟、FCE 长城段落、FCF 城(堡)、FCG 摩崖字画、FCH 碑碣(林)、FCI 广场、FCJ 人工洞穴、FCK 建筑小品
	FD 居住地与社区	FDA 传统与乡土建筑、FDB 特色街巷、FDC 特色社区、FDD 名人故居与历史纪念建筑、FDE 书院、FDF 会馆、FDG 特色店铺、FDH 特色市场
	FE 归葬地	FEA 陵区陵园、FEB 墓(群)、FEC 悬棺
	FF 交通建筑	FFA 桥、FFB 车站、FFC 港口渡口与码头、FFD 航空港、FFE 栈道
	FG 水工建筑	FGA 水库观光游憩区段、FGB 水井、FGC 运河与渠道段落、FGD 堤坝段落、FGE 灌区、FGF 提水设施
G 旅游商品	GA 地方旅游商品	GAA 菜品饮食、GAB 农林畜产品与制品、GAC 水产品与制品、GAD 中草药材及制品、GAE 传统手工产品与工艺品、GAF 日用工业品、GAG 其他物品
H 人文活动	HA 人事记录	HAA 人物、HAB 事件
	HB 艺术	HBA 文艺团体、HBB 文学艺术作品
	HC 民间习俗	HCA 地方风俗与民间礼仪、HCB 民间节庆、HCC 民间演艺、HCD 民间健身活动与赛事、HCE 宗教活动、HCF 庙会与民间集会、HCG 饮食习俗、HGH 特色服饰
	HD 现代节庆	HDA 旅游节、HDB 文化节、HDC 商贸农事节、HDD 体育节
数　量　统　计		
8 主类	31 亚类	155 基本类型

[注] 如果发现本分类没有包括的基本类型时，使用者可自行增加。增加的基本类型可归入相应亚类，置于最后，最多可增加 2 个。编号方式为：增加第 1 个基本类型时，该亚类 2 位汉语拼音字母＋Z，增加第 2 个基本类型时，该亚类 2 位汉语拼音字母＋Y。

注：资料来源自中华人民共和国国家标准《旅游资源分类、调查与评价》(GB/T18972—2003)。

表 5-2　中国旅游资源分类

大类	类	基　　类	大类	类	基　　类
自然旅游资源	地文景观类	(1)典型地质构造	人文旅游资源	古迹与建筑类	(12)碑碣
		(2)标准地层剖面			(13)建筑小品
		(3)生物化石点			(14)园林
		(4)自然灾变遗迹			(15)景观建筑
		(5)名山			(16)桥
		(6)火山熔岩景观			(17)雕塑
		(7)蚀余景观			(18)陵寝陵园
		(8)奇特与象形山石			(19)墓
		(9)沙(砾石)地风景			(20)石窟
		(10)沙(砾石)滩			(21)摩崖字画
		(11)小型岛屿			(22)水工建筑
		(12)洞穴			(23)厂矿
		(13)其他地文景观			(24)农林牧渔场
	水域风光类	(1)风景河段			(25)特色城镇与村落
		(2)漂流河段			(26)港口
		(3)湖泊			(27)广场
		(4)瀑布			(28)乡土建筑
		(5)泉			(29)民俗街区
		(6)现代冰川			(30)纪念地
		(7)其他水域风光			(31)观景地
	生物景观类	(1)树林			(32)其他建筑或其他古迹
		(2)古树名木		消闲求知健身类	(1)科学教育文化设施
		(3)奇花异草			(2)休、疗、养和社会福利设施
		(4)草原			(3)动物园
		(5)野生动物栖息地			(4)植物园
		(6)其他生物景观			(5)公园
人文旅游资源	古迹与建筑类	(1)人类文化遗址			(6)体育中心
		(2)社会经济文化遗址			(7)运动场馆
		(3)军事遗址			(8)游乐场所
		(4)古城和古城遗址			(9)节日庆典活动
		(5)长城			(10)文艺团体
		(6)宫殿建筑群			(11)其他消闲求知健身活动
		(7)宗教建筑与礼制建筑群		购物类	(1)市场与购物中心
		(8)殿(厅)堂			(2)庙会
		(9)楼阁			(3)著名店铺
		(10)塔			(4)地方产品
		(11)牌坊			(5)其他物产

注：引自高峻. 旅游资源规划与开发 [M]. 北京：清华大学出版社，2007：20。

（2）三分法

所谓"三分法"是指按照旅游资源属性将旅游资源分为自然旅游资源、人文旅游资源和社会旅游资源。如在1997年，郭来喜、吴必虎、刘锋、范页正在《中国旅游资源分类系统与类型评估》一文中以《中国旅游资源普查规范（试行稿）》（1992）为基础，将旅游资源分为三大景系，即自然景系、人文景系以及服务景系，见表5-3所示。

表 5-3　旅游资源三分法

		地文景观景类
	自然景系	水文景观景类
		气候生物景类
		其他自然景类
旅游资源		历史遗产景类
	人文景系	现代人文吸引物景类
		抽象人文吸引物景类
		其他人文景类
	服务景系	旅游服务景类
		其他服务景类

此外，其他学者也分别运用"三分法"从各自角度对旅游资源进行了分类，各有差异。综合而言，旅游资源按其属性可分为自然旅游资源、人文旅游资源和社会旅游资源三大类。

① 自然旅游资源。自然旅游资源是指以大自然造物为吸引力本源的旅游资源，包括地质旅游资源、地貌旅游资源、气象气候类旅游资源、水文旅游资源、生物旅游资源、太空旅游资源等。

② 人文旅游资源。人文旅游资源是指以社会文化事物为吸引力本源的旅游资源，包括有形的（历史的人造资源和今人有意识建造的当代人造旅游资源）和无形旅游资源两种。有形的人文旅游资源包括历史文物古迹、民族文化及有关场所、有影响的国际性体育和文化事件、富有特色并具备一定规模的文化娱乐场等现代人造资源。无形的人文旅游资源包括时代传承的神话、民俗、民歌、民间舞蹈、口头传说以及信仰意识等（李天元）。

③ 社会旅游资源。社会旅游资源是指以一定的空间和时间为载体，具有旅游吸引力的当代人类，及由当代人类所创造的，不以旅游为主体功能的，与人的生产生活密切相关的事物、现象和活动，是最具活力和潜力的旅游资源类型❶。主要包括民俗风情旅游资源、购物旅游资源、城市景观旅游资源、会议旅游资源、商务旅游资源、体育保健旅游资源、娱乐旅游资源等。

5.2.2.3　按旅游资源吸引力级别分类

① 国家级旅游资源。这类旅游资源具有极高的观赏、历史及科学价值，对旅游者能够产生较强的吸引力，在国内外知名度较高，吸引的游客范围指向全国和世界。例如国务院曾分别于1982年、1988年、1994年审批通过的44处、40处以及35处国家级风景名胜区即属此类。

② 省级旅游资源。这类旅游资源在观赏、历史及科学价值方面较逊色于国家级旅游资

---

❶ 参见毛卫东，黄震方，杨春宇. 社会旅游资源的概念及范畴分析 [J]. 企业经济. 2008 (7)：144-146.

源，有地方特色，在省内外有较大影响，吸引的游客范围指向地区、省内及省外的国内游客。

③ 市（县）级旅游资源。这类旅游资源数量繁多，具有一定的观赏、历史及科学价值，主要接待本地旅游者。

5.2.2.4 按旅游资源的利用限度分类

① 有限旅游资源。该类旅游资源具有易损性、不可再生性的特性，因此不能够持续性地、无限量地供给，对其使用必须制订计划性、保护性的措施，延长其使用期限。旅游资源的有限性可以是指时间和空间的有限性，如文物、古建筑等；也可以是指供给数量的有限性，即存在一个旅游容量的问题，如狩猎、捕鱼等，需要旅业业经营者采取一定的功效途径予以控制。

② 无限旅游资源。旅游资源的无限性只是指相对无限的意思。例如供人们观览、泛舟的自然景观和人文景观，可以持续地或循环地被使用，从这方面来说它们的使用期限是无限的。但旅游资源的无限性须以旅游资源的合理利用和有效保护为前提，任何"竭泽而渔"式的过度开发，只会导致旅游资源质量的降低乃至损毁，旅游业的可持续发展也就无从谈起。

5.2.2.5 按旅游活动的性质分类

1974年，科波克等依据旅游资源所适宜的旅游活动并考虑海拔高度等因素，将旅游资源分类如下。

（1）供陆上活动的旅游资源

① 露营、篷车旅行、野餐旅游资源：所有距乡间碎石小路400米以内的地方。

② 骑马旅游资源：已开辟有步行道、行车道和驰道的海拔300米以上高地地带。

③ 散步及远足旅游资源：海拔450米以上的高地，已建有驰道、步行道、行车道的地方。

④ 狩猎旅游资源：有狩猎价值的地方。

⑤ 攀岩旅游资源：高差在30米以上的断崖。

⑥ 滑雪旅游资源：有效高差在280米以上，且有3个月以上的持续雪期。

（2）以水体为基础的旅游资源

① 内陆钓鱼水域：宽度在8米以上，未遭受污染的河流、溪谷以及运河；面积在5公顷❶以上的水域。

② 其他水上活动内陆水域：面积在20公顷以上，或宽度在200米以上，长度在1000米以上的未污染水域。

③ 靠近乡间道路的水域：在距乡间碎石小路400米范围之内，可供一般水上活动的未污染水域。

④ 适于海上活动的海洋近岸水域：海岸边。

⑤ 适于海岸活动的靠近乡间的道路地带：有沙滩或岩石的海滩，位于乡间碎石道路400米范围以内。

（3）供欣赏风景的旅游资源

① 低地：海拔高度在150米以下。

② 平缓的乡野：海拔高度在150～450米之间，相对高差在120米以下。

③ 高原乡地：海拔高度在150～450米之间，相对高差超过120米；或海拔高度在

---

❶ 1公顷=10^4平方米。

150~600 米之间，相对高差在 120~240 米之间。

④ 俊秀的小山：海拔高度超过 600 米，相对高差在 120~240 米之间；或海拔高度在 450~600 米之间，相对高差超过 180 米。

⑤ 高山：海拔高度在 600 米以上，相对高差超过 240 米。

5.2.2.6 按旅游资源的市场特性或开发程度分类

① 未经开发或潜在的旅游资源。此类旅游资源是指自然景观、历史遗存或者独特的旅游吸引物，具有较高的旅游资源价值，但目前尚无力开发的潜在旅游资源。

② 已开发或者即将开发的旅游资源。此类资源指客观存在的自然或历史文化赋予的现实的旅游资源。有的开发利用的历史比较悠久，旅游配套设施已比较完善；有的开发利用时间比较长，但由于缺乏时代内容，需加以调整、充实、丰富；有的已经通过可行性论证，对其开发价值取得认证，已经列入规划，即将得到开发。

③ 现代人工创造的旅游资源。该类旅游资源原来并不存在或资源质量不高，它是由于具备了市场条件，而完全创造出来的新的旅游资源，或是对原有旅游资源进行较大的充实改造，丰富了内容，如各类主题公园即属此类。

而按旅游资源的开发状态，也可划分为已开发旅游资源（现实态）、待开发旅游资源（准备态）以及潜在旅游资源（潜在态）。

5.2.2.7 按照旅游资源特性和游客体验分类

以旅游资源的特性和游客的体验性质为分类标准的有不少分类系统，其中以 1966 年克劳森和尼奇（M. Glawwon and J. L. knetsh）提出的分类最有影响，其分类系统如下。

① 利用者导向型游憩资源。以利用者需求为导向，靠近利用者集中的人口中心（城镇），通常满足的主要是人们的日常休闲需求，如球场、动物园、一般性公园。一般面积在 40~100 公顷，通常由地方政府（市、县）或私人经营管理，海拔一般不超过 1000 米，距离城市在 60 千米的范围内。

② 资源基础型游憩资源。这类旅游资源可以使游客获得近于自然的体验。资源相对于客源地的距离不确定，主要在旅游者的中长期度假中得以利用。如风景、历史遗迹、远足、露营、垂钓用资源，一般面积在 1000 公顷以上，主要是国家公园、国家森林公园、州立公园及某些私人领地。

③ 中间型游憩资源。介于上述两者之间，主要为短期（一日游或周末度假）游憩活动所利用，游客在此的体验比利用者导向型更接近自然，但又比资源基础型地区要次一级。

5.2.2.8 按旅游资源功能分类

① 观光游览型旅游资源。此类旅游资源以各种优美的自然风光、著名的古建筑、城镇风貌、园林建筑为主，以供旅游者观光游览和鉴赏，旅游者从中获得各种美感享受，借以陶冶性情。

② 参与型旅游资源。亦称体验型旅游资源，包括冲浪、漂流、赛马、渔猎、龙舟竞渡、游泳、制作、品味、访问、节庆活动、集市贸易等。旅游者可以置身其中，亲自参与活动，获得切身体验。

③ 购物型旅游资源。此类旅游资源包括各种土特产、工艺品、艺术品、文物商品及仿制品等旅游商品，主要供旅游者购买。

④ 保健休疗型旅游资源。包括各种康复保健、度假疗养设施与活动，例如疗养院、度假村、温泉浴、沙浴、森林浴、健身房等。旅游者从中得到体质的恢复与提高，身心得到放松。

⑤ 文化型旅游资源。包括富有文化科学内涵的各类博物展览、科学技术活动、文化教育设施等。旅游者从中可以获得一定的科学文化知识，开阔眼界、增长阅历。

⑥ 感情型旅游资源。该类旅游资源主要包括名人故居、名人古墓、各类纪念地等，可供开展祭祖、探亲访友、怀古等旅游活动，以表达旅游者的思古、怀念、敬仰、仇恨等情感。

5.2.2.9 其他分类方案

根据不同的目的和划分标准，旅游资源分类的方法还有很多。例如按旅游资源当前的吸引程度，分为热点旅游资源、温点旅游资源以及冷点旅游资源；按旅游资源的可持续利用潜力，分为可再生性旅游资源与不可再生性旅游资源；按旅游者的旅游动机分类，可划分为心理方面的旅游资源（如宗教圣地、重大历史事件发生地、探亲地等）、精神方面的旅游资源（如科学知识、消遣娱乐、艺术欣赏等）、健身方面的旅游资源（如休疗养院、体育运动设施等）、经济方面的旅游资源（如土特产、购物品等）、政治方面的旅游资源（如国家政体情况、各种法律、革命纪念地等）；按旅游资源的主体功能可分类可分为以文化体验为主体的旅游资源、以体育活动为主体的旅游资源、以科考探险为主体的旅游资源、以观光游览为主体的旅游资源、以疗养度假为主体的旅游资源和多功能综合性的旅游资源；以游客心理体验性质作为分类标准，典型的如 1979 年美国的德赖弗（B. Driver）将旅游资源（旅游地区）划分为原始地区、近原始地区、乡村地区、人类利用集中的地区和城市化地区五大类。

5.3 旅游资源的调查与评价

5.3.1 旅游资源的调查

5.3.1.1 旅游资源调查的意义

旅游资源调查是进行旅游资源评价、开发、规划及合理利用保护的基础。通过调查，可以查明区域旅游资源状况，系统而全面地掌握旅游资源的赋存数量、空间分布、等级质量、性质、类型、特色等，为旅游资源的综合评价、科学规划和合理利用以及环境监控和保护提供科学的依据，对促进区域旅游业发展具有重要的作用和意义，具体表现在如下方面。

① 描述作用。通过旅游资源调查，可以了解调查区旅游资源的类型、现状、特征、规模和开发潜力等因素，从而为其评价和开发工作奠定基础，提供可靠的第一手资料。

② 诊断作用。旅游资源调查是对旅游资源进行科学诊断的有效途径。通过调查，可以摸清区域旅游资源家底，有利于对旅游资源开发进行正确的功能定位、市场定位等，以满足现代旅游市场多样化、个性化的需求，从而为旅游开发提供科学依据。

③ 预测作用。旅游资源调查可以充实和完善旅游资源信息资料库，为旅游开发的预测、决策奠定基础，为寻找新的旅游资源、开发新的旅游产品、开拓旅游客源市场提供帮助。

④ 管理作用。通过对旅游资源的定期调查，建立区域旅游资源信息库，可以动态、系统地掌握旅游资源的开发、利用及保护现状，推动旅游资源的管理、利用和保护工作的科学化和现代化，为旅游管理部门和规划部门制订旅游规划提供翔实的信息资料。

5.3.1.2 旅游资源调查的内容

旅游资源调查的内容主要包括旅游资源的环境背景调查、旅游资源赋存状况调查、旅游资源的开发条件三方面。

（1）旅游资源的环境背景调查

① 自然环境的调查。包括调查区概况，气候条件，地质、地貌条件，水体环境条件，生物环境条件等。a. 调查区的概况：包括被调查区的名称、地域范围、面积、所在的行政区划及其中心位置与依托城市等；b. 气候条件：指被调查区的气候类型、气温（年均温、极高温、极低温）、盛行风、年均降水量及降水量的时空分布、光照、大气成分及其污染情况等；c. 地质、地貌条件：指调查区的地质构造、地形、地貌及岩石的分布和分异；d. 水体环境条件：包括调查区的主要水体类型、各类水体的水质、水量的变化情况以及利用情况等；e. 生物环境条件：包括区内总体的动植物群落的数量特征与分布、具有观赏价值的动植物群落数量及其分布等。

② 人文环境的调查。包括历史沿革、经济环境、社会环境等。a. 历史沿革：主要了解调查区的发展历史。包括建制的形成、行政区划的调整、曾经发生的历史事件、重要名人及其活动经历对当地历史景物的影响等；b. 经济环境：主要了解调查区内的经济特征和经济发展水平。包括经济简况、国民经济发展状况、国民生产总值、工农业生产总值、国民收入、人口与居民、居民收入水平、消费结构与消费水平、物价指数与物价水平、就业率与劳动力价格等；c. 社会环境：主要了解调查区的政治局势、社会治安、学校、邮电通信、医疗环卫、民族分布、职业构成、受教育程度、文化水平、宗教信仰、风俗习惯、社会审美观念、价值观念、文化禁忌等。同时还应调查当地的旅游业发展水平和当地居民对发展旅游业的态度。

③ 环境质量的调查。即调查影响旅游资源开发利用的环境保护状况，包括工矿企业生产、生活、服务等人为因素造成的大气、水体、土壤、噪声污染状况和治理程度，以及自然灾害、传染病、放射性物质、易燃易爆物质等状况。此外，还应了解调查区内影响和制约旅游资源开发、管理的各有关方针、政策，主要包括地区经济政策的连续性和稳定性、社会经济发展规划、旅游机构的设置变动以及环境保护法、旅游管理条例的执行情况等。

（2）旅游资源的赋存状况调查

① 旅游资源类型调查。针对调查区内的旅游资源进行分类、调查，对各类旅游资源的类型分布予以总汇，一般以国家旅游局制定的《旅游资源分类、调查与评价》（GB/T 18972—2003）为依据。

② 旅游资源规模调查。旅游资源的规模对旅游资源的吸引力和开发潜力有较大的影响。其调查内容主要包括旅游资源的数量、分布范围、面积以及分布密集程度等。

③ 旅游资源组合结构调查。旅游资源组合结构既指资源类型上的组合结构，也指旅游资源空间上的组合结构。因此，其调查内容包括自然旅游资源与人文旅游资源的组合结构、自然旅游资源内部组合结构及人文旅游资源内部组合结构，并查明各类旅游资源在空间上的组合分布结构。

④ 旅游资源开发现状调查。旅游资源按其开发程度可分为已开发旅游资源、待开发旅游资源及潜在旅游资源。旅游资源开发现状调查就是要查明旅游资源的开发状况、项目、类型等内容。

（3）旅游资源的开发条件调查

① 旅游要素调查。食、住、行、游、购、娱是构成旅游活动的六大要素，与之相对应的餐饮、饭店、交通、游览、购物、娱乐等硬件，既是旅游业的主要组成部分，又是形成旅游吸引物的重要因素。因此，对调查区的旅游要素进行调查以评估旅游资源的开发条件是十分必要的。

② 客源市场调查。旅游的客源数量直接关系到旅游资源开发的经济效益。因此，对旅游资源开发的客源市场情况进行调查分析就显得尤为重要。调查客源市场群体的消费水平和出游率，根据旅游资源吸引力的大小，分析客源市场的层面范围、大致数量、出游动机和时间等。

③ 资源竞合调查。该类调查包括调查区内旅游资源的相互关系和调查临近区间旅游资源相互关系两方面。调查区内旅游资源的相互关系，包括区内自然与人文旅游资源的结合与互补情况、各要素的组合及协调性、景观的集聚程度等；调查临近区间旅游资源相互关系，分析由此所产生的积极及消极因素，以及区内旅游资源在不同层次旅游区域中的地位。

5.3.1.3 旅游资源调查的类型

① 概查。旅游资源概查是指对旅游资源的概略性调查或探测性调查。这种调查是为了发现问题而进行的初步调查，在调查者对所要调查的问题不太清楚，无法确定需要调查哪些具体内容和重点时而采用的调查类型。它主要是寻找问题产生的症结所在，为进一步深入调查做准备。通常概查可以采用较为简单的方法，多以定性为主，不必制订严格的调查方案，一般对大区域的旅游资源进行调查，以尽快确定旅游资源的类型、分布、规模和开发程度。

② 普查。旅游资源普查一般是在概查的基础上进行的，它是对一个旅游资源开发区或旅游远景规划区内的各种旅游资源及相关因素进行的综合调查。旅游资源普查多以实地考察为主，一般要借助大、中比例尺的图件和航空照片，利用摄影、摄像、素描等手段记录材料，所获取的资料最为全面，资料的准确性、精确度和标准化程度较高。但是，普查对于时间、人力、资金的消耗极大，调查项目也不可能很细，对旅游对象的调查缺乏深度，较难反映旅游资源现象深层次的变化和细微的差别，故普查多用于对旅游资源的宏观认识和了解。

③ 详查。旅游资源详查能对调查区内旅游资源做更加深入的了解，掌握更为透彻的微观资料。详查一般在概查和普查的基础上进行，除了对调查对象的景观类型、特征、成因等进行深入调查之外，还要对景观的地形高差、观景场地、最佳观景位置、游览线路设计与环境的关系诸方面进行实地勘察和研究。详查往往带有研究性和规划性，要求对每个调查对象都应该有具体的数据控制，对重点问题及地段要进行专题研究或论证，对关键性问题要提出规划性建议，详查结果要编制成景观详图或具体材料图件以及撰写详细的文字报告。

④ 典型调查。根据调查的目的和任务，在对旅游资源进行全面分析的基础上，有意识地选择一个或若干个具有典型意义或有代表性的单位进行调查研究，借以认识同类旅游资源的总体情况。典型调查可以弥补普查的不足，在一定条件下可以验证普查资料的真实性，同时调查结果能反映旅游资源的一般规律和变化的基本趋势。但是，典型调查很难避免选取典型旅游资源的主观随意性，无法控制调查的误差范围，故用典型调查的结果推断总体结果缺少科学性。

⑤ 重点调查。重点调查是在调查对象中选择一部分对全局具有决定性作用的重点旅游资源进行调查，以掌握调查对象总体状况的一种调查方式。重点调查一般适用于只要求掌握调查对象总体的基本状况，调查指标比较单一，调查对象也只集中于少数的旅游资源。

⑥ 抽样调查。抽样调查是按照调查任务确定的对象和范围，从全体调查总体中抽选部分对象作为样本进行调查研究，用所得的样本成果推断总体结构的调查方式。抽样调查具有较强的时效性、较高的准确性和较大的经济性。在旅游资源调查中，对于一些不可能或不必要进行全面调查的对象，或在经费、人力、财力和时间有限的情况下，最适宜使用抽样调查的方法。

5.3.1.4　旅游资源调查的方法

旅游学因其所具有的边缘学科性质，在研究中引入了许多学科的研究分析方法。旅游资源的调查方法更是种类繁多，在实际运用中较为常见的几种方法如下。

① 文案调查法。文案调查法常被用作旅游资源调查的首选方法，是通过收集旅游资源的各种现有信息数据和情报资料，从中选取与旅游资源调查项目相关的内容，进行分析研究的一种调查方法。这种方法主要收集经过加工的次级资料和文献信息，由于有些旅游资源可能同时也是水利资源、林业资源、动物资源、文物与矿产等资源，各相关部门和行业组织都有积累资料，有时甚至是很系统、很完备的资料。通过收集这些经相关专业人员加工整理过的资料，可弥补旅游调查人员对该专业知识的不足，从而保证了所收集资料的专业性、准确性和可靠性。

② 田野勘察法。田野勘察法是旅游资源调查最常用的一种实地调查方法。调查人员通过观察、踏勘、测量、登陆、填绘、摄像等形式，直接接触旅游资源，可以获得宝贵的第一手资料及较为客观的感性认识，结果翔实可靠。旅游资源调查表、旅游资源分布图的草图，均在这一阶段完成。因此，调查者要勤于观察、善于发现、及时登录、填图、现场摄录、及时总结等。

③ 询问调查法。调查者采用访谈询问的方式了解旅游资源的情况。该种方法可以从旅游资源所在地部门、居民及旅游者中，及时地了解旅游资源的客观现实和难以发现的事物现象。通常可以采用设计调查问卷、调查卡片、调查表等，通过面谈调查、电话调查、邮寄调查、留置问卷调查等形式进行询问访谈，获取所需资料信息。调查成功与否，主要取决于被调查者的合理选取和配合情况，以及调查者事前的各种准备工作和对访谈询问技巧的掌握应用情况。

④ 遥感调查法。遥感技术是采用航天遥感（卫星）、航空遥感测量技术，对地球进行测量观察而获得地学信息的一种手段，具有信息量大、覆盖面广、方位准确性高、需时较短、费用较少、现势性强等优点，因而已被广泛应用各个领域，其中包括旅游资源调查。旅游资源遥感调查法就是采用遥感技术，收集多种比例尺、多种类型的遥感图像和与之相匹配的地形图、地质图等，解译图像中的旅游资源信息，不仅能完成对旅游资源的定性及定量考察，还能发现一些野外调查等不易发现的潜在旅游资源。通过卫星照片、航空照片等遥感图像的整合，可以全面掌握调查区的旅游资源现状，判读各景点的空间布局和组合关系，实现景观派生信息的提取，特别是能对人迹罕至、山高林密及常规方法无法到达的地区进行旅游资源的调查。

⑤ 统计分析法。统计分析法即使用统计学的方法来对旅游资源进行分类、分组等方面的分析和处理。在旅游资源调查过程中，对自然旅游资源及人文旅游资源的各类资源要素进行统计，包括旅游资源的数量、规模、分布地点、集聚情况等。这些旅游资源基本的统计分析资料对确定旅游区的旅游特色和旅游价值具有重要意义，也为旅游资源的进一步分析和开发提供了依据。

⑥ 分类对比法。分类对比法是将旅游资源分门别类地进行特征归纳并进行考察和研究。调查区内的各类旅游资源景观美感各异，将所调查的旅游资源按其形态特征、内在属性、美感吸引特性进行分类，并与异地同类型或不同类型的旅游资源加以比较、评价和分析，得出该地域内旅游资源的共性特征和特性特征，以便制订开发规划和建立旅游资源信息库。

5.3.1.5　旅游资源调查的程序

旅游资源调查是一项复杂而细致的工作过程，一般而言，较为典型的旅游资源调查大体分为三个阶段，即调查准备阶段、实地调查阶段以及室内整理阶段。

（1）调查准备阶段

调查准备阶段是整个旅游资源调查工作的基础，该环节需要完成确定调查人员、成立调查小组，收集整理基础性资料，制订调查工作计划等三方面的内容。①确定调查人员、成立调查小组。一般的旅游资源调查小组是由当地旅游规划开发领导小组和旅游规划专家组共同组成，这样可以减少调查过程中的人为干扰因素，保证调查工作的顺利进行。②收集整理基础性资料。主要包括本区和邻区的旅游资源，涉及自然、社会、经济、环境等方面的文献资料、影像资料、地图资料等。通过对搜集的资料加以系统整理和分析，初步了解调查区旅游资源特色，作为下一步野外工作的参考。③制订调查工作计划。制订旅游资源调查的工作计划和方案，包括调查的目的、调查区域范围、调查对象、调查内容、调查方式、调查工作时间表等。

（2）实地调查阶段

野外实地调查的目的是为了验证前期收集的第二手调查资料，进一步补充新的资料，通过对各种基本旅游资源类型进行实地测量、登录、校核、验证，获得一个全面系统的认识。旅游资源野外调查一般分为普查和详查两部分。①旅游资源普查。对调查区内的旅游资源进行系统调查，形成对区内旅游资源状况的全面了解，掌握旅游资源的种类、数量、分布等，并将结果标绘在相应比例尺的图件上。普查一般采用路线考察方式进行，即利用大比例尺地形图并参考相关航空照片、卫星图像资料，沿事先确定的路线进行考察、记录、填表登记和填图。②旅游资源详查。在旅游资源普查基础上，筛选拟定具有开发价值的旅游小区，进行详细勘查。勘查的内容不仅包括旅游资源的本身的历史、现状、特色，还包括资源开发的经济、社会、环境等外部条件方面的内容，确定该区旅游发展的方向和重点项目，提出规划性建议。同时注意数据记录，并对重点问题和重点地段进行专题研究和鉴定。

（3）室内整理阶段

该阶段是在实地调查过程之后，将搜集到的资料和野外考察记录进行系统的整理总结，再做认真的分析研究，最后完成调查报告和图件，呈送相关部门审阅和参考执行。①整理调查资料。主要是把收集的零星资料整理成系统的、能说明问题的系统化信息，包括对文字资料、照片、录像片、图表的整理，以及图件的编制和清绘等内容。②编写调查报告。将整理后的资料、数据和图件等进行处理分析，最终提供一份完善的旅游资源调查报告。

5.3.2 旅游资源的评价

5.3.2.1 旅游资源评价的目的

旅游资源评价就是在旅游资源调查的基础上，按照某些标准，采取一定的方法，对旅游资源的特色、价值及其开发潜力和条件进行科学的分析和可行性研究，从而为旅游资源的开发规划、管理决策提供科学依据，是旅游资源调查的进一步深化与延伸。旅游资源的评价直接影响到旅游资源开发利用的程度和旅游地的前途及命运。因此，客观而科学地评价旅游资源是旅游区综合开发的重要环节。旅游资源评价的目的主要有以下几个方面。

① 通过对旅游资源类型、规模、结构、性状、功能和价值等多方面的品质评价，为确定旅游资源的开发方向和主题定位提供科学依据。

② 通过对旅游资源开发的社会、经济、区位、客源市场等外部开发条件的评价，进行旅游资源开发项目的市场定位，为旅游资源的开发规模和开发层次提供依据。

③ 通过对旅游资源自身品质和外部开发条件的综合评估，有助于对区域内不同地域的

旅游资源进行开发价值的比较，从而拟订开发规划与管理意义上的重要度排序。

5.3.2.2 旅游资源评价的内容

（1）旅游资源自身特色评价

① 旅游资源的特性与特色。旅游资源的特性与特色是旅游资源开发的灵魂和激发旅游者产生旅游动机的原动力。一般而言，旅游资源特色越突出，其旅游吸引力就越大，开发价值也就越高。因此，通过对调查区与其他旅游区的比较研究，寻找出自身旅游资源的特色，为确定旅游资源的开发方向、开发程度及规模、市场定位和具体旅游项目的设计规划提供依据，具有重要意义。

② 旅游资源的价值与功能。旅游资源的价值主要包括美学观赏价值、历史文化价值、科学研究价值等，它是旅游资源质量和水平的反映。旅游资源的功能是旅游资源可供开发利用，能够满足某种旅游需求的特殊功能，是旅游资源价值的具体体现。一般来说，拥有观赏、历史、科学、文化、经济和社会等价值的旅游资源，均具有观光、度假、康体、商务、探险、科考、娱乐等旅游功能。旅游资源的价值与功能是其开发规模与程度、市场指向与前景的重要决定因素。

③ 旅游资源的结构与规模。旅游资源的结构特征主要包含两个层面的含义：一是旅游资源的规模与密度，二是旅游资源的类型组合。旅游资源的规模与密度是指旅游区内旅游资源单体数量的多少与集中程度。旅游资源的类型组合，一是指自然旅游资源与人文旅游资源的结合与互补情况，二是指各单体资源要素的组合及协调性。一定区域内，只有多种类型的旅游资源要素协调布局和组合，形成一定的规模和旅游资源的协同结构，才能形成一定的开发规模效应，获得理想的综合效益。因此，旅游资源的结构与规模是旅游资源评价不可或缺的内容之一。

（2）旅游资源环境条件评价

① 自然环境。地质、地貌、气象、气候、土壤、水文、动植物等自然要素所构成的自然环境，是旅游资源区域整体感知形象的主要因素和旅游活动的重要外部环境条件。例如：青山绿水、鸟语花香是优质生态环境的基本标志；宜人的旅游气候是旅游的必要条件，对旅游流起着导向作用；地质、地貌等自然环境不仅可形成旅游吸引物，而且也会对旅游资源的开发建设产生重大影响，那些易发生地震、滑坡、泥石流等恶劣地质条件的地区，就不利于旅游活动的开展和旅游资源的开发。因此，评价旅游资源，其所处的自然环境是评价的重点内容之一。

② 社会环境。社会环境是指旅游资源所在区域的政治局势、社会治安、政策法令、医疗卫生、风俗习惯以及当地居民对旅游业的态度等。旅游是一项对社会环境较为敏感的经济活动，在稳定的社会环境中它能以较快的速度发展，而一旦出现社会环境的波动，则会受到一定的冲击。

③ 经济环境。旅游资源的开发和保护需要一定的资金、物质和人力的投入，必须有坚实的经济基础作后盾。因此，旅游资源所在地的经济环境对旅游资源的开发和保护具有至关重要的作用。它一般包括区域经济发展水平、人力资源、物资和产品供应、基础设施等经济条件。

④ 环境容量。旅游环境容量是指旅游资源自身或所在地区在一定时间条件下对旅游活动的容纳能力，主要包括旅游生态容量、旅游经济容量、旅游社会容量、旅游心理容量四方面。只有对旅游环境容量进行科学合理的评价估测，才能保证旅游资源的合理利用与保护。

（3）旅游资源开发条件评价

① 区位条件。旅游资源所在的地理位置，无论是数理地理位置、自然地理位置还是经济地理位置和政治地理位置，都会影响到旅游资源的吸引力、开发规模、线路布置和利用方向等。世界上许多旅游点（区）因其特殊的地理位置而产生了独特的旅游吸引力，如位于经度和时间起点的英国格林尼治天文台就因其特殊的数理地理位置而成为世界旅游热点。深圳、珠海等地由于毗邻香港和澳门地区，交通便利，经济发达，区位条件优越，地方旅游资源得到了充分开发和利用，而西藏雅鲁藏布江、布达拉宫等旅游资源，虽然品位极高，但由于区位条件较差，开发状况不甚理想。此外，区域旅游资源的竞合状况也是需要着重考虑的区位因素。

② 客源条件。旅游客源数量的多少决定着旅游资源的开发规模和开发价值。通过周密而科学的旅游客源市场调查与评价，了解旅游客源市场需求，掌握旅游客源市场的规模、辐射半径、消费群体、消费结构、消费水平和旅游行为等，合理预测旅游客源市场的动态需求趋势，因地制宜地确定旅游资源的开发规模等级，客观地衡量旅游资源的开发利用价值。

③ 投资条件。旅游资源开发需要大量资金的持续投入，旅游资源区的社会经济环境、经济发展战略及给予投资者的优惠政策等因素，都直接影响到投资者的开发决策。因此，旅游资源区必须认真研究区域投资条件和政策环境，以便推动旅游资源开发的健康、有序发展。

④ 施工条件。旅游资源开发项目还必须考虑其工程量的大小和难易程度。首先是工程建设的自然基础条件，如地质、地貌、水文、气候等；其次是工程建设的供应条件，包括供水、供电、设备、建材、食品等。因此，评价旅游资源必须合理地评价其施工环境条件，对开发施工方案进行充分的技术论证，同时考虑经费、时间的投入与效益的关系，以确定合理的开发方案。

5.3.2.3 旅游资源评价的方法

旅游资源评价工作在国外始于20世纪70年代，我国则是在20世纪80年代才开始。初期多采用直观判断，以定性描述为主的经验法，亦即定性评价法。当前的定量评价法具有指标数量化、评价模型化、标准评定公众化三大特点（甘枝茂等）。实际工作中，通常将定性评价法与定量评价法结合使用，以便更科学客观的对旅游资源做出评价。

（1）定性评价

定性评价方法又称经验法，一般是在旅游资源调查的基础上，评价者凭经验主观判定旅游资源的开发价值与潜力，结论以定性描述为主。定性评价主要有公众评议与专家评议两种形式。该方法简单易行、见效快，但评价结论具有主观色彩偏浓的弱点。常用的旅游资源定性评价方法有以下四种。

① 一般体验性评价法。一般体验性评价法是评价者根据自身的亲身体验对一个或某一系列旅游资源就其整体质量进行定性评估。通常方式是旅游者在调查问卷上选择有关旅游资源的优劣排序，或由相关专家讨论评价，或统计报刊、书籍、杂志上相关旅游资源的出现频率等，其结果能够表明旅游资源的整体质量和大众知晓度。这种评价多由传播媒介或行政管理机构发起，如1991年国家旅游局发起的"中国旅游胜地四十佳"评选和2008年《行游天下》杂志社、搜狐旅游、中国旅游胡同社区网、美景中国网等媒体联合推出的"中国最美旅游胜地评选"活动。一般体验性评价法的项目很简单，只要求对旅游资源的整体质量和知名度进行评价，常局限于少数知名度较高的旅游资源，无法用于一般类型或尚未开发的旅游资源。

② 美感质量评价法。美感质量评价法是一种专业性的旅游资源评价方法，这类评价一般是基于旅游者或旅游专家的体验性评价而进行深入分析，建立规范化的评价模型，其评价结果多具有可比性的定性尺度。其中，有关自然风景视觉质量的评价较为成熟，目前较为公认的有四大学派如下。

a. 专家学派。代表人物是林顿（R. B. H. Liton）。该学派认为凡是符合形式美原则的风景就具有较高的风景质量，评价工作是由少数训练有素的专家完成。该学派研究成果由于实用性较强，被许多官方机构所采用，如美国土地管理局风景资源管理系统（visual resources mangement）、美国林务局的风景管理系统（visual mangement system）。

b. 心理物理学派。代表人物有丹尼尔（T. C. Daniel）和布雅夫（G. J. Buhyoff）等。该学派认为人类具有普遍一致的风景审美观，可将之作为风景质量的衡量标准。他们把风景与风景审美理解为"刺激—反应"关系，将心理物理学中信号检测的方法运用到旅游资源评价中，通过测量公众对风景的审美态度得到一个反映风景质量的量表，然后运用数学方法得到评价结果。心理物理学方法应用较成熟的风景类型是森林风景。

c. 认知学派或心理学派。代表人物有卡普兰（S. Kaplan）、吉布利特（Gimblett）和布朗（T. Brown）等。该学派将风景作为人的生存和认知空间来评价，强调风景对人在认识及情感反应上的意义，试图用人的进化过程及功能需要去解释人对风景的审美过程。

d. 经验学派或现象学派。代表人物为洛温撒尔（Lowenthal）。该学派把人在风景审美评价中的主观作用提到了绝对高度，认为公众对自然风景的审美是其个性、经历、文化背景、志向与情趣的表现。该学派主要是通过分析和考证文学艺术家关于风景审美的文学、艺术作品，考察名人日记等来分析人与风景的相互作用及某种审美评判所产生的背景。因此，该学派研究成果在风景评价中不能直接运用，实用价值较小，应用范围不广。

③ 卢云亭的"三三六"评价体系。北京师范大学的卢云亭提出了旅游资源评价的"三三六"评价体系。所谓"三三六"即"三大价值"、"三大效益"、"六大条件"。"三大价值"指旅游资源的历史文化价值、艺术观赏价值、科学考察价值；"三大效益"指旅游资源开发所产生的经济效益、社会效益以及环境效益；"六大条件"指旅游资源所在地的地理位置和交通条件、景物或景类的地域组合条件、景区旅游容量条件、施工难易条件、投资能力条件、旅游客源市场条件。

④ 黄辉实的"六字标准"评价法。上海社会科学院的黄辉实提出了旅游资源评价的"六字标准"，该标准主要从旅游资源本身及其所处的环境两方面加以考虑。对旅游资源本身的评价，他采用了"美"、"古"、"名"、"特"、"奇"、"用"六个标准；在评价旅游资源所处环境时，则采用了季节性、污染状况、联系性、可进入性、基础结构、社会经济环境以及市场等七个评价标准。

（2）定量评价

定量评价方法是根据一定的评价标准和评价模型，以全面系统的方法，将有关旅游资源的各项评价因子予以客观量化，其结果具有可比性。数量化是现代科技发展的趋势，定量评价较之定性评价，避免了定性评价的主观片面性，结果更直观、更准确。

① 技术性的单因子定量评价。旅游资源的单因子定量技术评价法，是指对旅游资源各要素适宜于旅游者从事特定旅游活动程度的评估。该评价方法在评价旅游资源时集中考虑某些典型关键因子，对这些关键因子进行技术性的适宜度或优劣判断。这类评价的基本特点就是运用了大量技术性评价指标，一般只限定于自然旅游资源的评价，对于开展专项旅游活动如登山、滑雪、海水浴等较为适用。目前发展比较成熟的有地形的适宜性评价、气候的适宜

性评价、旅游资源要素组合度评价、海滩和海水浴场的评价、滑雪旅游资源评价、溶洞的评价等。这类评价方法一般需要专业人士实施。在此仅对海水浴场评价和滑雪旅游资源评价作简单介绍，如表5-4和表5-5所示。

表5-4　海水浴场评价标准（日本）

序号	资源项目	符合要求的条件	附注
1	海滨宽度	30～60m	实际总利用宽度50～100m左右
2	海底倾斜	1/10～1/60	倾斜度越低越好
3	海滩倾斜	1/10～1/50	倾斜度越低越好
4	流速	游泳对流速要求在0.2～0.3m/s，极限流速0.5m/s	无离岸流之类局部性海流
5	波高	0.6m以下	符合游泳要求的波高为0.3m以下
6	水温	23℃以上	不超过30℃，但越接近30℃越好
7	气温	23℃以上	—
8	风速	5m/s以下	
9	水质	透明度0.3m以上，COD 2μg/g以下，大肠菌数1000MPN/100ml以下，水面油膜肉眼难以辨明	—
10	地质粒径	没有泥和岩石	越细越好
11	有害生物	不能辨认程度	—
12	藻类	在游泳区域中不接触身体	—
13	危险物	无	
14	浮游物	无	

注：资料来源自保继刚，楚义芳.旅游地理学（修订版）[M].北京：高等教育出版社，1999。

表5-5　滑雪旅游资源的技术性评估（美国）

决定因素	评估标准与计分			
雪季长度	6个月(6)	5个月(5)	4个月(4)	3个月(2)
积雪深度	＞1.22m(6)	0.92～1.22m(4)	0.61～0.92m(2)	0.305m以下(1)
干雪	3/4季节时间(4)	1/2季节时间(3)	1/4季节时间(2)	0季节时间(1)
海拔	＞726.5m(6)	475.5～762.5m(4)	152.5～475.5m(2)	15.75～152.5m(1)
坡度	很好(4)	好(3)	一般(2)	差(1)
温度	＞10℃(3)	－17.8～6.7℃(2)	＜－17.8℃(1)	—
风力	轻微(4)	偶尔变动(3)	偶尔偏高(2)	易变(1)

注：分等：滑雪场适宜性等级分三等：A＝29～33，B＝21～28，C＝8～20。
坡度：最理想的坡度须兼具下列三种坡度。
① 初等坡度（10%～20%）占全区的15%～25%。
② 中等坡度（20%～35%）占全区的25%～40%。
③ 高等坡度（35%～65%）占全区的30%～40%。
资料来源：保继刚，楚义芳.旅游地理学（修订版）[M].北京：高等教育出版社，1999。

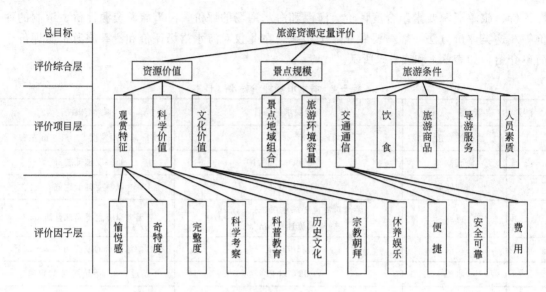

图 5-1　旅游资源定量评价模型

资料来源：保继刚．北京旅游资源定量评价［M］见：陈传康等编著．

北京旅游地理．北京：中国旅游出版社，1989：11。

表 5-6　旅游资源定量评价参数表

综合评价层	分 值	项目评价层	分 值	评价因子层	分 值
资源价值	72	观赏特征	44	愉悦感	20
				奇特感	12
				完整度	12
		科学价值	8	科学考察	3
				科普教育	5
		文化价值	20	历史文化	9
				宗教朝拜	4
				休养娱乐	7
景点规模	16	景点地域组合	9		
		旅游环境容量	7		
旅游条件	12	交通通信	6	便捷	3
				安全可靠	2
				费用	1
		饮食	3		
		旅游商品	1		
		导游服务	1		
		人员素质	1		
合　计	100		100		

注：资料来源自保继刚．北京旅游资源定量评价［M］见：陈传康等编著．北京旅游地理．北京：中国旅游出版社，1989：14。

② 综合性的多因子定量评价。该评价方法是在考虑多因子的基础上，运用数理方法对旅游资源及其环境和开发条件进行综合定量评价，评价的结果为数量指标，以便于不同旅游资源评价结果的比较。这类评价的方法也非常多，如层次分析法、指数评价法、综合评分法、模糊数学评价法、价值工程法、综合价值评价模型法等。下面以旅游资源定量评价的层次分析法为例作简要阐述。

层次分析法是现代数学提供的一种系统分析决策方法。它将复杂的问题分解成若干层次，在比原问题简单得多的层次上逐步分析，将人的主观判断用数量的形式表达出来。保继刚运用层次分析法对旅游资源的定量评价进行了研究。其主要步骤如下：a. 将旅游资源的评价分成若干层，构成旅游资源评价模型树，如图 5-1 所示。b. 计算各层评价因子的权重。对旅游资源评价树的各层次，分别建立反映其影响因素之间相互关系的判断矩阵，通常应用德尔菲法（Delphi），即专家咨询法获得各层评价因子的权重及位次。c. 根据权重排序，以 100 分为总分，按权重赋予各个因素分值，得到旅游资源定量评价参数表，如表 5-6 所示。d. 利用评价参数表，对旅游资源进行分项评价打分，最终得到综合的旅游资源评价结果。

③《中华人民共和国国家标准》中的旅游资源评价。上述诸多旅游资源定量评价研究成果基本上是业界专家、学者根据个人理解与研究需要进行的理论研究，在具体的旅游资源评价中应用较少。《旅游资源分类、调查与评价》（GB/T 18972—2003）作为国家质量监督检验总局颁布的中华人民共和国国家标准，是一部应用性质的技术标准。标准规定了旅游资源的类型体系，以及旅游资源调查、等级评价的技术与方法。在实际的旅游资源开发过程中，旅游资源的评价工作多以此为标准展开。

该标准依据"旅游资源共有因子综合评价系统"赋分。设"评价项目"和"评价因子"两个档次。评价项目为"资源要素价值"、"资源影响力"、"附加值"。其中，"资源要素价值"项目中含"观赏游憩使用价值"、"历史文化科学艺术价值"、"珍稀奇特程度"、"规模、丰度与几率"、"完整性"等 5 项评价因子；"资源影响力"项目中含"知名度和影响力"、"适游期或使用范围"等 2 项评价因子；"附加值"含"环境保护与环境安全"1 项评价因子。

评价计分方法采用 100 分基本分加附加值分计算。其中，"资源要素价值"为 85 分（"观赏游憩使用价值"30 分、"历史科学文化艺术价值"25 分、"珍稀或奇特程度"15 分、"规模、丰度与几率"10 分、"完整性"5 分），"资源影响力"为 15 分（"知名度和影响力"10 分、"适游期或使用范围"5 分）。"附加值"得分考虑"环境保护与环境安全"计分，分正分和负分。每一评价因子分为 4 个档次，其因子分值相应分为 4 档，见表 5-7 所示。

根据对旅游资源单体的评价，得出该单体旅游资源共有综合因子评价赋分总值后，将旅游资源划分为五个评价等级，从高级到低级为：五级旅游资源，得分值域≥90 分；四级旅游资源，得分值域≥75～89 分；三级旅游资源，得分值域≥60～74 分；二级旅游资源，得分值域≥45～59 分；一级旅游资源，得分值域≥30～44 分。此外还有未获等级的旅游资源，得分≤29 分。其中，五级旅游资源称为"特品级旅游资源"，五级、四级、三级旅游资源被通称为"优良级旅游资源"，二级、一级旅游资源被通称为"普通级旅游资源"。

表 5-7 旅游资源评价赋分标准

评价项目	评价因子	评价依据	赋值
资源要素价值	观赏游憩使用价值	全部或其中一项具有极高的观赏价值、游憩价值、使用价值	30～22
		全部或其中一项具有很高的观赏价值、游憩价值、使用价值	21～13
		全部或其中一项具有较高的观赏价值、游憩价值、使用价值	12～6
		全部或其中一项具有一般的观赏价值、游憩价值、使用价值	5～1
	历史文化科学艺术价值	同时或其中一项具有世界意义的历史价值、文化价值、科学价值、艺术价值	25～20
		同时或其中一项具有全国意义的历史价值、文化价值、科学价值、艺术价值	19～13
		同时或其中一项具有省级意义的历史价值、文化价值、科学价值、艺术价值	12～6
		历史价值、或文化价值、或科学价值、或艺术价值具有地区意义	5～1
	珍稀奇特程度	有大量珍稀物种或景观异常奇特,或此类现象在其他地区罕见	15～13
		有较多珍稀物种或景观奇特,或此类现象在其他地区很少见	12～9
		有少量珍稀物种或景观突出,或此类现象在其他地区少见	8～4
		有个别珍稀物种或景观比较突出,或此现象在其他地区较多见	3～1
	规模、丰度与几率	独立型资源单体规模、体量巨大;组合型资源单体结构完美、疏密度优良,自然景象和人文活动周期性发生或频率极高	10～8
		独立型资源单体规模、体量较大;组合型资源单体结构很和谐,疏密度良好,自然景象和人文活动周期性发生或频率很高	7～5
		独立型资源单体规模、体量中等;组合型资源单体结构和谐,疏密度较好,自然景象和人文活动周期性发生或频率较高	4～3
		独立型资源单体规模、体量较小;组合型资源单体结构较和谐,疏密度一般,自然景象和人文活动周期性发生或频率较小	2～1
	完整性	形态与结构保持完整	5～4
		形态与结构有少量变化,但不明显	3
		形态与结构有明显变化	2
		形态与结构有重大变化	1
资源影响力	知名度和影响力	在世界范围内知名,或构成世界承认的名牌	10～8
		在全国范围内知名,或构成全国性的名牌	7～5
		在本省范围内知名,或构成省内的名牌	4～3
		在本地区范围内知名,或构成本地区名牌	2～1
	适游期或使用范围	适宜游览日期每年超过 300 天,或适宜所有游客使用和参与	5～4
		适宜游览日期每年超过 250 天,或适宜 80% 的游客使用和参与	3
		适宜游览日期每年超过 150 天,或适宜 60% 的游客使用和参与	2
		适宜游览日期每年超过 100 天,或适宜 40% 的游客使用和参与	1
附加值	环境保护与环境安全	已受到严重污染,或存在严重安全隐患	−5
		已受到中度污染,或存在明显安全隐患	−4
		已受到轻度污染,或存在一定安全隐患	−3
		已有工程保护措施,环境安全得到保证	3

注:资料来源自中华人民共和国国家标准《旅游资源分类、调查与评价》(GB/T 18972—2003)。

5.4 旅游资源开发与保护

5.4.1 旅游资源开发

5.4.1.1 旅游资源开发的概念

旅游资源开发是指在旅游资源调查和评价的基础上，以发展旅游业为目的，以市场需求为导向，运用一定的经济技术手段，有组织有计划地对旅游资源加以利用，发挥、改善和提高旅游资源对旅游者的吸引力，实现其经济效益、社会效益和生态效益协调发展的综合性技术经济工程。旅游资源开发的概念可以从以下几个方面来认识和理解。

① 旅游资源开发要以资源调查和评价为基础。发展旅游业，就是要了解作为旅游供给基础的旅游资源的类型、结构、数量和质量特征、资源等级、地理赋存状况及保护、利用和发展现状等，从而确定旅游资源的总体开发方向。如果缺乏全面的旅游资源统计资料，对区域旅游资源状况不甚了解，也就无法进行旅游资源开发工作。因此，旅游资源的调查和评价是旅游资源开发的基础性工作。

② 旅游资源开发要以市场需求为导向。旅游资源开发是一种经济行为，在市场经济条件下，传统的资源导向型的旅游资源开发方式已经跟不上时代的步伐。因此，旅游资源开发须以市场需求为导向，认真研究旅游市场需求，开发利用市场需求大、能够畅销的旅游资源，处理好资源与市场的关系。

③ 旅游资源开发是一项经济技术工程。旅游资源开发是一项综合性的经济技术工程。开发的内容方面，不仅要考虑旅游资源本身的开发，还要对旅游设施、旅游服务、旅游环境、旅游客源市场等方面进行系统协调地开发，使旅游资源开发与旅游活动相关方面相互适应、协调发展；开发效益方面，要兼顾经济效益、社会效益和环境效益；开发进程上，须规划在先，实施在后，要有计划、有重点、有层次地展开，逐步拓展各种功能，科学合理地利用资源。

5.4.1.2 旅游资源开发的原则

旅游资源开发的直接目的是为了发挥、改善和提高旅游资源的吸引力，其最终目的则是要在发展旅游业，满足旅游者旅游需求的同时，推动旅游地社会、经济、环境的全面协调发展。为了实现这些目标的最佳实现，旅游资源的开发工作应当遵循以下一些原则。

（1）保护性原则

旅游资源是旅游目的地的宝贵财富，其中很多都属于不可再生的自然遗产和历史文化遗产。从某种意义上说，对这些脆弱的旅游资源开发，本身就意味着一定程度的破坏。不过，如果处理得当，开发未必造成破坏，反而能起到保护旅游资源的作用。因此，在旅游资源开发过程中，要将资源保护工作放在首要地位，切实加强资源保护措施，不能单纯地片面强调开发而忽视保护问题，以保证旅游资源的永续利用和旅游产业的可持续发展。

（2）特色性原则

特色是旅游之魂，而特色旅游资源是发展特色旅游的基础，是构成旅游吸引力的关键因素。因此，特色性原则是旅游资源开发最主要的原则。特色性原则要求在旅游资源开发过程中须尽量保持自然和历史形成的原始风貌；尽量开发利用具有特色性的旅游资源项目，突出自身的优越性，即"人无我有，人有我优"；努力反映当地文化特点，以突出民族化和地方传统格调。当然，特色性并不意味着单一性，旅游资源开发在突出特色的基础上，还应具有多样化特点，不断增添新项目，丰富旅游活动内容，满足旅游者的多样化需求。

（3）经济性原则

旅游资源开发是一项经济活动，必须遵循经济效益原则。旅游资源开发必须服从旅游资源地经济和社会发展的需要。并非任何拥有旅游资源的地区都可以或者都应该去发展旅游业，也不是所有的旅游资源都值得马上开发，如果开发旅游资源所投入的成本高于它所能带来的收益，这种开发显然是不经济的。因此，地方发展旅游业，要根据自身实力做好旅游开发的投入——产出分析，分阶段有重点地优先开发某些项目，而不宜无计划地盲目开发。

（4）综合性原则

旅游资源开发的综合性原则主要体现在两个方面：其一是要将旅游资源开发和利用纳入所在地区社会经济发展的整体战略中进行通盘考虑，将旅游资源开发列入区域开发的总体规划，依据旅游业在开发区域中的地位，确定旅游资源开发的基础设施及协作产业群，合理地开发规划旅游地域综合体。其二是旅游资源开发涉及诸多行业和部门，如旅游、国土资源、林业、城市规划、建筑、园林、文物、宗教、交通等部门和行业，需要有旅游学、地理学、城市规划学、建筑学、经济学、园林学、历史学、民俗学等方面的专家参与，集思广益，并协调好旅游资源开发与不同行业和部门之间的关系，实现协同共进。

5.4.1.3 旅游资源开发的内容

旅游资源开发是一项综合性和系统性的工作，其主要内容包括旅游资源的调查与评价、旅游景区（点）的建设、旅游配套设施的建设以及人力资源的开发、旅游市场的开拓等内容。其中，旅游资源的调查与评价作为旅游资源开发的先期基础性准备工作，其内容已在上一节中详述，此处省略。以下主要介绍旅游资源开发工作实施阶段的内容。

（1）景区（点）建设

旅游景区、景点是旅游资源的富集区域，是区域旅游业赖以发展的核心物质载体。因此，旅游景区、景点的规划建设是旅游资源开发最重要的内容。这方面的工作既可以是对尚未得到开发利用的潜在旅游资源进行初始性开发，也可以是对已有的旅游景区、景点进行深度开发或进一步的功能挖掘；不仅包括以主题公园为代表的新景点的创造，也包括对现有景区、景点的完善和更新；从工作性质上看，既可以是开发性的挖掘，也可以是保护性的建设。

（2）旅游设施的建设

旅游配套设施包括旅游基础设施和旅游服务设施两类，它们是旅游者在旅游地逗留期间赖以利用的设施。旅游配套设施包括的内容非常广泛，涉及到食、住、行、游、购、娱等各个方面，如银行、医院、机场、车站、码头、停车场、供水、供电、通信等公共基础设施，以及宾馆饭店、旅游问讯中心、旅游纪念品商店、旅游娱乐场所等旅游服务设施。完善而合理的旅游配套设施的建设有助于提高旅游服务质量，从而提高旅游资源的吸引力。

（3）旅游交通的规划

旅游活动的异地化特征决定了旅游活动是以旅游者的空间位移到达旅游目的地为前提的。因此，解决和提高旅游资源所在地的可进入性，合理安排旅游地的外部和内部交通网络是旅游资源开发的一项重要内容。旅游交通的规划不仅包括旅游交通设施的建设、旅游交通的选择，还包括各种交通运营计划的设计和安排。此外，便利、快捷、安全、舒适是现代旅游者对旅游交通的基本要求，在进行旅游交通规划时要充分考虑这些要求。

（4）人力资源的开发

旅游区的竞争从某种角度讲是人才的竞争，是旅游区从业人员整体素质的竞争。在旅游资源开发过程中，旅游服务工作的好坏或质量高低，会相应增强或削弱该地对客源市场的吸引力。因此，员工质量与旅游管理服务水平是构成旅游资源竞争力的关键因素，这就要求要重视人力资源的开发，培养稳定、高素质的旅游从业人员，推动区域旅游业的发展。旅游人力资源开发包括人力资源计划、从业人员的招聘、选拔、安置、培训等方面的工作。

（5）旅游市场的开拓

市场是旅游资源开发的着眼点。因此，旅游市场的开拓是旅游资源开发的重要工作，贯穿始终。市场开发主要包括市场预测和市场定位，以及市场营销和形象宣传等内容。市场预测这一环节是在旅游资源开发过程的前期进行，它是在市场调查的基础上细分客源市场，对其进行分析和研究，同时对市场环境和竞争对手进行分析和研究，从而确定目标客源市场。然后有针对性地对目标市场进行宣传和市场营销，扩大客源和开拓旅游市场。

5.4.2 旅游资源保护

5.4.2.1 旅游资源保护的意义

旅游资源的涵盖面十分广泛，既包括自然旅游资源也包括人文旅游资源。保护旅游资源也就是要保护好区域自然景观和人文景观。自然景观作为地理环境的重要组成部分，是历经亿万年的自然演变过程而保存下来的珍贵资源，对它们的保护不仅是环境保护的重要内容，而且对维护生态平衡具有重要意义。保护区域人文景观对于弘扬民族文化、维护地方文化的完整性和文化生态平衡也具有重要意义，从而使旅游地以其独特的文化差异性永葆活力。此外，旅游资源是旅游业发展的物质基础，也是旅游业可持续发展的根本保证，而旅游资源又具有有限性和易损性等特性，故保护旅游资源就是保护旅游业的健康、良性发展。

5.4.2.2 旅游资源破坏的原因

要想做好旅游资源的保护工作，首先需要了解有可能使旅游资源遭受破坏和损害的原因。一般而言，导致旅游资源破坏和衰退的原因可归结为自然原因和人为原因两个方面。

（1）旅游资源的自然破坏

指自然力造成的旅游资源的破坏，包括生物危害和非生物损坏两个方面。非生物损坏因素既包括如地震、泥石流、滑坡、火山喷发、海啸、狂风等突发性自然灾害的破坏，也包括日晒、水蚀、光照、风蚀等缓慢性的自然风化作用造成的旅游资源破坏。其中，后者对旅游资源造成的损害最为常见。例如闻名中外的山西云冈石窟由于长期的风雨剥蚀和后山石壁的渗水浸泡，导致大部分洞窟外延裂塌，很多雕像断头失臂，面目模糊。埃及的基奥普斯大金字塔，近一千年来因风化产生的碎屑物达 5 万立方米，整个金字塔表面每年耗损约 3 毫米。生物损坏因素，如植物根系生长产生生物风化和生化作用，以及鼠类、鸟类和白蚁等对历史文物和古建筑的安全构成威胁。

（2）旅游资源的人为破坏

人为破坏因素对旅游资源的破坏程度大多超过自然破坏因素，有的甚至是毁灭性的。按破坏产生的根源来看，大致可分为建设性破坏、生产性破坏和旅游活动导致的破坏三种。建设性破坏主要指工程建设、市镇建设和旅游资源开发建设中的规划不当，导致旅游资源遭到破坏。例如中国的古城墙除西安及少数地区保存尚较为完整外，其他地区包括北京的古城墙都在城市的现代化建设浪潮中被拆除殆尽；杭州西湖四周的现代建筑、桂林市内的高层建筑、沈阳故宫周围的高楼等工程建设也对旅游资源的景观环境造成了不同程度的破坏。此外，旅游资源开发过程中，由于规划不当，不少旅游项目的开发与建设造成了旅游资源的破坏，如不少山地景区为利益驱动而掀起"索道建设热"，明显损伤了山地景观的完整性和美学特征，景区中公路、旅馆等人工设施的不合理建设也破坏了旅游地的自然景观环境。

生产性破坏是指工农业生产对旅游资源的破坏和旅游环境的污染。因不合理的工农业生产方式而对旅游资源造成损害和破坏的例子不胜枚举。例如，因工业污染而造成的酸雨正在威胁着世界上许多地区的森林旅游资源；我国的一些滨海地区因当地工业废水倾泻的影响污染状况日趋严重；意大利罗马的一些古建筑正在遭受工业排放的废气的危害；印度著名的泰姬陵，其洁白的颜色也因当地工业废气污染的影响正在变黄等。此外，落后的农业生产方式，无计划的过度采石、伐木、取水、盗猎等也会对旅游资源造成不可逆转的危害。

游客活动对旅游资源的破坏。由于游客的大量涌入，加速了名胜古迹的自然风化和磨损的速度，导致古迹的损坏和衰败。例如中国著名的敦煌石窟，随着大量游客的进入，人们呼出的水汽和二氧化碳改变了石窟内的大气环境，加速了雕塑和壁画的变质；一些自然景区，大量游客的到访和践踏，致使土壤板结，古树枯死；一些山区，游客活动的开展破坏了在自然条件下长期形成的稳定的落叶和腐殖层，造成水土流失，使旅游区的自然生态环境受到威胁；由于宣传教育不足，游客在古建筑上乱刻乱画、损木折花、乱扔废物、违反规定攀登、拍照等不良行为，造成旅游资源的损坏现象也随处可见，给景区环境产生巨大压力。

以上所述仅是这类问题和现象的"冰山一角"，远远不是全部。人们应当对旅游资源的各种破坏因素保有清醒的认识。如果要使这些旅游资源将来能造福于人类，服务于国家和地区旅游业的发展，便要注意采取措施对其加以保护。

5.4.2.3 旅游资源保护的途径

对旅游资源的保护可分为消极的保护和积极的保护两种。消极保护同积极保护之间的关系也就是"治"与"防"的关系。具体原则应当是以"防"为主，以"治"为辅，"防"、"治"结合，综合运用法律、行政、规划和技术等手段，加强对旅游资源的管理和保护。

（1）法律措施

健全旅游资源法制管理体系，加强对旅游资源的保护。我国与旅游资源保护管理相关的国家有关法律目前主要有《环境保护法》、《森林法》、《文物保护法》、《野生动物保护法》、《风景名胜区管理暂行条例》等。此外，各地方立法机构和人民政府根据国家法律、法规，结合地方实际制定了实施细则和地方性旅游法规，如《广州白云山风景名胜区管理条例》，将旅游资源保护纳入了法制管理范畴，增强了旅游资源保护的力度。此外，加强旅游资源保护的法律法规管理，关键在于落实，要大力宣传旅游资源保护法律法规，并严格执法，真正做到有法可依、有法必依、执法必严、违法必究，将旅游资源保护落到实处。

（2）行政措施

行政性措施是旅游资源保护和管理中最常见的方法之一。加大行政管理职能部门的管理力度，在相关部门设置专门的旅游资源开发保护管理职能，对旅游资源实行统一规划和监督管理，加强对旅游资源的保护。根据行政区划和行政级别，实施"分级管理"和"分域管理"，使旅游资源管理的责权落到实处。行政管理一定要注意理顺管理体制，责权利到位。

（3）规划措施

制定和实施科学的旅游发展规划，特别是《旅游资源保护专题规划》和《环境保护专题规划》，并以此指导规划区内旅游资源的开发、利用及保护，是旅游资源保护的一项重要方法。首先对旅游资源及生态环境进行研究，测定并评估旅游资源的保护状况，建立数据库，然后制定相应专业规划及实施方案，如制定绿化、防火、排污等规划。规划对旅游资源和环境保护提出了"质"与"量"的规定，使保护工作具有明确的目标，有利于在一定时期（规划期）内有计划地开展全面常规的保护工作，减少因无序开发造成的资源环境破坏。

（4）人才培养

随着旅游业的迅猛发展，旅游业的开发人才、管理人才受到重视，而对旅游资源保护人才的培养可以说重视不够，"保护"一词只是挂在嘴上的一种宣传，缺少具体的人员来关心、实施，旅游资源保护的专门人才培养迫在眉睫。例如文物古迹旅游资源保护人才的培养，可采取"馆校结合"、"师承制"等多种方式，加强对专业技术人才的培养，缓解文物保护技术、文物鉴定、文物修复、古建筑维修等人才短缺的情况。同时，有计划地增加对外技术交流，选派优秀中青年科技人员到国外学习先进的文物保护科学技术，提高其业务水平。

（5）技术措施

技术性保护措施是利用现代科技手段，对旅游资源及其环境进行监测与分析而实施的保护措施，这是旅游资源保护的重要操作方法之一。针对不同类型的旅游资源和具体的保护需要，采取物理手段、化学手段、生物手段、工程手段等技术措施，将它们单一或组合使用达到保护旅游资源的目的。科技方法在对水体、山地、动植物以及文物古迹等旅游资源的保护中应用非常广泛。例如采用物理方法、化学方法净化景区水体，清除大气污染物；科学维修保护历史古建筑旅游资源，确保其持续利用；假设隔离网罩和使用驱赶技术，避免鸟类对古建筑的危害；驯化保护大熊猫等野生动物，应用生物技术保护古树名木等。

（6）宣传教育

旅游资源保护意识不强或者根本没有资源保护意识，是造成旅游资源人为破坏的根源所在。因此，必须通过各种途径大力宣传旅游资源的价值和旅游资源保护的知识，从而到达教育公众，提高其环境保护意识，进而使公众自觉地保护旅游资源的目的。其中，旅游资源宣传是手段，旅游资源教育是目的，两者相辅相成，紧密结合，共同促进旅游资源的保护。此外，我国公民在环境和资源保护问题的认识和行动上，与发达国家还存在较大差距，这就更需要我们加强环境与旅游资源的宣传和教育工作，使宝贵的旅游资源免遭无知的摧残。

5.4.3 旅游资源开发与保护的关系

旅游资源开发是旅游业赖以发展的前提条件，合理的旅游资源开发会促进旅游地的资源保护以及社会经济的发展。但旅游资源开发破坏资源环境，给社会文化带来负面影响的现象也屡见不鲜，旅游资源开发和保护的关系问题成为贯穿旅游业发展始终的热点问题。事实上，旅游资源的开发和保护既相互联系又相互矛盾，两者是辩证的统一体，并在辩证联系中共同推动旅游业的可持续发展。两者相辅相成，之间没有也不应有根本性的矛盾和冲突。

（1）两者相互联系、相互依存

一方面，保护是开发的前提，是为了更好的开发。旅游资源是旅游活动赖以进行的物质基础，没有了旅游资源，旅游业也就成了"无源之水，无本之木"。因此，旅游资源的开发要以保护为前提。另一方面，开发是保护的一种表现形式，开发意味着对资源的保护。旅游业发展的实践经验表明，旅游资源开发有助于资源保护资金的筹措、地方传统文化的复兴以及提高国民的资源环境保护意识等。当然，这要以旅游资源的保护性开发为前提。同时，旅游资源也只有经过合理的开发，才能招徕旅游者，才能发挥其价值功能，才能表现出现实的社会效益、环境效益和经济效益。

（2）两者又是相互矛盾的

一方面，某种意义上，旅游资源开发本身就意味着破坏。一般来说，旅游资源的开发不动一草一木是不可能的。开发就是要对资源地进行适度的建设，是以局部范围的破坏为前提的。可以说，没有破坏就没有开发，破坏和开发在一定程度上是共生的。同时，旅游开发者基于经济利益考虑而对旅游资源的过度开发利用，往往超过了资源环境的承载力，这种主观性破坏行为造成的破坏后果则更为严重。另一方面，过度的保护也必然妨碍资源的开发。片面强调旅游资源开发的观点固然不可取，但过分坚持自然主义的资源保存论同样有失偏颇。忽视民众旅游需求和社会经济发展需要，故步自封，片面强调旅游资源的保护，忽视旅游资源的合理开发，同样也是一种不负责任的行为。

作为新兴的支柱产业，中国旅游业对国计民生的重大意义早已不言而喻。在我国构建社会主义和谐社会的整体社会背景下，面对旅游资源开发与保护的现实矛盾，我们要基于和谐理论和民生要求，努力做到和谐与民生并重，协调资源开发和保护的关系，充分发挥旅游资源的价值功能，实现人与自然生态环境的良性互动，取得"双赢"的结果。为此，必须树立"防"重于"治"的思想，以"防"为主，以"治"为辅，"防"、"治"结合，做到防患于未然，避免重走西方国家"先污染，后治理"的老路，推动旅游业的可持续发展。

思 考 题

1. 旅游资源有哪些特点？
2. 旅游资源的分类方法有哪几种？
3. 旅游资源开发的原则是什么？
4. 谈谈旅游资源开发与保护的关系。

6 旅游产品

本章提示

旅游产品是旅游业经营的核心，它的种类、数量和质量都关系着旅游业的兴衰。认识和分析研究旅游产品，不仅是旅游学研究的重要内容，对旅游开发规划和旅游管理也具有重要现实意义。

本章以旅游产品概念、旅游产品特点、旅游产品分类和旅游产品生命周期理论为基本知识与基本内容，以旅游产品的开发、组合、线路设计等为认识和运作旅游产品的基本方法，最后在区分旅游产品和旅游商品两个概念的基础上，提出旅游商品开发的营销策略。

其中，旅游产品开发、旅游产品组合、旅游线路设计是本章的重点，也是旅游企事业单位和旅游者共同关心的核心问题。

6.1 旅游产品的概念与特点

6.1.1 旅游产品的概念

旅游产品是旅游学中的基本概念。由于不同学科或学者对旅游产品的分析角度不同，学术界对旅游产品的概念存在着不同理解和认识，尚未达成一致观点。

旅游产品具有代表性的概念有以下四种。

6.1.1.1 旅游需求的定义

林南枝、陶汉军认为，针对旅游客源地旅游者的需求，"旅游产品是指旅游者花费一定时间、费用和精力所换取的一次旅游经历。"这个经历包括旅游者离开常住地到旅游结束归来的整个过程中，对所接触的事物、所经历的事件和所享受的服务的综合感受。

英国学者霍洛韦（Holloway）和密德尔顿（Middleton）等也持同样观点，认为"旅游产品是旅游者在旅行游览过程中的旅游经历。"

6.1.1.2 旅游供给方的定义

林南枝、陶汉军认为，针对旅游目的地的供给需求，"旅游产品是指旅游经营者凭借旅游吸引物、交通和旅游设施，向旅游者提供的用于满足其旅游活动需求的全部服务"。这一定义在国内教材中具有广泛影响。

中国国家标准《旅游服务基础术语》中的"旅游服务产品"定义是："由实物和服务综合构成的，向旅游者销售的旅游项目。其特征是服务成为产品构成的主体，其具体展示主要有线路、活动和食宿。旅游者可以购买整体产品（如综合包价旅游），也可以购买某一单项旅游产品。"

英国学者密德尔顿（Middleton）认为，"旅游产品整体观，内在地包含了旅游产品要素观。"此观点意味着任何一次对目的地的访问都是由多种要素组合而成的，旅游产品就是为了满足旅游者某种需求而精选组合起来的一组要素。这些要素包括：交通、住宿、景点和其他设施（如餐饮和娱乐设施等）以及相应的服务。

6.1.1.3 狭义角度的定义

谢彦君认为，"旅游产品是指为满足旅游者审美和愉悦的需要而被生产或开发出来以供销售的物象与劳务的总和。"这一定义包括以下内涵。

旅游产品是专门为出卖给旅游者而生产或开发出来的商品，所以，旅游产品与旅游商品同义。

旅游产品的生产有两种方式：一种是依赖于旅游资源所做的开发，从而生产出一种资源依托型旅游产品；另一种是凭借拥有的人、财、物力资源而仿造或创造的旅游产品，从而生产出一种所谓资源脱离型旅游产品。如：人造主题公园、旧厂矿改造的景区（点）等。

旅游产品主要供旅游者购买，功能上具有可观赏性，空间上具有地域性。

旅游产品可以有物质实体，也可以仅仅是某种现象。

旅游产品都或多或少地含有人类的劳动投入，但绝不能没有人类的劳动投入。

各种媒介要素不是旅游产品，但它们可以构成旅游产品利益的追加组成部分。

6.1.1.4 不同层次旅游产品的定义

这一观点认为旅游消费可涉及任何产品的最终消费，但对于目的地，旅游者购买的各项物品或服务的经济意义是不同的。

有些物品或服务，如果没有旅游者购买其消费水平将大幅度降低，或者在旅游者的消费中占有较重要地位，这些物品或服务被称为"旅游特征产品"。

有些物品或服务虽然也为旅游者所消费，但其消费的重要性远低于旅游特征产品，如地方手工艺品和纪念品，这些物品和服务被称为"旅游相关产品"。

以上两类产品合称为"旅游特定产品"。

此外，旅游者在旅游过程中也会购买诸如衣服、防晒霜、啤酒等物品或服务，这些物品或服务的需求主要来自于非游客身份的居民，被称作"非旅游特定产品"。

旅游特定产品和非旅游特定产品构成了旅游消费的产品集合。这个产品集合可以称为"泛旅游产品"。

旅游业是市场导向的产业。本文从旅游者角度定义的旅游产品概念是指："旅游经营者用生产和销售方式，来满足旅游者各种需求的所有产品和服务，包括相互关联共同构成的产品和服务。"

6.1.2 旅游产品的特点

6.1.2.1 综合性

旅游产品的综合性是由旅游活动的性质与要求所决定。旅游本身是一种综合性的社会、经济、文化活动，参与消费的主体——不同旅游者对旅游产品需求的差异性，使市场经济条件下的旅游产品经营，必须满足旅游者多种需求而获取利润。因此，旅游产品内容具有广泛性和综合性。

旅游产品的广泛性和综合性主要表现在如下方面。

① 由多种旅游吸引物、旅游基础设施及多项服务组成的"集合"产品。它既包括物质的有形产品，又包括精神的劳动产品，还包括非劳动产品和自然物，可以满足旅游者在旅游活动中行、游、住、食、购、娱等各方面的需求。

② 生产旅游产品所涉及的部门和行业众多。除了直接向旅游者提供产品与服务的旅游核心行业（旅行社、旅游饭店、旅游交通、旅游景区景点）外，还涉及间接向旅游者提供产品和服务的其他部门和行业，如轻工业、卫生、环保、文化、科技、治安、金融等部门。

③ 旅游产品涉及非部门性质的自然与社会因素。如旅游目的地国家和地区居民对旅游者的态度、旅游目的地民俗风情与生活方式等。

6.1.2.2 不可转移性

旅游产品的不可转移性具有以下双重含义。

① 旅游产品在地理区域上具有不可转移性。旅游服务所凭借的旅游吸引物和旅游设施，旅游者若想取得只能到旅游产品的生产地（即旅游目的地）进行消费。即旅游产品只有通过旅游信息的传递，通过旅游中间商把旅游者组织到旅游目的地来进行消费。这也是交通运输成为旅游活动先决条件的重要原因。

② 旅游产品销售后的所有权具有不可转移性。一般有形物质产品的交换会带来所有权的转移，如在商场购买有形消费品后，其所有权也随之属于购买者。而旅游产品的交换带来的仅是旅游者在特定时间和地点对旅游产品的有限使用权，旅游产品的所有权在任何时候都属于旅游目的地或旅游企业所有。因此，旅游者无权将旅游产品据为己有，也无权将产品使用权随意转让或出借给他人。

6.1.2.3 生产与消费的同步性

旅游产品的生产，必须以需要提供旅游服务的旅游者来消费为前提，即旅游服务活动的完成须由生产者和消费者双方共同参与，并且在同一地点、同时发生。旅游产品生产与旅游消费时空的同步性，表明旅游产品生产和消费具有不可分割的统一体特性，是旅游产品市场营销工作的重点之一，即通过预定方式对旅游产品进行销售，设法拉大旅游产品购买与消费（生产）之间的时间间隔，以使设计的旅游产品在这段时间内对其质量有改进的可能和产品设计后旅游企业获得应有的经济效益。

6.1.2.4 不可储存性

由于旅游服务和旅游消费在时空上的同一性。因此，旅游产品不可能像其他有形产品那样，将生产出来的旅游产品储存起来留待以后销售，即旅游产品的效用和价值具有在地点和时间上的不可储存性。

随着时间流逝，旅游产品在这一时段的价值也在消失，并且永远不复存在。因此，根据旅游地的旅游客流量与接待能力，通过各种措施与途径平衡游客的时空分布，从而提高旅游资源、设施的利用率，实现更多旅游产品价值的转移，获得尽可能多的经济收益。

6.2 旅游产品生命周期理论

6.2.1 旅游产品生命周期的概念

旅游产品一经开发出来，便要进入市场接受消费者的选择和消费。尽管旅游产品因其有不可转移性、不可储存性而明显有别于其他一般产品，但也会经历从产生到衰亡的生命周期过程。即旅游产品的生命周期，是指"旅游产品经开发进入市场后，直到被市场淘汰从而再无生产的可能和必要为止的全部持续时间。"

这里要甄别一下"旅游地生命周期"与"旅游产品生命周期"两者概念。

旅游地在表象上确实也存在着生命周期现象,但它只是该旅游地中多个旅游产品生命周期总和的反映,它的涨落是随着旅游产品对旅游地总体贡献大小变化而变化。旅游地作为旅游产品的空间载体,扮演的角色只是旅游产品生命周期现象的发生地。因此,旅游产品的生命周期长短决定着旅游地生命周期的命运。

旅游产品的生命周期具有较明显的阶段性,是制定每阶段旅游产品市场营销重要策略的依据。

巴特勒(Butler)根据产品生命周期理论和其他人文地理学家的研究成果,提出 S 型旅游地生命周期演化模型,认为旅游地生命周期一般经历探索阶段、参与阶段、发展阶段、巩固阶段、停滞阶段、衰落阶段或复苏阶段六个阶段。

本书根据巴特勒(Butler)的旅游地生命周期理论,将旅游产品的生命周期划分为五个相互接续的阶段,即介入期、缓慢成长期、快速成长期、成熟期和衰退期。

① 旅游产品的介入期,也可称作旅游产品的"婴儿期"。这时期,光顾该旅游产品的是那些具有冒险精神,对已过分商业化的旅游产品不感兴趣的旅游者。他们数量很小,但感情专注,示范作用强,因此常常是一个旅游产品得以赢得一定市场份额的有利促导因素。

② 旅游产品的缓慢成长期。其标志是伴随各种促销努力和早期旅游市场的示范效应,旅游产品开始被市场接受,并以一定速度向前发展。

③ 旅游产品的快速成长期。旅游产品被越来越多旅游者接受,旅游产品销售量的增长速度进一步加快,而消费该种旅游产品已成为时髦之举,其消费将促成一种大众化倾向。

④ 旅游产品的成熟期。旅游产品相对以往,尽管其旅游市场销售和游客规模可能继续有所扩大,但增长速度放慢或接近零甚至出现负增长,旅游产品原来凭借的综合魅力正在消失。一部分旅游者因旅游住宿条件、旅游环境恶化,旅游产品出现老化迹象等,开始相继另寻新品,预示该旅游产品的衰退期可能就要到来。

⑤ 旅游产品的衰退期。指"产品因失去吸引力而为消费者所抛弃,并在总体上不断收缩其市场份额的过程。"虽然一般产品进入衰退期以后可能从此销声匿迹,但旅游产品却未必尽然。因为旅游需求常常分裂为现代性和原始性需求两种类型,所以当一个旅游产品在进入衰退期持续冷销若干年后,只要保护完好,它就很有可能获得再生的机会。这种重新步入市场的过程,称之为旅游产品的再生期。

对一个旅游产品来说,其衰退期与再生期之间的时间间隔可能是几年,也可能是几代。对一个包容多种旅游产品项目的综合型旅游地而言,当已经预期某项产品的衰退不可避免时,则可以通过重新规划开发替代或差异产品来开拓新的市场,从而保证整个旅游地产品生命周期的持续演替。

生命周期长的旅游产品愈多,相应也会加长旅游目的地的旅游生命周期时间,因此关键是要设法生产游客喜爱的旅游产品,并不断推陈出新,延长旅游产品的生命周期,才能使旅游地有长效的旅游经济效益。

6.2.2 影响旅游产品生命周期的因素

要努力延长其产品和旅游目的地的生命周期,应该首先明确影响旅游产品生命周期的基本因素。其主要因素可归集为:需求因素、效应因素和环境因素三种。

(1)需求因素

作为消费者或潜在消费者的行为结果,是决定旅游产品产生、发展和消亡的最重要客观因素之一，尤其在开发论证阶段，需求论证是决定旅游产品开发可行性的直接决定性因素。由于需求本身的复杂性和难以测量性，常常使需求研究难以取得准确而全面的结论。逻辑上，一个旅游产品的形成一般是由需求刺激而产生的。有些确因实际需求引发的旅游产品开发，出现了在开发后续阶段未能始终满足游客的需求，因此必须把握好在生命周期各阶段，游客对旅游产品需求的变化。

开发最初阶段，不管是实际需求还是潜在需求，都表现出其巨大的诱惑力。然而，在旅游产品被开发出来之后，相应的需求反应有可能完全出乎开发者意料，这可能源自开发者最初对游客旅游需求性质和潜量理解及评估不准确；也许因旅游产品实际开发者没有完全理解产品规划设计意图导致"产品形态"与"预期模式"错位；还可能因旅游产品开发过程中有强劲竞争对手等，这些都可导致预期设计的需求旅游产品出现萎缩、转移和经营的重重困难。

一般，在旅游产品未充分进入稳定发展、巩固和停滞之前就出现需求萎缩、转移和经营困难，则意味着该产品会迅速走向衰亡。因此，遵循旅游产品生命周期演化规律，在旅游产品开发之前，要特别重视对旅游产品需求这一关键因素的分析与评估。

（2）效应因素

相对于需求因素，效应因素是一种继发性影响因素。它对旅游产品生命周期的影响，主要表现在由旅游产品的生产、销售和消费所引起的对经济、社会和环境的影响。

这种影响可能是积极的，也可能是消极的；既可能是显露在外、直观可见的，也可能是隐含于某种现象的内部而无法直观地看到的；既可能是随着旅游产品的生产与销售而马上发生的，也可能要滞后一段时间。但不论其表现形式如何，都必须在开发的初始阶段给予充分的注意，并运用科学的方法予以评估。

常见用于评估旅游产品开发效应的方法有成本——效益分析法、环境效应评估法等。

（3）环境因素

不同环境因素（由旅游产品经营者的内部组织环境、外部经营环境和外部大环境组成）对旅游产品生命周期的影响，除环境系统本身的作用之外，还有效应和需求因素的某种注入。因此，旅游产品的经营者在设计、销售其旅游产品过程中要将对外部大环境的积极适应能力，与外部经营环境协作关系的性质，及自身组织结构、企业文化资源获得方面的组合情况等共同构成的多元环境影响因素，不断渗入到旅游产品经营过程中，成为能决定旅游产品生命周期得以延续的重要因素。

在对旅游产品生命周期各个阶段准确判断和影响因素分析后，旅游经营者就要制订出现有旅游产品在不同生命周期阶段可能的相应发展模式和营销模式，并在预期衰退期到来之前开发出新的旅游产品，从而实现持续经济效益，持续地达到不同生命周期阶段的最高峰。

6.3 旅游产品的构成和分类

6.3.1 旅游产品的构成

要满足旅游者行、游、住、食、购、娱六大基本需求，其旅游产品内涵和构成内容要素非常复杂。既有有形的物质成分，如旅游者可感知的旅游资源、各项旅游设施等；又有无形的非物质部分，如在旅行游览过程中直接为游客提供的各项非物质服务、非实体形态存在的能丰富旅游者旅游经历的文化遗产。

其中，在有形的物质旅游产品中，有些是大自然赋予人类的自然遗产，有些是人类历史活动遗留下来的物质文明成果。

此外，还遵从现代市场营销理论，包括产品的核心部分、形式部分和延伸部分。因此，旅游产品的构成有以下五个方面。

6.3.1.1 按旅游产品存在的形态分

按旅游产品存在的形态来划分，旅游产品构成有无形产品和有形产品两种。

无形旅游产品主要指旅游服务，是旅游及其相关行业的从业人员直接为旅游者提供的各项活劳动。如旅游者出行和游览过程中享受到的导游服务和交通服务，在旅游目的地住宿、餐饮、娱乐、购物等过程中享受到的各项服务，还有咨询、保险、签证、出入境手续等多种辅助服务。

有形旅游产品是指旅游者购买的和消费的有形物品。如舒适的饭店设施、旅行汽车、可直接感知的文化载体、风景景观、各类旅游商品等。

旅游者经过一次完整的旅游活动之后，其所得到的是一次丰富的经历，丰富经历的形成过程中有形产品和无形产品往往是同时发生的，在消费有形产品的同时必然伴随着无形产品。

6.3.1.2 按旅游产品的功能分

不同的旅游产品及旅游产品消费的不同环节，旅游者的功能需求不一样。即由于旅游产品构成的复杂性，使旅游产品的不同构成部分在旅游活动过程中所具有的旅游功能呈现不一样性。

如从实物存在形态方面，旅游产品构成可划分为：景区（点）、交通、住宿、餐饮、购物、娱乐及其他服务等多个方面，也可以认为或理解为以上是总体旅游产品中的各个不同单项产品，每个单项产品所能满足的功能不一样。

6.3.1.3 按旅游产品的核心分

旅游产品的核心指旅游产品的基本功能与旅游者追求的基本利益；是整个旅游产品的基础和最具竞争力的内容。

旅游者购买旅游产品不是为了获得产品本身，而是因为这种产品能满足旅游者的某种需要，如果没有这些效用和利益，人们就不会进行购买。因此，真正能满足旅游者需要的核心旅游产品是旅游景点或景区（旅游资源），而不是旅游设施和服务等，所以旅游产品的核心产品是经过开发的旅游资源即旅游景点、景区或旅游事项，即旅游吸引物。

旅游吸引物可能是物质实体，也可能是某个事件，还可能是一种自然或社会现象。旅游吸引物的区位、数量和质量，决定着旅游产品市场的规模。旅游吸引物区位好，数量多，质量高，则吸引的游客就多，旅游产品的市场规模就大。

6.3.1.4 按旅游产品的形式分

旅游产品的形式主要指旅游产品的形象、知名度、品牌、特色、组合形式等。

它是核心产品借以实现的形式、方式，是产品依托旅游资源及旅游设施而反映出来的外在价值，是激发旅游者旅游动机，引导和强化旅游消费行为的具体形式。不同旅游产品，由于其旅游资源和旅游接待设施等方面的不同，会导致旅游产品品位、形象、特色和声誉的不同，产生产品差异性。

不同组合方式形成各种功能和类型互异的旅游产品，可更好地满足旅游者多样化、个性化的需求，组合方式也因此成为旅游产品的形式部分。组合方式的不同，将使旅游产品表现出不同的品质及前景。

6.3.1.5 按旅游产品的延伸分

旅游产品的延伸指旅游者购买和消费旅游产品时获得的附带服务、优惠条件及其他附加利益。例如，旅游者在景区内免费乘坐的生态电瓶车；团队游客在购买某一住宿旅游产品时得到的价格优惠，旅游者参加某项游览活动所获赠的小礼品等。

延伸部分不构成旅游产品的主要内容，是为使旅游者买到满意的核心旅游产品，围绕旅游景点、景区开发和提供的满足其旅游需要的获赠品，一般对旅游产品的生产和经营影响不大。这会使一个背包客可能不利用任何交通、餐饮、住宿等设施和服务，但仍能购买到他所需要的旅游产品。

当旅游产品核心部分和形式部分表现出较强的替代性，且任何组成都能满足旅游者的基本需要时，延伸部分往往成为旅游者对旅游产品进行判断和决策的重要依据。因此，在旅游经济活动分析和研究中，除了要注意旅游产品有形部分、无形部分及核心部分和形式部分的特色外，还要对旅游产品的延伸部分给予足够的重视，以谋求充分的市场竞争优势。

可见，核心部分是旅游产品的主体。对任何产品，人们需要的是其功能，即满足人们一定需要的能力，而物质或非物质产品本身只是提供一定功能的载体。

6.3.2 旅游产品的分类

科学合理地对旅游产品进行分类是旅游设计、开发、生产、促销旅游产品的基础。

旅游产品随着旅游市场的需求变化而不断调整，旅游产品的类型也在不断地增减。由于旅游产品概念的复杂性，要对其分类提出一个科学合理的标准体系十分困难。根据旅游产品所能满足的旅游功能，可大致划分以下三大类。

6.3.2.1 根据旅游产品组合数量分类

根据旅游产品组合数量分类主要分为单项旅游产品、整体旅游产品、多元组合型旅游产品。

（1）单项旅游产品

旅游产品是由旅游吸引物、交通、食宿和各种娱乐活动组成的混合物，每一个组成部分都可视为单项旅游产品。即能满足旅游者一次旅游活动某一方面需求的单项旅游产品，包括旅游住宿、旅游饮食、旅游交通、游览观光、旅游购物、旅游节庆等产品。例如，某地推出"天然温泉自驾游"，旅游者只需购买某酒店一晚住宿，可享受房间内泡温泉的度假乐趣，属于单项旅游住宿产品；又如，旅游者购买了某景区的门票，未购买景区内其他餐饮住宿、导游服务等，则属单项游览产品。

随着信息社会和交通工具的发展，旅游者个性化要求和需求程度不断提高，应注重单项旅游产品详尽细分的"菜单"，赢取旅游者的青睐，并进一步通过组合不同单项旅游产品，获得更多收益。

（2）整体旅游产品

整体旅游产品，指满足旅游者一次旅游活动所有需求的组合旅游产品。如：旅行社的整体旅游产品就是旅游线路；旅游目的地的整体旅游产品是一个地区的综合开发。

整体旅游产品又可划分为大尺度、中尺度和小尺度三种。

① 大尺度旅游产品。指将旅游者从客源地到目的地再回到客源地过程中的每个单项旅

游产品串联形成的整体旅游产品,包括:联系客源地与目的地间的旅游交通,旅游目的地的景点、餐饮、住宿、购物、娱乐等。如涵盖行、住、食、游、购、娱六大方面,地域跨度也较大的"南京至西安的三日周末游"。

② 中尺度旅游产品。指旅游目的地中,联系整个旅游目的地的旅游景区(点)的交通,以及在旅游目的地的游览、餐饮、住宿、购物和娱乐的各方面。如北京推出的"经典两日游"。

③ 小尺度旅游产品。指在某一个旅游景区(点)中,旅游者的六大需求要素及其联系和组合。如香港迪斯尼乐园推出的"酒店专用2天乐园门票"。

在旅游规划中,可根据景点分布、细分市场需求和某一主题组合单项旅游产品,从而形成层次丰富、内涵深刻的整体旅游产品。

(3) 多元组合型旅游产品

这是指满足旅游者一次旅游活动某几方面需求的单项旅游产品多种组合形成的旅游产品。旅游者省略了自己不需要的旅游产品,实质享受了比整体旅游产品低廉,比单项旅游产品省心的旅游。因此,近年来旅游者对该类型的旅游产品日益喜爱,各旅游生产商和经营商都努力寻求最佳的组合,以迎合旅游者的需要。

目前以"机票+酒店"的"旅游自由人"产品最为常见,主要提供旅游交通服务和旅游住宿服务。如某旅游网站推出的"丽江客栈自由行",仅提供来回往返机票和在丽江民居客栈的住宿,提供各种旅游门票的折扣,让旅游者在实惠的价格中享受旅游乐趣。

6.3.2.2 根据旅游产品的核心特点分类

旅游产品的核心是旅游景观,而其基础是旅游资源。依据不同类别的旅游资源,旅游产品可相应分成不同类别。

传统型旅游产品类别主要有:观光旅游、文化旅游、度假旅游、商务旅游、专题旅游等几类。其中每种旅游又可细分为相关指向明确的旅游产品,具体分类如图6-1所示。

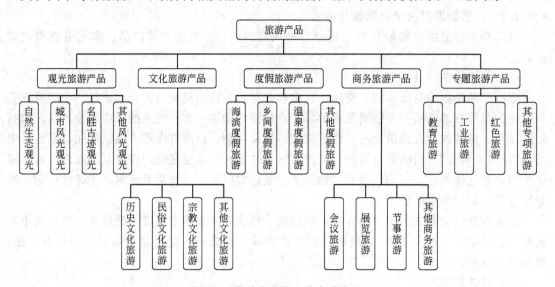

图 6-1 旅游产品核心特点分类图

注:据王衍用旅游产品谱系图(2007)改编。

以上五类旅游产品,按现代游客的喜好和客流量大小,依次可归并为主要的观光旅游产品、度假旅游产品、专题旅游产品三大类旅游产品。

（1）观光旅游产品

观光旅游产品是指旅游者以观赏和游览为主要目的的旅游产品。观光旅游产品的主要特点：一般游客旅游时间短暂、走马观花式的观光游览。

早期的旅游活动从观光开始。观光旅游是人类在获得最基本的物质及生理需求后为了满足某种精神需求而产生的初级旅游产品，也是我国目前旅游市场上的主导旅游产品。

由于观光旅游爱好者对于景观的观赏情趣及要求不同，使观光旅游产品的表现形式呈现多种多样，常见的有自然生态观光和人文历史观光。

自然生态观光旅游产品，是为满足人们回归自然、亲近自然、享受自然的需求而开发的一种纯自然旅游产品。如名山大川、森林生态、湖泊湿地、海滨海岛、野生动植物园、国家公园等大自然赋予人类的自然生态景观富集地。

中国处在世界的中纬度地区，南北向跨越纬度约50°，其直线距离约达5500公里；东西向跨越经度约62°，直线距离约5200公里，并造成东西两端时差达4小时之多。以至在中国地大物博的地缘上，形成了从赤道到极地的十二个气候带和十二类植物种类、七类动物种类及不同的地质地貌、水景景观等优质的地理旅游资源，是世界上自然旅游资源最丰富的国家，也是自然观光旅游产品最丰富国家之一。

人文历史观光旅游产品，是为了满足人们求知、访问、朝拜等多种旅游目的而开发的一种文化型旅游产品，如城市风光、名胜古迹、历史考古、文化遗产、名人故居、村落古镇、文化类主题公园、博物馆及美术馆、民俗文化、宗教寺观、现代建筑设施等多种人文旅游观光产品。

中国具有不间断的5000年文明史，使中国成为世界上四大文明古国之一，从古流传至今众多的文化遗存、现代化建设中的各种基础性设施、文化场地等，是今日具有东方独特魅力的中国文化在世界上得以绽放灿烂之花的根基，也是人文历史观光旅游产品十分丰富的国家之一。

（2）度假旅游产品

度假旅游是指利用节假日在旅游目的地进行休养、健身和娱乐等方面的旅游活动。

度假旅游在国外已有一百多年的历史，但在我国仍然处于萌芽阶段。

度假旅游产品是指旅游者停留时间长、旅游花费相对较高、进行修身养性、消除紧张疲劳和娱乐健身的旅游产品。通常度假旅游地具有：优美的自然景色、温和宜人的气候以及舒适住宿、特色餐饮、锻炼、保健等设施。由于度假旅游的游客，具有旅游目的地相对稳定、旅游目的地停留时间较长、常常多次反复在同一度假地消费、对旅游环境质量和健身娱乐、休闲养身设施有较高要求等特点，因此，度假旅游产品更加注重生态环境的打造和以人为本的各种旅游服务设施的开发。

目前深受国内外旅游者欢迎的度假旅游产品主要有：海滨度假、山地度假、森林度假、温泉度假、湖滨度假、乡村度假、城郊度假、野营度假（包括夏令营度假）等多种旅游活动产品。

（3）专题旅游产品

随着个性化旅游需求的不断发展，以及游客个人兴趣爱好不同或不同时期吸引眼球的事物出现，为满足潜在游客特定的旅游活动需求而开发的各种专题旅游产品纷呈跌宕，种类繁多，范围较广。

目前世界性的各类体育、文化盛事，世界旅游组织、国家旅游局每年出台的旅游年口号及各地不同自然、文化资源形成的独特专题旅游产品，常是短时聚集人气最好的方式之一。

现代的旅游专题旅游产品主要有：会议旅游、商务旅游、体育健身旅游、医疗保健旅游、教育旅游、科学考察旅游、探险旅游（包括挑战极限旅游）等旅游产品。

商务旅游的主要产品有：一般商务旅游、政务旅游、奖励旅游、大型商务活动、公务出差、商业考察与节事旅游和购物旅游等。

体育健身旅游的主要形式有：一般体育运动旅游、高尔夫运动旅游、体育盛会与专题运动会旅游、滑雪旅游、漂流旅游、医疗保健旅游和疗养旅游等。

6.3.2.3 根据旅游产品的开发程度分类

根据旅游产品的开发程度分类主要为以下四种。

① 全新型旅游产品。指基于旅游者的新需求，旅游生产者或经营者运用新技术、新方法、新手段所设计的与众不同或创新的旅游产品，是短时游客迅速攀升的最佳旅游产品。如新增加的节庆活动、新景点、新旅游线路及新娱乐设施等。全新型旅游产品开发建设投资的规模大，风险大。

② 换代型旅游产品。指通过对现有旅游产品进行大规模升级改造所形成的产品品位、档次更高的新旅游产品，是时代和市场需求的旅游产品。如旅游饭店硬件设施更新改造，旅游景点重点内容更换，旅游线路日程变更或延长，一般公园改造成主题公园等。换代型旅游产品开发周期较短，风险相对较小。

③ 改进型旅游产品。指对原旅游产品的某些要素进行改动或完善所形成的更具吸引力和竞争力的新产品。包括：旅游景区增加娱乐项目，旅游饭店提供某些个性化服务，旅游路线中个别目的地改变等。

④ 仿制型旅游产品。指旅游生产者或经营者对异地已有旅游产品实体、基本原理和结构设计进行仿制形成的旅游产品，是非本地特色的旅游产品，包括常见的人造景观、微缩景观等。若异地旅游产品已占据重要市场地位，一般仿制型旅游产品开发风险较大。

6.4 旅游产品的开发或规划与组合

旅游产品是旅游经营者生产并销售给旅游者的物质产品和服务产品的总和。通常由旅游吸引物、旅游服务和旅游设施三部分构成，具有系统性和整体性，其数量和品质受制于各构成要素及与之相关产品提供的能力和素质。

旅游吸引物是引发旅游需求的凭借和建立旅游目的的依据，在旅游产品运作中居于基础地位，也即游客出游前决定是否出游的核心。

旅游服务是旅游者购买消费产品的基础，是旅游效用和产品质量的决定因子，在旅游产品运作中居于核心地位，也即游客出游时能否得到很好的旅游精神享受的重要保证。

旅游设施是直接或间接向旅游者提供服务所凭借的物质条件，是产品质量的可视化外在表现，也即游客在出游过程中能否吃好、休息好和有充沛体力继续进行旅游的保证。

在旅游本质属性中，旅游者购买的旅游产品，在其旅游消费前会对旅游产品的吸引物、旅游服务、旅游设施等进行综合感知印象和可能经历的旅游全过程进行评价，并做出购买决策。随着人们生活质量提高和生活阅历增长，旅游者对休闲方式、旅游产品功能、文化品位和文化内涵及结构多层性不断提出新的要求。

尽管作为旅游产品开发或规划基础的旅游资源可以永续利用，但旅游产品本身的生命周期十分有限，需要按现代旅游市场需求的发展趋势进行创新开发。通过产品结构重组、功能升级换代、市场拓展和营销组合策略等的实施，增强旅游产品的比较优势和竞争优势，改进产品的层次与功能组合、外形包装设计，提升产品的特色形象，培育稳定和忠诚的消费群体，保持和扩大市场占有份额，以此延长产品的生命周期，促进区域旅游产业的可持续发展。

因此，新形势下旅游产品如何重组创新显得尤为重要，而遵循一定的旅游产品重组开发原则、开发过程，最终实现旅游产品有效组合，是保障旅游产品创新的重要内容之一。

6.4.1 旅游产品开发或规划的原则

6.4.1.1 突出主题，展现地方特色的原则

旅游产品开发或规划，应通过包装、设计和营销等活动，不断展示和传递一种突出的主题理念或价值观念。主题突出有利于凸显旅游地的差异性，地方特色鲜明有利于增强旅游业、旅游地的吸引力和竞争力。

要勇于和善于挖掘地方文化内涵，标新立异，独辟蹊径，形成独特的主题。文化旅游产品设计需在寻求文化差异的过程中加强旅游产品特色。观光旅游产品也应重视旅游产品的文化含量和地方风格。

旅游活动要对旅游者生活节奏、内容和情调进行调节才产生。因此作为旅游产品的旅游吸引物，必须有不同于平常生活内容和生存环境之处的独特性。突出主题展现地方特色原则具体体现在以下几个方面。

① 追求民族性。在旅游吸引物系统中，越是民族的东西就越有独特性，尤其对西方旅游者来说，中国的民族文化、民族历史和民族意识都是很强的旅游吸引物。

② 追求地方性。旅游活动总是表现为旅游者的空间位移。

旅游吸引物的巨大吸引力，在于能拉动旅游者前来游览。旅游目的地客观上具有与旅游者居住地相区别的地方性特有的旅游资源、产品和由于空间分隔而形成的对目的地的陌生感、神秘感和向往之情。地方性实际上是一种综合性特征，表现在对社会、文化、经济、环境、自然、人文等要素的综合上。

6.4.1.2 不断创新，体现时代进步的原则

旅游产品开发或规划能否有所创新，是衡量其成败的关键。应恰当把握"体验经济"、"创意经济"和"循环经济"对旅游发展的影响。

① 注重旅游的体验式设计。包括：提高旅游者的参与性；加强旅游产品的游乐性；展现旅游产品的情境性；体现时尚动感性。

② 将创意产业与旅游产业相结合。创意产业是一个源自个人创意、技巧及才华，通过知识产权的开发和运用，具有创造财富和就业潜力的活动。

创意产业包括广告、建筑、艺术和文物交易、工艺品设计、时装设计、电影、互动休闲软件、音乐、表演艺术、出版、软件、电视广播等行业。这些行业与旅游的结合，能够推出更多更好的旅游产品。例如：创意产业园观光游览——上海 8 号桥；影视拍摄地旅游——横店影视城；表演艺术活动地旅游——《印象刘三姐》、《印象西湖》、《禅宗少林·音乐大典》等山水实景演出等。

③ 旅游资源高效和循环利用。模拟自然生态系统物质循环和能量流动方式运行，实现污染的低排放甚至零排放，保护环境，实现社会、经济与环境的可持续发展。如"绿色旅游饭店"、生态环保农业园等。

6.4.1.3 便于操作，分区域分阶段的原则

（1）进行可行性分析

进行可行性分析包括：利害性、经济性、科学性和合法性分析。

① 利害性分析，即分析考虑旅游产品开发或规划方案可能产生的利益、效果、危害情况和风险程度，综合考虑、全面衡量利害得失。

② 经济性分析，即考虑开发方案是否符合以最低的代价取得最优效果的标准，力求以最小的经济投入实现规划目标。

③ 科学性分析，即首先看产品开发方案是否在科学理论指导下，经过实际调研、预测基础上严格按开发规划程序进行创造性思维和科学构想所形成；其次分析开发或规划方案实施后各方面关系是否和谐统一，是否能高效率实现开发规划方案。

④ 合法性分析，既要经过一定合法程序和审批手续，又要使其开发产品的内容和实施结果符合现行法律法规规定和政策要求。

（2）根据旅游产品空间规律合理划分区域

通过不同旅游产品的合理分区分块，有利于政府招商引资和开发商的开发建设，有利于在整个大区内扬长避短，整合优势，合理分工。

（3）分阶段滚动发展

着眼于长远目标，根据不同阶段的建设条件、市场需求及市场形成的可能性，实施分期建设，滚动发展，循序渐进地开发各项旅游产品与设施。

6.4.1.4 把握全局，系统整体协调的原则

① 应注重研究全局的指导规律。充分考虑旅游产品开发或规划所涉及的各种因素要与总体旅游规划相协调，服从全国和区域的旅游、经济发展需要。

② 应协调好各子系统和要素之间的关系，一是协调好旅游业子系统与其他规划子系统的关系；二是协调好重点旅游产品系统各要素、环节的关系。

6.4.1.5 经济性原则

在旅游产品开发中注重经济性原则，指的是一方面要使旅游产品的开发与地方经济相协调，另一方面要保证所开发的旅游产品在经济上的投入产出比是合理的。

一个好的旅游产品开发或规划，做到在尽可能节约资金的基础上，使开发或规划的旅游产品得到潜在游客的喜爱，得到最大化的旅游经济效益。

6.4.1.6 开发与保护并重的原则

不管是哪种类型的旅游产品，其开发或规划都意味着对原有资源状态的改变、对地方文化的冲击、对当地生态环境的影响、对原有经济体制内部经济结构的调整等。因此，在开发或规划旅游产品的同时，应特别重视对自然、人文资源和旅游环境及整个生态系统的有效保护，以便维持旅游赖以生存和发展的基础。

① 对自然、人文资源的保护。好的人文旅游资源需要有相应的自然环境给以配合，才能使原有的人文旅游资源增色；同样好的自然旅游资源也需要有相应的人文景观予以点缀，才能创造出和谐的美景。因此，创造自然与人文资源的相互和谐，是旅游产品开发和规划应并重的原则。

在对濒临消失的自然、人文旅游资源作为旅游产品开发时，要特别注意对其实行保护性开发与严格的法规条款予以约束，保证物种、景观得以延续，保持自然生物、人文景观多样性。

② 对生态旅游环境的保护。包括对再建旅游产品的生态修复、旅游环境的营造和生态

环境系统的培育，及原有生态环境的保护、延续等。

6.4.2 旅游产品的开发运作过程

开发旅游新产品是满足旅游者需求、改变现行旅游产品功能结构的基础。

不断开发和推出新的旅游产品，是旅游业适应社会转型、产品更新、提升产业、经济发展和人们休闲审美的过程。新产品开发涉及许多内外部因素，受到区域经济、社会与环境发展的影响，也受到人们消费能力、消费意识和消费心理的满足程度等多方面的影响。

新开发产品必须进行认真创意策划。一般要经过产品创意、识别创意、产品概念设计、产品开发和商业化运作五个阶段。

6.4.2.1 旅游产品的产品创意阶段

旅游地或旅游企业开发新旅游产品若注重创意，其生命周期将会长远。所谓创意，就是开发旅游新产品的设想。

开发旅游新产品的设想，往往来自于游客、旅游研究专业人士、竞争对手、旅行商、旅游景区的经营管理人员、旅游教育研究机构、旅游策划或旅游规划企业、旅游咨询业和旅游市场推广机构等。一个好的旅游创意，能为旅游产品成功的推广和旅游消费者的购买打下良好基础，但并不是所有的创意都能开发为旅游产品，必须以其具有可销售的潜在客源市场作为设计创意旅游产品的基础。

6.4.2.2 旅游产品的识别创意阶段

在开发一个新产品之前，要收集足够多的大量创意，之后聘请有关专家或资深人士集中对创意加以评估鉴别，判断每个创意转化为产品的可能件和可行性，并从中选择市场前景好的创意产品，这个过程就是创意的识别阶段。

识别创意的目的在于使开发商拥有的有限资金能集中到成功概率大的创意产品上。识别创意时，一般要重点考虑创意是否与未来旅游发展的宏观趋势和目标市场有效需求相一致，是否与开发商的战略发展目标相一致等。

6.4.2.3 旅游产品的产品概念设计阶段

将创意识别后的产品，根据旅游者的需求进一步转化为产品概念。

产品概念，即是从旅游消费者的市场需求对产品创意做出的详尽描述。如地处城市环城游憩带的某景区，针对城市居民的游憩需求策划开发一个"乡村式野营基地"，吻合城市居民需求，属创意的旅游产品。投资者在具体开发"乡村式野营基地"旅游产品时，还需要做野营基地产品概念设计，如针对该基地的主要客源地居民的游憩需求特征，具体地确定该类产品的旅游功能的开发、设施配置、环境背景景观的设计与改造、建筑风格、建筑规模以及组织管理模式的确定等。

6.4.2.4 旅游产品的产品开发阶段

旅游产品的产品开发阶段包括传统型开发阶段和新时期产品开发阶段两个部分。

（1）传统型开发阶段

旅游产品开发，是指将旅游产品的概念设计转化为旅游者可直接购买的物质产品和旅游服务的综合体过程。

旅游产品的开发，主要依据资源条件、市场条件和区位条件等进行。

旅游资源的类型、品位、空间分布等直接决定了旅游产品的类型、层次和空间组合；市场条件引导产品开发的具体方式、规模、层次以及产品组合，同时市场状况也是旅游地动态调整旅游产品开发策略最重要的依据；旅游地与客源地之间的空间关系以及公路、水路、铁路、航空等对外交通网络等都是影响旅游产品开发的重要区位因素。

除遵循以上原则外，旅游产品的开发过程将遵循资源—产品原则、市场—产品原则、可持续发展原则和产品多样化与区域联合开发原则。

① 资源—产品原则。根据优势资源确定每个地区可以选择的旅游产品类型，扬长避短，使旅游产品充分结合地方文化背景，从而实现资源的有效利用。

② 市场—产品原则。要求建立起"产品—市场—产品"的反馈机制，根据旅游市场变化，及时调整旅游产品开发策略，针对不同时期、不同旅游目标市场开发不同的旅游产品。

③ 可持续发展原则。要求在未来旅游产品的开发中，必须努力保持旅游地良好的生态环境，避免旅游产品的开发对自然环境和文化资源造成破坏。

④ 产品多样化与区域联合开发原则。要求规划区内开发的旅游产品，尽可能地形成不同类型的旅游产品并组成多样化旅游产品系列，增强整个区域的旅游吸引力，形成区域旅游业的规模效应。

（2）新时期产品开发阶段

即用整体谋划抓定位、概念规划抓特色、总体规划抓布局、详细规划抓项目、科学设计抓建设等系统规划，完善旅游产品开发不同阶段的实质事宜，促进当地旅游业持续、健康发展。其重点放在解决实际问题方面，如产业转型、市场衰退、发展障碍等，并给出相应的解决方案，而不是面面俱到。

目前，在旅游客源市场需求不断变化的今天，规划者已将上述传统型以资源导向—市场导向—产品导向—形象导向的旅游产品开发框架过程，逐步过渡到新形势下的谋划—策划—规划—设计—建设 5 个应遵循的阶段。

6.4.2.5　旅游产品的商业化运作阶段

将新开发的旅游产品全面推向市场，接受旅游消费者的检验，根据消费者的反馈不断调整和完善旅游功能，使之适应快速变化的市场需求，并努力延长产品的生命周期，称为旅游产品的商业化运作阶段。

此阶段，投资商或旅游产品的经销商，需要不断围绕新旅游产品进入市场的促销时间、目标市场、促销手段等进行决策，以确保旅游产品进入潜在旅游市场的推广期最短、最快得到新开发旅游产品的经济效益最大化。

6.4.3　旅游产品的组合

由于旅游产品是旅游者从旅行开始到结束全部内容的一次经历，因此，旅游产品的组合实际上是以旅游日程安排和旅游线路设计的制订为主线，是对旅游产业构成的六大常规服务要素的组合。

旅游产品主要有两种组合方式：一种是以旅行社组织的旅游产品组合方式，另一种是旅游目的地将规划、策划的旅游产品进行多种不同特色的旅游产品的旅游线路组合方式。

6.4.3.1　以旅行社组织的旅游产品组合方式

常见的以旅行社组织的旅游产品组合有团体包价旅游和散客旅游两种。

（1）包价旅游

这是指旅游经销商根据旅游市场的供求关系选定旅游线路，把整个线路中涉及的各项服务整体买断，组成一个整体旅游产品以统一价格销售给旅游者。

团体包价旅游往往是将零散的旅游者组成一个旅行团，一般 15 人以上成团，每团配备领队和导游陪同。

优点：能享受到较低的价格优惠，省却旅行中许多不便和烦恼。

缺点：享受旅游产品的时间充分度不够，过于呆板不自由，甚至旅游线路上安排的旅游产品不合游客的旅游意愿。

（2）散客旅游

特指旅行者不参加旅行团体，往往是单个或者少量的几个人组成小组，或是一家人外出旅游的方式。

随着游客外出旅行要求个性化时代的到来，散客旅游的个性化需求越来越多。在一些经济发达国家已出现散客旅游市场超过团队包价旅游市场（主要位于欧洲）；国内则普遍仍以团队旅游市场为主，但在一些知名老景区（点）已开始出现散客旅游市场份额加大，团队包价旅游市场缩小现象，如江西庐山等。

优点：游客可按自己兴趣随意选择想去的旅游地，最大程度地满足了游客个性化的精神享受需求。

缺点：旅游地开发的旅游产品较难把握确切客流量及可能的旅游服务（包括旅游床位、私车停留车位等）和应有的旅游效益。

6.4.3.2 以旅游目的地将不同旅游产品组合成旅游线路

旅游目的地将规划、策划的旅游产品进行多种不同特色旅游产品的旅游线路组合。如：为迎接 2008 年北京奥运会，积极参与奥运，庐山隆重推出了"火热奥运，清凉庐山"主题旅游活动，将原有的避暑消夏游、名人别墅游、生态休闲游等特色旅游产品进行组合，适时推出了具有浓郁地方特色又迎合奥运契机的旅游项目。该旅游项目组合给了庐山旅游以新视角："清凉冰爽的盛夏、经典怀旧的景致、周到贴心的服务、浪漫时尚的体验、住宿新感觉，庐山别墅纳清凉。让世界认识庐山，给游客一份惊喜。"同时，庐山在上海举办"火热奥运，清凉庐山"旅游推荐会，并进行系列的营销活动，以此引爆庐山奥运旅游热。

此外，运用企业可控制手段，对产品进行最优化组合，以取得最佳营销效果。

可控的因素包括：旅游产品（旅游产品的包装、品牌、规格、质量、效用等）、价格（折扣、折让、支付方式、定价）、分销（产品流通途径、环节）和促销（广告、人员推销、营业推广和宣传等）。这些因素与组合密切配合、整体规划，实现最优效果。

优点：旅游主题突出，推出的旅游产品容易形成短暂的人气、财气。

缺点：容易造成旅游高潮后的相应设施、资金浪费。

目前，洲际、区域、省市、各地方之间不同旅游目的地推出的以各自具典型性、代表性的特色旅游产品组合而成的旅游线路众多。如何将代表该地经典文化的旅游产品梳理成代表一个地区、一个省市、一个区域、一个国家的经典旅游线路，则是今后旅游业发展过程中，在旅游产品开发和组合中需认真研究与设计的。

6.5 旅游线路的设计

6.5.1 旅游线路的类别

旅游线路是旅游经营者（旅游目的地）或旅游组织（旅行社）向旅游者推销的旅游产品。

旅游线路在时间上包括从旅游者开始接受旅游经营者的服务一直到最后结束。在内容上包括在这一过程中旅游者所利用和享受的一切，包括食、住、行、游、购、娱等各种旅游要素，是为旅游者的旅游活动所提供的一切设施和服务的总和。

旅游线路类型上可以是传统型的，也可以是现代型的，甚至可以是两者兼而有之。

6.5.1.1　传统型的旅游线路类别

传统型的旅游线路设计仅仅面向包价旅游，其中主要是团体包价。随着团队包价旅游在旅游市场中所占比重逐渐减小趋势，旅游线路设计开始针对散客服务而推出散客小包价。

目前旅行社或旅游信息中心为散客设计的旅游线路有以下两种形式。

① 组合选择式线路。即对整个旅程设计有几种分段组合线路，游客可以自己选择和组合，并且在旅游中可以改变原有选择。

② 跳跃式线路。即旅行社提供的只是整个旅程中几小段线路或几大段服务，其余皆由旅游者自己设计。

6.5.1.2　现代型的旅游线路类别

（1）自驾车旅游线路类型

随着信息化、网络化和旅游者消费个性化的发展，旅游线路的类型更加多样化、个性化和自助化。尤其是自驾车拥有量的不断加大，一种以满足自驾车旅游需求的旅游线路设计应运而生。

例：内蒙古自治区旅游部门为 2008 中国奥运年设计和推荐的"奥运旅游推介线路"，专门针对自驾车旅游者（或出租车）推出了自驾车旅游线路，线路主要针对北京进入内蒙古的各大快速公路交通要道，为奥运期间行车速度快的运营车辆提供了方便。

适合私家车（或出租车）快速进入内蒙古游览主要旅游产品的各旅游景区（点）的五条旅游线路如下。

北京—集宁—四子王旗—呼和浩特—包头—鄂尔多斯—乌海—临河—北京。

北京—锡林浩特—二连浩特—扎门乌德—二连浩特—集宁—北京。

北京—赤峰—克什克腾—西乌珠穆沁旗—锡林浩特—北京。

北京—呼和浩特—乌海—阿拉善—银川—鄂尔多斯—包头—北京。

海拉尔—根河—莫尔道嘎—室韦—黑山头—满洲里—新巴尔虎右旗—新巴尔虎左旗—阿尔山。

（2）现代时尚旅游线路类型

目前，随着人们崇尚自然、亲近自然，到绿色生态环境好的旅游地去呼吸新鲜空气已成为所需的重要时尚旅游产品之一；而"文明旅游"、"环保旅游"、"低影响旅游"及"负责任旅游"等理念日益深入人心。现在有些旅游地（或旅游点）已开发出相应的旅游地或相应的时尚消费旅游点。

例：上海崇明岛国家地质公园是一个生态环境优越，将自然景观、民俗文化有机衔接，融科普旅游、观光旅游为一体，有高档休闲度假区、高档国际会展区、高档生态产业区三高的新型高品位地质旅游公园。在 2008 年 4 月 27 日隆重揭碑开园时，推出一日游、二日游各三条时尚精品旅游线路。

一日游：上海—崇明东滩国际湿地—瀛东生态村（渔家村）—返回

上海—东平国家森林公园—前卫生态村（渔家村）—返回

上海—绿港村—崇明岛国家地质公园＋明珠湖—返回

二日游：上海—西沙湿地公园—东平国家森林公园（前卫生态村）—返回

上海—瀛东生态村（渔家村）—东滩候鸟保护区—南江风韵—东平国家森林公园—返回

上海—瀛东生态村（渔家村）—前卫生态村（渔家村）—崇明岛国家地质公园—返回

6.5.1.3 传统型与现代型两者兼而有之的旅游线路类型

传统型与现代型相互融合的旅游线路，使游客在旅游部门推出的旅游线路中，既能领略到传统型的旅游产品，又可享受现代型旅游产品，其旅游线路可满足不同游客的旅游需求，因此其生命周期较长。

例1：以武汉为中心，100公里半径内的黄石、孝感、黄冈、鄂州、咸宁、仙桃、靖江、天门等8个城市共同构成的"1＋8"武汉城市圈，是武汉市突破行政地域界限，首次在2008年4月24～27日举办的第四届"华中旅游博览会"期间，新亮相的整体旅游形象，也是我国中部极具旅游发展潜力和活力的城市圈。为配合博览会的顺利进行，推出8大最具吸引力的主题旅游线路产品，实施参展模式的创新整合。

8大主题旅游线路产品，绽放武汉城市圈精彩。

(1) 红色旅游

① 中央农民运动讲习所旧址（毛泽东旧居）—中共五大会址—八七会议旧址。

② 武汉—红安—麻城—新县。

(2) 科教工业游

① 武汉科技一日游：中国地质大学（武汉）博物院—中科院武汉植物园—中国光谷。

② 武汉—黄石矿山公园一日游。

(3) 休闲观光游

① 武汉—孝感双峰山一日游。

② 武汉—咸宁九宫山、饮水洞、太阳溪漂流。

③ 武汉—鄂州梁子岛。

(4) 温泉度假游

① 武汉—应城汤池温泉。

② 武汉—咸宁龙佑温泉、温泉谷。

(5) 生态体验游

① 武汉—黄冈伯刀峰、天堂寨。

② 武汉"大东湖"旅游区：东湖生态旅游方景区—湖北省博物馆—东湖鸟语林。

(6) 三国文化游

① 武汉黄鹤楼—咸宁赤壁古战场一日游。

② 武汉—黄冈东坡赤壁一至二日游。

(7) 宗教文化游

① 武汉归元寺—长春观—宝通禅寺。

② 武汉—黄梅四祖寺、五祖寺。

(8) 乡村休闲游

① 武汉黄坡区木兰八景：木兰山—木兰湖—木兰天地—木兰古门—木兰清凉寨—木兰草原—云雾山—农耕年华。

② 武汉东西湖区石榴红村—巨龙湖生态园。

例2：为在2008年中国奥运会期间中外游客了解我国中部地区重要的旅游集散地和长

江旅游的门户，目前是华中地区特大型旅游城市武汉的旅游产品，特地推出"精彩武汉 为奥运喝彩"的——"畅游江城武汉 览胜十大精彩"、精品旅游线路、长江经典产品线路3种。

(1) 畅游江城武汉 览胜十大精彩

① 全国第一大城中湖：东湖。

② 天下第一名楼：黄鹤楼。

③ 世界第一大江滩：汉口江滩。

④ 世界第一乐章：曾侯乙编钟。

⑤ 万里长江第一桥：武汉长江大桥。

⑥ 中国近代第一英雄舰：中山舰。

⑦ 神州第一赛马场：东方马城。

⑧ 华夏第一街：汉正街。

⑨ 汉陆小吃第一巷：户部巷。

⑩ 湖中第一大乡村旅游度假区：木兰八景。

(2) 精品旅游线路

① "精彩武汉—蓝色之旅"：东湖—长江大桥—汉口江滩—南岸嘴—汉正街。

② "精彩武汉—多彩历史之旅"：黄鹤楼—晴川阁—古琴台—湖北省博物馆—辛亥革命博物馆—中山舰。

③ "精彩武汉—绿色家园、金色商圈之旅"：户部巷—武汉大学—中科院武汉植物园—木兰八景—夜游长江—吉庆街。

(3) 长江经典产品线路

① 上游：武汉—山峡—神农溪漂流—神农架。

② 下游：武汉—九江（庐山）—黄山—南京—扬州—上海。

6.5.2 旅游产品线路设计的原则

① 主题特色原则。旅游产品线路的设计要突出主题、体现特色。主题突出、形象鲜明、富有特色的旅游产品线路，才能对旅游者构成较大的吸引力。因此，面向市场，充分挖掘本区域内的文化内涵，分析本区域内的旅游资源特色，并推出疗养、运动、教育、科考等游客喜爱的不同主题旅游产品，才能形成本旅游区域内的拳头旅游产品和特色品牌旅游产品相结合的旅游线路。

② 面向市场原则。旅游产品线路的设计要面向市场，特别是主体旅游产品线路要面向不同类型游客的目标市场来进行设计，包括旅游活动中的食、住、行、游、购、娱等方面都要适应市场的需求，才能使设计的旅游产品线路得到游客的认可和购买。

③ 行程不重复原则。旅游线路设计时，考虑由旅游依托地和尽可能多的不同性质旅游点串联而成环形回路，避免往返路途重复。

有时表现为将环形主线路上连接重要旅游依托地作为中心，并和多个小环形支线或多条放射线相连。此类长距离旅游所经过的各个重要旅游依托地（或集散地）就是大环形线路上的节点，这些节点就成为链接小环形支线或多条放射线的中心，而且最受旅游消费者欢迎的是将主要购物地安排在最末站，有利于旅游者大量采购各种旅游商品且没有携带不便的困难。

④ 顺序与节奏原则。在旅游线路设计中，必须充分考虑旅游者的心理和体力、精神

状况，并据以安排其结构顺序与节奏，做到动静结合、快慢结合、不同类型旅游产品结合。

同样的旅游项目，会因旅游线路的结构顺序与节奏的不同而产生不同的效果。一条旅游线路设计如同一部艺术作品，应体现出序幕—发展—高潮—尾声的不同顺序链接环节中的要点，以使游客在游玩所设计的旅游产品线路中始终处在新鲜而兴奋的精神状态。在条件许可时，旅游线路开发或规划时，应尽可能体现出上述特点。

⑤ 开放性原则。县（市）由于旅游区域范围较小，旅游景点，特别是高知名度旅游景点数量有限或缺失，因此，在县级旅游发展规划的旅游线路设计中要遵循开放性原则。即在完善县域内旅游产品线路设计的同时，尽量将县域内旅游产品线路与上层区域或更大区域背景下县域外旅游产品线路接口在一起，特别要将县域内旅游产品线路编入相邻县（市）开发较早、发展比较成熟、有一定知名度的旅游产品线路中去，如编入旅游国线或是旅游省线中就有利于县（市）旅游的发展。

⑥ 内容的互补原则。在旅游产品线路的设计中，既要体现旅游主题的内容，又要做到在旅游活动项目上的多样化，实现各自内容不足中的相互间互补性，以丰富旅游者的旅游生活和旅游体验。

6.5.3 旅游线路设计

旅游线路的设计要围绕为旅游者提供安全、舒适、愉快的旅游生活，将旅游活动所必需的食、住、行、游、购、娱等旅游要素和旅游服务按时间组合起来提供给旅游者选择。

县（市）以上旅游发展规划中，旅游产品线路的设计主要按旅游目的地和旅游时间两个方面来进行编制。

按旅游目的地设计的旅游产品线路一般是设计成为专题旅游产品线路。

按时间跨度而设计的旅游产品线路往往也与专题旅游产品线路结合在一起来编制。

① 按时间的长短编制的旅游线路。即以游客逗留的时间为依据的一日游、二日游、三日游及多日游线路。此种类型的旅游线路要安排出每日的旅游行程和旅游活动及食宿点。

② 设计专题旅游产品线路形成旅游产品系列。即将区域内有关某一主题的旅游景点串联设计成专题旅游活动。专题旅游线路能够充分利用和整合区域内的优势资源，体现出区域内的旅游特色，容易形成旅游规模效益，产生整体的效果。

专题旅游线路特色突出，形象鲜明，有利于产品的形象推广和产品的市场推广，同时专题旅游线路也便于参与到区外的相关专题旅游线路中。如重庆推出的"安全舒适的长江三峡之旅"是世界唯一可乘船游览的大峡谷景观，深受游客喜爱。

专题旅游线路设计应包括：旅游线路名称、旅游活动范围、旅游总体特色、主要旅游景区（点）、旅游主题活动、交通衔接等内容。

6.6 旅游商品

旅游商品是旅游产品组成中，旅游经营者、组织者及游客十分重视和旅游产品链中不可缺失的重要环节。

经营者、组织者通过旅游商品，达到宣传促销旅游产品的目的和获得一定旅游商品经济效益，游客则通过旅游商品加深对旅游经历的印象和回味。

6.6.1 旅游商品的定义

（1）旅游商品概念

旅游商品与旅游产品是两个不同概念。国外用"tourism product"表示旅游中旅游者所需的服务和产品的总和，可直译为"旅游产品"。旅游商品，一般用"tourist commodity"或"tourism commodity"表示。受此影响，目前国内旅游界已约定俗成使用旅游商品一词。

旅游产品指"服务性产品"，而旅游商品则表示"实物商品"。例如国家旅游局每年出版的旅游年鉴与抽样调查报告中就如此定义。

学术界对旅游商品的定义已经基本达成两点共识。

第一，旅游购物行为发生的时间和空间，普遍认同"购买行为的异地性"，即发生在旅游途中。

第二，商品属性，指所购对象有别于服务产品，具有"有形性"。

（2）旅游商品的内容

苗学玲借鉴国内外研究进展，对旅游商品给出定义：旅游商品（或称旅游购物品），是指由旅游活动引起，旅游者出于商业目的以外购买的，以旅游纪念品为核心的有形商品。

此概念中旅游商品的内容包含以下四个部分。

① 旅游者旅行前在居住地购买准备在旅途中使用的商品。包括：旅游户外用品、旅游书籍、生活日用品以及用于探亲访友的土特产等。

② 旅游者在旅游中购买具有旅游目的地"地方特色"的商品。旅游者在旅游中购买具有旅游目的地"地方特色"的商品，称之为旅游纪念品。它是旅游商品的核心组成部分，包括：旅游印刷品、旅游音像制品、旅游工艺品、旅游纪念品、旅游美术品和地方民俗服饰、土特产等。

③ 旅游者在旅游中购买满足旅途日常生活需要的日用品。包括：旅游户外用品、生活日用品等。

④ 免税商品。国际旅游者在已经办完出境手续或入境手续，即将登机、上船和乘车前往境外之前，在免税商店购买的商品，称为免税商品。免税商品包括食品、衣物、照相器材、办公器材、旅游印刷品、旅游音像制品、旅游工艺品、旅游纪念品等。

6.6.2 旅游商品的开发与营销

旅游纪念品是旅游商品的核心部分，它的本质特征是地方特色，或称地方性。它的地域相对优势，取决于旅游者居住地与目的地在自然、社会文化和经济情况的对比。所以，旅游商品的开发与促销，实际上就是对旅游纪念品的设计与促销。

6.6.2.1 旅游商品开发与营销问题

我国旅游资源十分丰富，历史文化源远流长，多民族的华夏文化是我国旅游纪念品开发的坚实依托，悠久灿烂的传统文化、举世闻名的文物古迹和引人入胜的民族风情是我国旅游纪念品开发的资源宝藏。但在我国旅游收入快速增长的今天，旅游商品收入所占旅游收入的比重偏小。

一般在旅游发达国家，旅游商品占旅游业收入可达40%～60%，世界平均水平为30%，而中国长期徘徊在20%左右。中外游客在中国的旅游中所需的旅游商品缺口很大，旅游商品开发与营销工作任务艰巨，这也是中国旅游业经济效益可以努力创收的极好途径。

目前，中国在旅游纪念品研发上还存在以下较多需解决的问题。

① 旅游商品产研机构严重不足。旅游纪念品研制与生产企业严重不足，造成旅游纪念品品种单一，缺乏产品多样性。

② 旅游商品平淡无味。我国多数旅游目的地的旅游纪念品虽有一定的地方和民族特色，但却缺乏具有主导影响作用的旅游纪念品。多数都属于做工简单、缺乏文化背景的平庸之作。

③ 仿制雷同旅游商品过多。现有的旅游纪念品未据市场需求合理开发，造成市场旅游商品被大量模仿滥造，雷同现象明显。同一区域甚至不同区域的许多旅游地旅游商品同质性严重。

④ 旅游纪念品产销严重脱节，缺乏统一的销售网点。目前，除少数大城市和旅游中心城市有些大型旅游纪念品购物中心外，其他旅游地区多以小商店、小摊销售为主，造成成本的增加。

因此，对旅游纪念品进行合理有效地开发和营销，在旅游产品系列服务中变得至关重要。

6.6.2.2 旅游商品开发与营销措施

① 行使政府行政职能，加大产、研相结合的旅游商品开发投入。政府要加大对旅游纪念品科研技术力量和科研经费的投入，促进旅游纪念品的创新发展，并批复与之相配套的定点旅游商品生产厂家，形成旅游商品研发基地、生产基地产研相结合的体系。

② 结合国内外先进生产技术，确保旅游商品创新发展。技术力量薄弱、生产设备落后、资金投入不够是制约我国旅游商品创新发展的重要因素，因此，要与旅游业发达国家、地区进行合作、交流，引进国外旅游商品先进生产流水线，在不影响旅游商品文化内涵的基础上，将传统工艺与现代化生产、经营方式相结合，扩大生产规模，提高生产力、降低生产成本。

③ 调整旅游纪念品定位，挖掘民族和地方文化，塑造特色品牌的旅游纪念品。旅游纪念品的本质特征就是地方特色，所以在研发旅游纪念品时，其定位要以重点打造独特地方特色的知名品牌旅游纪念品为主。事实证明民族性、地方性文化特征越明显，地方文化品格越高，其旅游纪念品的艺术价值、纪念价值就越高，也最容易受到市场的青睐。

④ 坚持以市场为导向的原则，开发适应市场需求的多样性旅游纪念品。在充分了解和掌握旅游者心理、需求、消费水平的基础上，进行目标市场个性化分析，及市场营销环境、竞争因素、价格定位、成本收支及投资回报等方面的分析，以使经研发与多项分析确定的旅游商品，能引导其进入技术化、产品化、市场化为一体的健康发展道路。

⑤ 建立产销研一体化服务队伍、电子商务网络销售系统及良好的多渠道营销方式。建立以产销研一体化稳定的旅游商品服务队伍，并通过电子商务网络扩大销售网点，以减少销售环节、降低成本、提高工作效率，为旅游商品提供更广阔的市场空间和发展前景。同时稳定的旅游商品服务队伍，要采用灵活的多渠道、多层次、多方法营销方式吸引经销商。

⑥ 完善旅游商品法规条款，建立健全旅游纪念品知识产权的法律保障体系。完善与强化旅游商品法规条款建设，规范旅游商品行业管理，建立健全旅游产品研发知识产权的保障体系，加强违法乱纪处罚力度。

对旅游纪念品的研制、开发、生产、经营、销售，进行统一规划、规范管理和宏观调控，节约资源，规范市场运行，防止不规范生产与销售现象发生。

思 考 题

1. 旅游产品的概念与特征。

2. 旅游产品生命周期理论的实质及其影响因素。

3. 旅游产品的构成与分类。

4. 请以你熟悉的旅游地为例，用旅游产品开发或规划的原则及运作过程（或手段）设计旅游产品及相应旅游线路。

5. 以你熟悉的旅游地或景区（点），设计旅游商品研发、产销一条龙服务。

7 旅游业

本章提示

第二次世界大战后和平环境的到来，使旅游业在世界范围内得到蓬勃发展，21世纪的旅游业已成为世界发展最快的第一大产业。

战后世界旅游业的发展表明，随着各国经济的好转，闲暇时间的增多，教育的普及和教育水平提高，及各种有利社会因素的发展，加入旅游行列的人数不断增加并不断刷新纪录，尤其近年来发展中国家快速发展旅游业的强劲势头，使旅游产业在各国国民经济中的地位一再攀升。

中国的旅游业是一项新兴产业。自1986年国家正式将旅游业列入国民经济和社会发展计划确立旅游业在产业中的地位以来，旅游业发展速度得到了迅速提升。进入21世纪后，中国进一步实行对外开放政策，2008年新的国家法定节假日制度与带薪休假制度的推行，旅游业出现了前所未有的良好发展态势。

旅游业是一个为游客提供服务的系统，包括旅游者在进行旅游活动时所需的各个服务部门。学习和研究旅游业是为了更好地为旅游者服务和推动国民经济发展。

本章以旅游业的概念与构成、旅游业的性质与特点、旅游业的影响与作用三方面内容为基本知识与基本概念，按照构成旅游业三大主要企业部门（旅行社、饭店、旅游交通）及旅游主要接待目的地——旅游景区（点）四部分，作为旅游业的主要组成部分阐述各自的基本内容，以帮助了解旅游产业链中为游客服务的各主要环节的基本运作手段与方法。

7.1 旅游业的概念与构成

7.1.1 旅游业的概念

7.1.1.1 概念分异的两种说法

归纳不同学者对旅游业（tourism）概念各异的认识，可分为以下两种。

第一种认为："旅游业就是在旅游者和交通、住宿及其他有关单位中间，通过办理旅游签证、中间联络、代购代销，为旅游者导游、交涉、代办手续，并利用本商社的交通工具、住宿设备提供服务，从而取得报酬的行业。"

第二种认为："旅游业是为国内外旅游者服务的一系列相互有关的行业。旅游关联到旅客、旅行方式、膳宿供应设施和其他各种事物。"

以上两种概念，前一种实际上是将旅游业等同于其系统中的旅行社行业；第二种概念则将旅游业纳入了第三产业服务体系中。两种概念均提到旅游业属服务性行业之真谛。

7.1.1.2 与经济学角度概念的区别

从经济学角度论述的"产业（industry）"概念是指，"其主要业务或产品大体相同的企业类别的总称"。旅游业作为一个新兴的产业，与其的界定区别主要有以下两点。

① 旅游业主要业务和产品并非属同类企业类别。如饭店经营的业务不同于旅游交通，旅行社的业务也不同于饭店，诸如此类的情况在旅游业中到处可见。

② 旅游业的投入和产出难以进行清晰地测算和确定。微观上，几乎任何一个旅游企业的服务对象都不仅局限于旅游者或游客，还有一部分是对非旅游业务的居民投入，很难测算这两部分投入各占的比例。同理，要准确地测算该企业因旅游业务而实现的产出（而不是该企业全部业务的产出）几乎也不可能。

宏观上，旅游并非一个界线分明的产业，其产品是由有关的诸多产业或行业共同提供的，所以，在测算和确定旅游业的投入和产出时，人们也只能通过对有关的交通运输业、住宿业、饮食业、旅行社行业等产业或行业的投入、产出情况进行调查、分析和综合，从而估算出旅游业的投入和产出。

再次，绝大多数旅游企业实际上都隶属于某一传统的标准产业。例如饭店企业隶属于传统上早已独立存在的住宿业，航空公司隶属于交通运输业等。

尽管对旅游产业的理论界定目前仍然模糊不清，但在实践上，旅游业作为一个产业不仅存在，而且对国民经济各有关部门的关联带动作用是很大的，因此旅游产业的存在是一个不可否认的事实。

为此，我们给出旅游产业的定义："旅游业是以旅游资源为依托，以旅游客源市场为对象，有偿为其旅游活动创造便利条件，并提供与满足所需的旅游产品和旅游服务的所有行业和部门组成的综合性产业。"通常认为，旅游业是集行、住、吃、游、购、娱六大部门为一体的"一条龙"服务体系。实际上，旅游产业的概念还应包括各级旅游管理机构、旅游行业组织和旅游教育部门等。因此旅游业应该是一个为旅游者、经营者、管理者提供全方位服务的系统。

本定义强调了以下三点内容。

① 旅游以旅游资源为依托。旅游资源是一个国家和地区发展旅游业的物质基础。

② 旅游业以旅游者为主要客源市场的服务对象。旅游业的服务对象主要为外出旅行的旅游者，因此游客是旅游业生存的基础之一。

③ 旅游业是一项综合性产业，由多种行业构成。各行业通过提供各自的旅游产品和旅游服务满足旅游者不同的结构性需求，其作用是便利旅游活动，并在满足总体需求的前提下形成统一体。

7.1.2 旅游业的构成

为旅游者、经营者、管理者甚至居民出行提供全方位服务的旅游业，在行业归口上，依据其中的主要构成部分，主要有以下三种构成之说。

（1）三个支柱说

根据1989年联合国的《国际产业划分标准》，通过对从事旅游业务的具体部门进行分析认为，旅游业主要由：旅行社、交通客运部门和以旅馆为代表的住宿业部门三部分构成，属于这三个部门的企业因而也构成为三种类型的旅游企业。

我国常将旅行社、交通运输业和住宿业称为旅游业的"三大支柱"。

（2）五大部门说

旅游业是以旅游目的地（主要是国家或地区）为单位划分。例如中国的旅游业、中国香港地区的旅游业等。故从国家或地区的旅游发展角度，旅游业则主要由五大部门组成，即除了上述三个（旅行社、住宿业和交通运输业）组成部分外，还包括游览场所经营部门和各级旅游管理组织。如，旅游目的地通过上述五个部门在吸引、招徕和接待外来旅游者，他们之间存在着共同目标和不可分割的相互联系，形成了促进旅游目的地经济发展的统一体（即旅游业）。虽然其中某些组成部分，如旅游目的地的各级旅游管理组织，不直接以盈利为目的，但它们在促进和扩大商业性经营部门的盈利方面起着重要的作用。

（3）八个方面说

在游客的旅游活动中，为其服务的旅游业由食、住、行、游、购、娱六种企业（即旅行社、餐饮业、住宿业、交通运输业、旅游商品销售行业、游览娱乐行业）和各级旅游管理机构以及旅游行业组织，共八个方面构成。

在构成旅游业的各类企业中，可分为直接旅游企业和间接旅游企业。

直接旅游企业，是指有赖于旅游者的存在而生存的企业，其典型代表便是旅行社、交通运输企业和旅馆企业。

间接旅游企业，是指虽然也为旅游者提供商品和服务，但其主要供应对象并非旅游者，或旅游者的存在与否并不危及其生存的企业，如餐馆、宾馆和游览娱乐企业。

以上三种构成之说，可归结为主要的三大企业部门（旅行社、饭店、旅游交通）及游客的接待目的地——旅游景区（点）四部分，他们共同的链接式服务是组成旅游业的主体。

7.2 旅游业的性质与特点

7.2.1 旅游业的性质

7.2.1.1 旅游业不同于旅游事业

长期以来，人们常把旅游事业同旅游业混为一谈，并因此而称旅游业是一项具有文化性质的事业，是我国外事工作的一部分。"产业"与"事业"在某些情况下的确可作为同义概念使用。但是，严格意义上的旅游事业（tourism）同旅游业（tour industry）两者有一定的区别。

一个国家发展旅游的动机，一般包括政治、社会和经济三方面。但有时可能会以其中一项动机为主兼顾其余一项或两项；也可能两项并重，兼而有之。随着时间的推移，国家发展旅游的动机也会有所转移。

例如20世纪80年代中期以来，英国的国家旅游事务从由产业贸易部负责转为由主管就业事务的大臣负责，说明目前英国政府发展旅游的动机重点已向社会方面转移。90年代中期，我国旅游教育代表团赴韩国考察后，在其总结报告中指出，韩国的旅游政策已开始向偏重于社会发展的方向转移。我国发展旅游的主要动机也已从新中国成立初的政治动机转到了今天的经济动机。因此，从国家角度来看，推动和促进旅游业发展的工作是一项有着多重目的的事业。

由上看出，旅游事业是指宏观层面上某系统中的一部分内容，而旅游业则指该部分内容中自成体系的一个行业。即旅游事业与旅游业两者是某个大系统与其相关子系统的关系。

7.2.1.2 旅游业是旅游事业的一个组成部分

旅游业同旅游事业的区别在于，旅游事业并非以发展经济为唯一目的；而旅游业作为一项产业，其根本目的在于通过对旅游的推动、促进和提供便利服务从中获取收益。虽然旅游业的活动要接受国家旅游政策的指导，要遵循并有义务贯彻执行国家规定的其他有关方针政策，但这并不能改变旅游业作为一项产业的盈利性质。旅游业的主要构成是各类旅游企业，企业是以盈利为目的并需要进行独立核算的经济组织。那么，由这些企业构成的旅游业也必须进行经济核算。

长期以来，我国旅游业未确立其独立的产业地位，一直作为非物质生产部门从属于外事工作。1978年后，随着改革开放的深入和我国国内国际旅游的发展，旅游业的经济效益日趋显著，对其他产业部门的影响越来越大。1986年旅游业正式列入国家经济和社会发展计划，1998年中央经济工作会议将旅游业与电子信息、住宅建设等一起列为国民经济新的增长点，从而逐步确立了旅游业在国民经济中的产业地位，使之成为一种经济性产业。因此，可以认为，旅游业从属于旅游事业，旅游业是旅游事业的一个组成部分。

7.2.1.3 旅游业是第三产业的重要组成部分

旅游业在性质上属于第三产业，即除第一产业（农、林、渔、牧、矿业）和第二产业（制造业、建筑业）以外的其他各业。

第三产业由四个部分构成，即流通部门、为生产和生活服务的部门、为提高科学文化水平和居民素质服务的部门、国家政权机构等。旅游业属第三产业中为生产和生活服务的部门之列，与金融业、保险业、房地产管理业、公用事业、社区服务业等并列。

旅游业之所以与第三产业其他部门一起称为产业主要原因如下。

第一，生产的目的是为满足人们的物质和精神需要，而满足这种需要的对象不仅仅是实物形式的产品，还包括非实物形式的服务（可称为服务生产）。所以，产品不仅包括第一产业、第二产业生产出来的实物产品，还包括人类提供的非实物形态的服务产品。

第二，旅游业也同第一产业、第二产业一样，在其服务产品的生产中，既有投入也有产出。即在旅游服务产品生产之中需投入一定的资金、人力和物力，而在满足客人需要的同时获得旅游收入。

第三，随着人们收入水平的提高、闲暇时间的增多，人们对旅游服务的需求会以高于实物产品需求的速度增长。因此，随着经济的发展，第三产业所占比重的提高，旅游业将会成为现代社会重要的支柱产业之一。

7.2.2 旅游业的特点

旅游业同其他服务行业相比有其自身的五大特点。具体内容如下。

7.2.2.1 旅游业是一种综合性产业

旅游业是一种综合性产业的特点，是由旅游者的消费特点所决定。

旅游者的消费过程，虽然是其生活中的一个片段，但却几乎包含人类生活中涉及的全部内容。为满足游客在旅途中的食、住、行、游、购、娱等多重需要，就必然涉及国民经济中多个行业和部门、多种不同类型的企业为其提供服务，它们通力合作，才能保证旅游者的整体需求得以满足，并赚取收入。因此，旅游业必须具有综合性特点。旅游业构成的复杂性和多样性也印证了旅游业综合性的特点。

认识旅游业的综合性特点，对旅游业的经营和管理有着以下两方面非常重要的意义。

第一，旅游业中各个关联行业的运作是一个有机的整体，其中任何一个行业的滞后或行为失误，都会造成旅游者对旅游目的地总体旅游产品的不良评价，从而导致相关联的其他行业客源量减少，只有使旅游者满意，旅游业中各行业相互支持和开展联合营销，才能形成旅游业整体和个体行业部门的兴旺发达。

第二，各旅游企业所有权的分散性及其为追求各自狭隘利益而各行其是的自由性，使它们之间不存在自动的协调。因此一个旅游目的地对其旅游业要求必须实行全行业的管理。

7.2.2.2 旅游业是劳动密集型的服务性产业

旅游业属第三产业即服务业，这是旅游业的产品主要是为旅游者提供满足其需要的服务所决定的。虽然总体旅游产品中包含有某些有形产品的因素，但游客的一次完整旅游活动或旅游经历，其对旅游的需求是一种满足精神享受的要求。由此决定了众多关联旅游企业出售给旅游者的产品只是旅游者对这次旅游的"记忆"，而非是物化的消费品。

马克思曾指出："任何时候，在消费品中，除了以商品形式存在的消费品外，还包括一定量的以服务形式存在的消费品。服务这个名词，一般地说，不过是指这种劳动的特殊使用价值，就像其他一切商品也提供自己的特殊使用价值一样。但是，这种劳动的特殊使用价值在这里取得了'服务'这个特殊名称，是因为劳动不是作为物，而是作为活劳动提供服务的"。"服务"价值体现在：第一，"服务"是一种特殊的使用价值，第二，"服务"是一种"活劳动"的使用价值，其旅游服务生产消费品的过程即是提供服务的过程。尽管某些产品如食品饮料表现为有形产品，但在为旅游者提供餐饮服务过程中，这些食品饮料同服务行为是不能割裂的。

7.2.2.3 旅游业是具有高度依托性的产业

旅游业是一个具有高度依托性的产业，主要表现在以下四方面。

① 旅游业以旅游资源为依托。旅游资源是发展旅游业的客观基础，旅游资源的特色与丰度，在很大程度上影响到旅游业的发展，旅游资源不丰富，则意味着旅游业的发展先天不足。

我国处在世界的中纬度地区，是世界上自然旅游资源最丰富的国家，也是自然旅游产品最丰富国家之一。中国是人文历史旅游资源十分丰富国家之一，它的5000年文明史，是今日中国文化在世界上得以绽放灿烂之花的根基。因此，具有东方独特魅力的中国旅游资源，是中国旅游业得以快速发展的原因之一。

② 旅游业以客源市场为依托。再好的旅游资源如果无游客到访或参与，都将是制约旅游业发展的瓶颈。

③ 旅游业发展以国民经济发展为依托。一方面，国民经济发展水平决定了人们可自由支配收入水平的高低及闲暇时间的长短，从而决定了旅游者出游的数量、旅游消费水平、旅游消费频率及旅游需求水平。另一方面，国民经济发展水平又决定着旅游供给水平，表现为旅游资源和设施建设等方面投入能力的提高。

④ 旅游业依托于各有关部门和行业的通力合作、协调发展。游客从出家门到旅游地再返回居住地过程中所需的各种旅游服务组成的旅游业系统，任何一个相关服务部门脱节或出现问题，都会影响到游客旅游活动或经营商旅游经营活动的正常进行。

7.2.2.4 旅游业是具有高度敏感性的产业

旅游业是一个非常敏感的产业，社会各种因素的变化都会对旅游产生迅速影响。

① 任何微小因素影响会导致旅游需求发生较大的波动。旅游需求具有较大的弹性，任何微小因素影响都会导致旅游需求发生较大的波动，从而对旅游业产生影响。如：自然因素中的地震、气候反常、疾病流行；经济因素中的世界性经济危机；政治因素中的国家之间关系恶化；社会因素中的战争及恐怖活动等，都会导致旅游业的停滞。

② 各相关产业的变化会导致旅游业发生相关变化。旅游业高度依托于其他产业部门，各个产业的变化都会敏感地反映在旅游业上。如：近年来我国旅游交通的铁路运输不断地提速，缩短了旅游地与居住地之间的时间距离、游客的心理距离，最终导致原来因交通问题而造成旅游时间不足的大量游客可以自如的前往自己喜爱的旅游地，由此带来旅游业服务系统中的旅游宾馆、旅游目的地等游客所需服务企事业部门的繁忙。

7.2.2.5 旅游业是涉外性产业

旅游业是一项涉及国与国之间人际交往的产业，具有涉外性。当代的旅游是一种跨国界的广泛人际交往活动。每个国家既可以是旅游接待国，也可以是旅游客源国，而各国的社会制度、社会文化、生活方式等方面都存在着较大差异，使发展国际旅游业具有很强的政策性和涉外色彩。

7.3 旅游业的影响与作用

旅游业的发展有积极与消极两方面影响。旅游所带来的这些影响主要表现为对经济、社会和环境的三方面影响。

7.3.1 旅游业在国民经济中的作用

7.3.1.1 旅游业对国民经济的积极影响

旅游业对经济的积极影响体现在它对国民经济十分明显的作用中。许多国家发展旅游业的经验证明，在一个国家经济能力许可范围内、发展旅游业对促进国民经济发展、增加国民收入等方面，较需要大量资金和高度技术含量的其他经济部门有较大优势。

旅游业在国民经济中的积极作用主要表现为以下五个方面。

（1）发展旅游业可以获得较大的经济收入，为国家建设积累资金

旅游是超出普通生理生存需要的一种高级消费形式，旅游者从离家启程到返回的整个旅游过程中都要付出金钱。因此，旅游者的旅游过程是货币转移的过程，旅游业则可以通过提供旅游服务和旅游商品的旅游者消费来取得经济收入。

此外，旅游业是一个综合性产业，因而旅游收入的来源十分广泛，涉及众多部门，其总收入相当可观。政府因旅游业而获得的税收总额是构成财政收入的一部分，这些税收也增加了政府的财政收入。

（2）增加外汇收入，平衡国际收支

国家扩大外汇收入是通过对外贸易和非贸易两条途径。其中非贸易外汇的主要组成部分的旅游外汇收入有其特殊的优越性。这种通过旅游者食、住、行、游、购、娱等方面的支出构成的旅游商品消费而获取外汇的方式，实际上是一种就地的"出口贸易"、就地的商品输出，其出口的换汇率高于外贸出口换汇率。它不像出口商品那样需要支付转运费、关税等。因此许多国家都非常重视发展国家旅游业，以获得较高的外汇收入，弥补贸易逆差，平衡国际收支，增加外汇支付能力。

（3）增加回笼货币能力，促进市场繁荣与稳定

国家回笼货币的渠道主要有以下四条。

① 商品回笼，即通过组织生产各种商品投放市场换回货币。

② 服务回笼，即通过各种服务行业的收费回笼货币。

③ 财政回笼，即国家通过征收各种税款回收货币。

④ 信用回笼，即通过吸收居民存款，收回农业贷款，发放国库券等回笼货币。

在旅游业通过向人们提供各类旅游商品和旅游服务的过程中，既有商品货币回笼，又有服务货币回笼的双丰收货币回笼方式，而一般商品服务回笼的货币方式仅为单项回笼方式。同时旅游需求的加大，对促进经济市场繁荣与稳定起着重要作用。

(4) 带动各经济部门和行业发展

旅游业需要许多部门的支持配合，才得以顺利发展。同时，它又带动着经济部门和交通运输、工程建筑、轻工业、商业、饮食服务业、文化教育业乃至金融财政等各行各业，它们在旅游业发展的保障需求下得到相应发展。

(5) 促进地区经济发展，提高区域经济水平

我国地大物博，各地自然、社会、科学技术及经济发展水平有较大差别，而旅游的属性决定了总是先在经济发达地区发展起来，并逐步引向经济落后的地区。同时带动能力较强的旅游业可带动和促进整个地区经济的全面发展。

首先，旅游业发展不仅需要大量的政府服务人员、导游人员等直接为游客服务的服务人员，还需要相关行业大量间接为游客服务的各种人员。因而，旅游业可以为当地居民提供大量就业机会，增加个人和集体经济收入，提高地区经济。

其次，发展旅游业还必须发展各种为游客服务的基础设施。如道路、水电、通信等，因而旅游业可促进当地各种基础设施的建设和完备，为经济发展创造有利条件，并改善和提高当地居民的生活环境。

再次，旅游业的发展必然使旅游者对日用工业品、农副食品、手工艺品等方面的需求不断增加，因而有利于促进地区工业、手工业，尤其是商业的发展繁荣。

最后，旅游业还可以增加地区税收，有利于当地社会经济建设和发展。

7.3.1.2 旅游业对国民经济的不利影响

旅游对国民经济有可能产生的不利影响如下。

(1) 引起物价上涨

由于旅游者收入水平较高或他们为旅游而进行长期积蓄，其消费能力一般高于旅游目的地的居民，因而他们出高价购买食、宿、行及以旅游纪念品为代表的各种物质商品，由此难免会引起旅游目的地的物价上涨。而这必然的结果是直接损害当地居民生活的经济利益，特别是在引起衣、食、住、行等生活必需品价格上涨的情况更是如此。

此外，随着旅游业发展，地价迅速攀升。很多国家的大量事实证明，在某些最初来访旅客不多的地区兴建旅馆时，对土地的投资只占全部投资的百分之一；但当这一地区旅游业发展起来后，新建旅馆的地皮投资很快上升，占全部投资的百分之二十，由此而造成的地价上涨，显然会影响到当地居民的住房建设与发展。

(2) 产业结构发生不利变化

在原先以农业为主的国家或地区，由于从事旅游服务人员的工资所得高于务农收入。因此常使大量劳动力放弃农业活动而从事旅游业。

这种产业结构不正常变化的结果是：一方面旅游业的发展扩大了对农副产品的需求。另一方面出现的农副产品价格上涨压力，但农副业产出能力下降，并有可能影响到旅游地的社会安定和经济发展。

(3) 影响国民经济的稳定

一个国家或地区不宜主要依靠旅游业来发展自己的经济，主要有以下几点原因。

① 消遣度假旅游的季节性变化。作为现在与未来旅游的变化趋势，休闲度假已逐渐成为游客旅游活动中的主要组成部分之一，而休闲度假式旅游产品很大程度上存在着需求的季节性明显特点。虽然需求方面的这种季节性变化有时可通过旅游业的努力加以减轻，但毕竟不可能完全消除，因而若旅游接待国或地区在把旅游业作为主要产业甚至是支柱产业，淡季时不可避免地会出现劳动力和生资料闲置或严重失业问题，从而给接待国或地区带来严重的经济问题和社会问题。

② 旅游者需求的变化。旅游需求在很大程度上取决于客源地居民的收入水平、余暇时间和有关旅游的流行时尚，而这些都是旅游接待国或地区所不能控制的。如果客源地出现经济不景气，其居民外出旅游的需求势必会下降，接待地区很难保住和扩大市场。

此外，一旦客源地居民的旅游偏好发生变化或转移，会选择新旅游目的地，从而使原接待地区的旅游业衰落或出现至少相当长一段时间的萧条。

③ 旅游地各种因素的影响。在受到旅游接待地区难以控制的政治、经济、社会、自然等各种因素影响时，旅游需求会大幅度下降，旅游业乃至整个经济都将严重受挫造成严重的经济和社会问题。如中国曾出现的 SARS、禽流感等危机。

7.3.2 旅游业在社会环境中的作用

7.3.2.1 旅游业对社会环境的积极影响

现代旅游业迅速发展对人类社会和环境的影响不容忽视，具体内容如下。

(1) 旅游业对旅游接待国（地区）社会的积极影响

影响主要包括：第一，旅游是积极的人民外交活动。在国际旅游方面，由于，旅游是不同国家、不同宗教、不同种族及不同生活方式的人民之间直接交往的手段，因而有助于增进国际间的了解，加强国与国之间的和平友好关系。此外，旅游业也是接待国在国外树立本国形象的有效手段。第二，可以促进民族文化的保护和发展。旅游业活动的开展，需要使当地独具特色的传统文化、手工艺品、风俗习惯等得到恢复和开发，一些历史建筑得到维护和管理，这些遗产都成为当地独特的旅游资源，它们不仅吸引着众多旅游者，对当地人民也有很大的影响。第三，推动科学技术的交流和发展。旅游是进行科学研究和技术传播与交流的重要手段之一。除了以科学考察为目的的旅游以外，许多主观上出于其他目的的旅游，在客观上也起到了传播和交流知识、技术的作用。旅游使旅游目的地与其他国家或地区人民友好往来。对促进经济、文化、科技合作具有积极作用。此外，旅游业活动的发展还不断地对科学技术提出新的要求，尤其是在交通运输工具、通信以及旅游服务设施设备方面，从而推动了有关领域科学技术的发展。

(2) 旅游业对旅游接待国（地区）环境的积极影响

影响主要包括：第一，促进环境保护工作力度加大。为了造就和维护良好的旅游环境吸引游客前来访问，旅游接待国（地区）必须要重视环境保护工作，从而使自然风光、珍稀动植物和人文景观得到一定程度的有效保护。第二，促进基础设施改善和环境改造。为适应旅游业发展需要，接待国（地区）还需不断完善基础设施，新的服务设施和娱乐设施也会有所增加。所有这一切都改善了当地人民的生活环境，方便了人民生活。

7.3.2.2 旅游业对接待国（地区）社会环境的消极影响

(1) 旅游对旅游接待国（地区）社会的消极影响

影响主要包括：第一，对社会行为的影响。旅游者在旅游过程中不可避免地将自己的生活空间相对缩小，将自己的价值观、道德标准等带到旅游目的地，对旅游接待国（地区）产生潜移默化的影响，尤其私利性的一面会迅速蔓延。第二，干扰当地居民正常生活。旅游者的大量涌入也会给当地居民的生活带来不便，特别是在旅游目的地的综合接待能力有限的情况下，会干扰当地居民的正常生活。

（2）旅游对旅游接待国（地区）环境的消极影响

影响主要包括：第一，环境破坏。旅游者的大量涌入，造成旅游目的地人口拥挤、交通阻塞，使当地人民的生活空间相对缩小，有意或无意间对当地居民的生活环境造成破坏。第二，环境污染。旅游开发本身就意味着带来对自然环境与人文环境的某种程度的破坏与污染，尤其旅游业过度发展更是造成对社会环境的最大威胁。有关部门如果不从宏观上和微观上严格控制，其环境污染的后果将难以挽回。

旅游业发展会带给社会多方面的影响，应当正确认识并采取相应积极措施，发挥旅游业对经济、社会、环境的积极作用，抵制和最大限度地减少其消极影响，让旅游业健康稳步地不断发展。

7.4 旅行社

7.4.1 旅行社的产生与发展

19 世纪 40 年代，人类历史上第一家旅行社的产生是当时经济、科技和社会分工发展和近代商品生产、商品交换长期发展的结果。

① 工业革命的成功为旅行社的产生奠定了物质基础。18 世纪中期，始于英国并迅速扩展到欧洲大陆及北美地区的工业革命，极大地提高了社会生产力，改变了当时世界的经济结构和社会面貌。随着铁路的兴建与发展，不仅节省了旅行费用和旅途时间，而且在铁路沿线出现了不少供过往行人膳宿用的客栈、旅馆、餐馆等服务企业。这在客观上为旅行社赖以生存与发展的旅游服务供给网络的形成提供了前提保障。

② 旅游需求普通化和社会化的形成为旅行社的产生提供了现实的可能性。工业革命加快了城市化进程，改变了人们原有的工作和生活方式，使人们产生了回归自由、回归大自然的要求，也就产生了旅游动机。由于人们对旅游经验的缺乏，如民俗禁忌、旅游常识、货币兑换等，使许多人急切希望有一个专业化的旅游服务机构为其提供便利。

③ 市场经济的发展为旅行社的产生创造了必要的社会条件。随着市场经济的发展，伴随着各类有形贸易的往来，出现了以服务为主体的无形产品交易活动，尤其是人们对以消遣为主要目的的旅游产品的需求急剧上升，导致了旅行社的产生。

在以上条件综合作用下，在 1845 年，世界首家专门从事旅行代理业务的企业——托马斯·库克旅行社在英国问世，并取得了巨大成功。随后，欧洲大陆和世界其他国家也纷纷成立许多类似的旅游企业，极大地促进了旅游业的发展，并形成了一个新的行业——旅行社业。

7.4.2 旅行社的定义与经营业务注册

7.4.2.1 旅行社的定义

为了加强对旅行社的管理，保障旅游者和旅行社的合法权益，维护旅游市场秩序，促进旅游业的健康发展，我国国务院于 1996 年以第 205 号文正式颁布了《旅行社管理条例》（以下简称《条例》），该《条例》适用于中华人民共和国境内设立的旅行社和外国旅行社在中华人民共和国境内设立的常驻机构（以下简称外国旅行社常驻机构）。

该《条例》指出，旅行社是指"有营利目的，从事旅游业务的企业"。其中所称的旅游业务是指"为旅游者代办出境、入境和签证手续，招徕、接待旅游者，为旅游者安排食宿等有偿服务的经营活动。"

按照国家旅游局发布的《旅行社管理条例实施细则》，"凡是经营上述旅游业务的营利性企业，不论其所使用的具体名称是旅游公司，还是旅游服务公司、旅行服务公司、旅游咨询公司等其他称谓，都属于旅行社企业。"

7.4.2.2 旅行社的业务经营注册

旅行社企业为许可经营行业，旅行社经营旅游业务，应当报经有权审批的旅游行政管理部门批准，领取《旅行社业务经营许可证》（以下简称许可证），并依法办理工商登记注册手续。未经旅游行政管理部门审核批准并取得许可证的，不得从事旅游业务。

《条例》第二条规定，"外国旅行社在中华人民共和国境内设立的常驻机构"是指经由国家旅游局审批，外国旅行社在中华人民共和国境内设立的常驻旅游办事机构。该办事机构只能从事旅游咨询、联络、宣传等非经营性活动，不得经营招徕、接待等旅游业务，包括不得从事订房、订餐和订交通客票等经营性业务。

在我国必须同时具备旅游行政管理部门审批并获取《旅行社业务经营许可证》、以营利为目的、从事旅游业务这三个基本条件的企业，才可称为旅行社。这进一步明确了旅行社与非旅行社的标准。如果某组织既未经旅游行政管理部门审批，又未获取《旅行社业务经营许可证》，而从事以营利为目的旅游业务活动，则可被确定为在违法经营旅游业务。

7.4.3 旅行社的分类与业务经营内容

7.4.3.1 国外的旅行社分类与业务经营内容

按照旅行社业务经营范围，国外旅行社主要分为：旅游批发商、旅游零售商和旅游经营商三种类型，每种旅行商经营的业务内容有所不同。

（1）旅游批发商

旅游批发商是以从事旅游商品的批发业务为主，兼有旅游商品生产活动的旅行社。它与旅游经营商的区别在于旅游经营商除生产和销售旅游商品外，一般还要带团旅游，指导旅游者消费旅游商品，有些批发商甚至不从事旅游商品生产活动，只批发旅游商品。美国的旅游批发商和旅游经营商两个概念区别不大，经常混用。

（2）旅游零售商

旅游零售商相当于旅游代理人，是指专门代售旅游商品，提供各种旅游代办服务的旅行社。其业务范围包括：代理旅游商品，代订饭店客房、交通票、保险、出租车服务以及代购各种文娱票等。有的还受其他旅行社委托，在目的地承担一些地面接待任务。旅游零售商代售旅游商品时，一般按旅游经营商规定的价格出售。他们为客人提供各种代办服务时，不收取代办手续费，其经济收入是从代办额中领取一定比例的佣金。

（3）旅游经营商

旅游经营商主要从事旅游商品的生产和销售活动，他们从饭店和交通企业等旅游服务的生产者那里购买单项服务，然后把它们组合成包价旅游商品，出售给旅游批发商、零售商或直接卖给旅游者。由于经营商大批量购买旅游服务，所以能从生产者那里获得各种优惠和折扣，因此，其包价旅游商品的成本和售价较低，从而使购买这一商品的旅游者和生产这一商品的经营商都能从中受益。

7.4.3.2 国内的旅行社分类与经营业务内容

1996 年国务院颁布《条例》前，我国曾将旅行社分为一类旅行社、二类旅行社和三类旅行社三个类别。其规定：一类旅行社从事对外招徕和接待海外游客来中国内地旅游，二类旅行社从事接待出一类旅行社和其他涉外部门组织来华的海外游客，三类旅行社从事国内旅游的经营业务。

2001 年对颁布的《条例》进行了修订，旅行社划分为国际旅行社和国内旅行社两类。

（1）国际旅行社经营业务

国际旅行社经营业务主要有：入境旅游业务、出境旅游业务和国内旅游三部分，具体内容如下。

① 招徕外国旅游者来中国，华侨归国及中国香港地区、中国澳门地区、中国台湾地区同胞回内地旅游，为其安排交通、游览、住宿、饮食、购物、娱乐及提供导游等相关服务。

② 招徕我国旅游者在国内旅游，为其安排交通、游览、住宿、饮食、购物、娱乐及提供导游等相关服务。

③ 经国家旅游局批准，招徕、组织中华人民共和国境内居民到外国和中国香港地区、中国澳门地区、中国台湾地区旅游，为其安排领队及委托接待服务。

④ 经国家旅游局批准，招徕、组织中华人民共和国境内居民到规定的与我国接壤国家的边境地区旅游，为其安排领队及委托接待服务。

⑤ 经批准，接受旅游者委托，为旅游者代办入境、出境及签证手续。

⑥ 为旅游者代购、代订国内外交通客票、提供行李服务。

⑦ 其他经国家旅游局规定的旅游业务，未经国家旅游局批准，任何旅行社不得经营中华人民共和国境内居民出境旅游业务和边境旅游业务。

（2）国内旅行社经营业务

国内旅行社只能经营国内旅游业务，具体可经营下列业务。

① 招徕我国旅游者在国内旅游，为其安排交通、游览、住宿、饮食、购物、娱乐及提供导游等相关服务。

② 为我国旅游者代购、代订国内交通客票、提供行李服务。

③ 其他经国家旅游局规定的与国内旅游有关的业务。

7.4.4 旅行社的性质与作用

根据 2001 年的《条例》，旅行社是指"有营利目的，从事旅游业务的企业"。其中的旅游业务，是指"为旅游者代办出境、入境和签证手续，招徕、接待旅游者，为旅游者安排食宿等有偿服务的经营活动。"它是沟通旅游产品生产者与消费者的重要流通环节，是通过提供中间服务获取收益的中间商企业。

7.4.4.1 旅行社的性质

（1）旅行社是旅游中间商

旅行社以旅游为经营对象，是介于旅游产品生产者与旅游消费者之间具有法人资格的经济组织，扮演着将旅游供给与旅游需求相连接的中间商角色。即一方面将相关旅游生产部门生产的旅游产品或产品组合出售给游客（这些服务也可由生产者直接出售），另一方面向游客提供出游和出游过程中所需要的各种服务。

由于旅行社不直接生产旅游产品，只预售生产部门生产的旅游产品服务，并帮助游客完成一次完整的旅游活动中的各种服务,因此对于个人或团体外出旅游,通过旅行社购买的各种产品服务,如预订机票、客房或一次完整的旅游过程,一般是一种相对便宜和方便的选择。

旅行社作为中间商,其业务内容主要有以下三个:第一,组合和销售旅游产品。根据旅游市场需求,组合适销对路的旅游产品是旅行社的一项重要业务。所谓组合,是将旅游过程中所需要的交通、食宿、景区(点)和有关服务组成一条旅游线路或旅游项目。然后通过各种渠道在旅游市场上销售,招徕人们购买。所以,旅行社既是旅游产品的生产者,又是旅游产品的经营者。第二,接待业务。人们购买了旅行社组合的旅游产品后,旅游产品的生产和销售并未完成,只有当游客到旅游目的地进行实地消费后,旅游产品的价值才最终得以实现。这是由旅游产品的生产和消费的同时性决定的。所以,旅行社的另一主要业务是接待游客,即为旅游者安排食宿、游览景点、旅游中的交通运输以及导游服务等。第三,代办业务。旅行社根据游客的委托,为其办理订房、订餐、订票、托运物品以及出、入境和签证手续等。

由以上三方面的业务内容,决定了旅行社兼旅游批发商,旅游经营商,旅游零售商三者合一的多重身份,因此游客购买旅行社产品较个人购买可获得更多的实惠。

(2)旅行社是通过提供旅游中介服务获取收益的企业

旅行社是以营利为目的的企业,是自主经营、自负盈亏、自我约束和自我发展的经济实体,通过旅游业务的经营,向游客提供有偿服务以实现营利,以维持其生存和发展。旅行社通过设计加工旅游线路、组合旅游产品,为旅游者提供中介服务而获取利润。旅行社的利润主要来自作为中间环节的批零差价和来自作为提供代理服务的佣金。

7.4.4.2 旅行社在旅游业发展中的作用

旅行社的出现,标志着旅游活动进入了新的发展阶段,它将原来分散的、个别进行的旅游活动进一步社会化,把旅游需求者和旅游经营者连接起来,是旅游产品的生产者、旅游信息的提供者和游客接待服务的供应者三者集于一身的中间商,极大地促进了旅游业的发展,成为旅游业传统意义上三大支柱之首,具有不可替代的地位和作用。

旅行社的作用有以下三个方面。

① 旅行社是连接旅游需求与旅游供给的纽带,在旅游产业结构链中处于主导地位。旅游活动的异地性使旅游需求与旅游供给容易脱节,旅行社则是旅游产品经营者与旅游者间沟通的桥梁,将各个旅游经营者的分散的产品组合成一次性购买的商品提供给旅游者。所以,旅行社的介入打破了地区上的局限性,解决了旅游产品经营供给者与旅游需求者两者链接中不可缺少的中间商环节,从而也确定了其在旅游产业结构中的主导地位。

② 旅行社是旅游产品最主要的销售渠道。旅游业中的交通运输部门、以旅馆为代表的住宿部门及其他旅游服务部门,虽然也直接向旅游者出售自己的产品,但其相当数量的产品则要通过旅行社销售给旅游者。在现代大众化旅游、客源量大的情况下,旅游者则通过旅行社了解和购买旅游目的地的各项旅游产品。因此旅行社已成为旅游业最主要的旅游产品销售渠道。

③ 旅行社的纽带作用,方便了旅游者的旅游活动,促进了旅游业的发展。首先,旅行社把旅游者需要的多种服务集中起来,从而方便了旅游者的购买;其次,旅行社在旅游者动身之前就可预订有关服务,从而保证旅游行程的顺利进行;再次,旅行社提供的服务要比旅游者自己直接购买便宜方便,而且旅行社设计的产品比旅游者自己设计的旅游线路质量更高。

7.4.5 旅行社的经营与管理

旅行社的管理实行统一领导、分级管理的原则，由各级旅游行政管理部门负责对旅行社进行监督和管理。国家旅游局及国家旅游局授权的省、自治区、直辖市旅游行政管理部门负责管理中央一级单位设立的国际旅行社、全国性旅行社集团和外国旅行社常驻机构。省、自治区、直辖市旅游行政管理部门负责管理省、自治区、直辖市一级单位在省会城市设立的国际旅行社。其他旅行社由所在地旅游行政管理部门负责管理。

《条例》要求设立旅行社时不仅应具备相应的条件，还应当按规定交纳旅行社质量保证金（以下简称质量保证金）。设立国际旅行社应当具有持有国家旅游局颁发的《旅行社经理任职资格证书》的总经理或副总经理1名、部门经理或业务主管人员3名和取得会计师以上职称的专职财会人员；应当具备营业足够的营业用房、传真机、直拨电话、计算机等办公设备和业务用汽车等场所和经营设施。设立国内旅行社应当具有持有国家旅游局颁发的《旅行社经理任职资格证书》的总经理或副总经理1名、部门经理或业务主管人员1名和取得助理会计师以上职称的专职财会人员；应当具备的营业场所和经营设施与国际旅行社相同。《条例》对旅行社经理任职资格等也做出了明确规定。

一些省级地方旅游局与省级质量技术监督局，为改变同一条旅游线路的报价相差无几的情况，把旅游消费者引向信誉好的旅行社，出台了由1A至5A等级划分与评定旅行社的标准，并在三年期限内享用，每两年复核一次，对不达标准的旅行社，视情节轻重给予签发警告通知书、降低和取消等级的处理。如2008年7月安徽省通过了《安徽省旅行社等级划分与评定标准》的评审。

7.5 旅游饭店

7.5.1 旅游饭店的概念

目前旅游学术界和实践部门对旅游饭店的称谓还不统一，有酒店、宾馆、饭店、旅馆、大厦、公寓、度假村、度假山庄、度假俱乐部、会所等称呼，我国南方地区习惯于称"酒店"，而北方地区则更习惯于称"饭店"。英语称谓也有多种，如hotel、motel、inn、guesthouse、tourist、resort、lodge、house等名称。这些不同称谓反映了不同部门不同类型住宿设施的个性特色。本书以我国国家旅游局常用的称谓，即旅游饭店（hotel）的名称来代表以上各种称谓。

饭店（hotel）一词源于法语，原意指贵族在乡间招待贵宾的别墅。现在，hotel已成为一个国际性概念，其含义也发生了深刻的变化。国外的一些权威辞典曾对饭店做过如下定义。

① 《科利尔百科全书》："饭店是给公众提供住宿、膳食和服务的建筑与机构。"

② 《牛津插图英语辞典》："饭店是提供住宿、膳食而收取费用的住所。"

③ 《大不列颠百科全书》："饭店是在商业性的基础上向公众提供住宿，也往往提供膳食的建筑物。"

④ 《美利坚百科全书》："饭店是装备好的公共住宿设施，它一般提供膳食、酒类与饮料以及其他服务。"

上述定义显示，作为饭店，应具备以下四个条件。

① 它是由建筑物及装备好的设施组成的接待场所。

② 它必须提供住宿、餐饮及其他服务。

③ 它的服务对象是公众，主要是外地旅游者，同时也包括本地居民包括某些有特殊身份或阶层的人及广大的百姓消费者。

④ 它是商业性服务企业，以盈利为目的，其使用者要支付一定费用。

基于以上认识，可将饭店定义为：饭店是以接待型建筑设施为依托，为公众提供食宿及其他服务的商业性的服务企业。

旅游业发达国家，国内、国际旅游发展平衡，饭店遂无对内、对外之分。在中国，曾出现旅游涉外饭店这一特有的概念。所谓旅游涉外饭店是指经有关部门批准，允许接待外国人、华侨、港澳台同胞的饭店。随着中国旅游业的蓬勃发展，中国的饭店无论是硬件还是软件，其整体水准均得到普遍提高，尤其是国内旅游的迅速崛起，国内旅游者已成为绝大多数饭店消费的主体，因而，旅游涉外饭店的概念也发生了变化。

1997 年修订后发布实施的中华人民共和国《旅游涉外饭店星级的划分与评定》中，将能够接待观光客人、商务客人、度假客人以及各种会议的饭店统称为旅游涉外饭店。因此，本书所指的旅游饭店亦沿用此概念。

7.5.2　旅游饭店在旅游业中的作用

旅游饭店是旅游综合接待能力的重要组成要素之一，其作用可以体现为以下几点。

① 旅游饭店是旅游业发展的重要物质基础。国际上，通常把反应一个国家或地区发展旅游业物质基础的饭店规模、数量和服务水平的高低，作为衡量该国或该地区旅游业发展水平和接待能力的重要标志。实践证明，经济发达的国家，其旅游业物质基础厚实，发展水平较高，其饭店业也很发达。

旅游饭店不仅是较为理想的食宿场所，还为广大旅游者提供文娱、社交、购物、保健的物质条件。尤其是高等级旅游饭店，可以满足旅游者高消费的需求，其本身也是一项有强大吸引力的旅游资源。

② 旅游饭店是旅游者得以完成旅游活动的重要依托。在旅游活动的六大要素中，饭店不仅为旅游者提供满足了其旅游过程中维持生命和消除疲劳的"住"、"食"的基本生活要求，又为旅游者创造了"购"、"娱"等方面的休闲、享乐的条件，成为游客顺利完成旅游活动的重要依托和保障。

③ 旅游饭店是国家或地区获取旅游收入、吸收外汇的重要渠道。饭店在旅游经济收益方面的作用不可小视。首先，现代饭店具有集住宿、餐饮、娱乐、美容美发、保健、社交、购物等于一体的综合服务设施。其次，饭店舒适的消费环境使服务项目收费较高，所以，饭店是旅游业经济收益的一个重要渠道，其营业收入往往在旅游业总收入中占有相当的比重。例如，2006 年我国星级饭店 12751 家，全年营业收入总额为 1482.86 亿元，而除交通以外的全国旅游企业 38147 家，全年营业收入总额为 3443.26 亿元，饭店全年营业收入占除交通以外的全国旅游企业的 43.07%。饭店还是海外旅游者下榻的主要场所，因此，它又是吸收外汇的重要之地。

④ 旅游饭店是创造社会就业的重要途径。饭店业是一个劳动密集型的行业，其工作主要依靠员工向客人提供面对面的手工劳动服务，因而需要较多员工，所以，饭店的增加可以为社会提供大量的就业机会。据国外资料表明，饭店每增加一间客房，可直接为社会提供就

业机会 1.5 人，创造间接就业机会 2.5 人，总计 4 个人。饭店已成为社会就业的重要渠道。

7.5.3　旅游饭店的类型

旅游饭店种类很多，从不同角度，主要有以下七种分类方法，如表 7-1 所示。

表 7-1　不同分类方法下的旅游饭店类型

分　类　方　法	饭　店　类　型
根据饭店的规模大小	大型饭店、中型饭店、小型饭店
根据住客的特点	商务型饭店、度假型饭店、常住型饭店、会议型饭店
根据饭店的计价方式	欧式计价饭店、美式计价饭店、修正美式计价饭店、欧陆式计价饭店、百慕大计价饭店
根据饭店的坐落地点	城市饭店、胜地饭店、海滨饭店
根据同交通工具或交通设施的关系	汽车旅馆、铁路饭店、机场饭店、港口饭店
根据使用者逗留期的长短	中转旅馆、目的地饭店
根据经营管理方式划分	独立饭店、连锁饭店、三资饭店

（1）根据饭店的规模大小划分

根据饭店的规模大小划分为大、中、小三种类型的饭店。

① 小型饭店是指客房在 300 间以下的饭店。这类饭店由于规模较小，设施建设受到一定限制，因而在提供综合服务能力上较弱。但是客人比较容易受到家庭式的服务和照顾，尤其只有几十间客房的饭店，家庭式服务更为周到。

② 中型饭店是指客房在 300～600 间的饭店。这类饭店设施相对比较齐全，能够为客人提供较为舒适、方便的各项服务，是一般旅游者理想的下榻之所。

③ 大型饭店是指客房在 600 间以上的饭店。这类饭店各项设施和服务都相当齐全，除客房和餐饮设施外，一般都设有健身设施、康乐设施、歌舞厅、各种规格的会议厅、多功能厅等。大型饭店虽在宣传招徕方面具有较强的竞争优势，但是所承担的风险也较大。

（2）根据住客的特点划分

根据住客的特点划分为商务型饭店、度假型饭店、常住型饭店、会议型饭店等。

① 商务型饭店。主要是为商务旅行者提供住宿、饮食和商业活动及有关设施的饭店。饭店多位于城市中心和交通发达地区。设施齐全，服务项目较多，档次较高，为了满足商务所需。饭店首先考虑完整的商业活动设施和通信系统，如各种规模的谈判室、传真、投影机、打印机、复印机等。此外还注重康乐中心、健身房和游泳池等设施，以满足商务客人的休闲需要。

② 度假型饭店。主要是为度假旅客提供住宿、餐饮、娱乐和各种交际活动的饭店。饭店多位于海滨、山城景区或温泉附近，交通比较便利。度假型饭店除提供一般性饭店所应有的一切服务项目外，还具备多种娱乐设施，以满足客人休息、娱乐和健身等方面需求。

③ 常住型饭店。主要是接待常住商务客人和度假客人及其家庭成员。饭店要求常住客人先与饭店签订协议书或合同，写明居住时间和服务项目。有的常住型饭店提供正常的客房和餐饮服务，有的只提供住宿，而不提供客房和餐饮服务。

④ 会议型饭店。其主要客人是各种会议团体，专门为举行各种商业、贸易展览及科学讲座等会议服务。饭店一般设在大都市、政治经济文化中心或交通便利的游览胜地。它要求饭店有较大的公共场所及会议设施，如大小规格不等会议室、展览厅或多功能厅等。饭店除

具备相应的住宿和餐饮设施外，还必须配备会议设备，如投影仪、录像设备、扩音设备、先进的通信、视听设备等。早期的会议型饭店规模较小，从 20 世纪 60 年代中期开始，会议型饭店受到重视，并有了较快发展。近几年，商务型饭店和度假型饭店开始打入会议型饭店市场，使得两者之间界限难以分清。

（3）根据饭店的计价方式划分

根据饭店的计价方式划分为欧式计价饭店、美式计价饭店、修正美式计价饭店、欧陆式计价饭店和百慕大计价饭店。

① 欧式计价饭店是指其房价仅包括房租而不含餐饮费用的饭店。国际上大多数饭店都采用这种计价方式，我国饭店也一般采取这种方式。

② 美式计价饭店是指其房价包括房租和一日早、中、晚三餐费用的饭店。这种计价形式曾一度被度假饭店普遍采用，随着交通的发展，客人流动性增强，这种计价方式已逐渐被淘汰。目前，只有少数偏远度假饭店还在沿用。

③ 修正美式计价饭店是指其房价包括房租和早餐以及一顿正餐（午餐或晚餐）费用的饭店。修正美式计价方式又被称为"半包餐"报价，其好处是一方面为客人提供了白天出外活动的自由，另一方面又为饭店带来了较为稳定的收益。

④ 欧陆式计价饭店是指其房价包括房租和一份简单早餐（咖啡、面包及果汁）的饭店。欧陆式计价方式又被称为"床位连早餐"的报价，它较多地被不设餐厅的汽车饭店所采用。

⑤ 百慕大计价饭店是指其房价包括房租和一顿西式早餐的饭店，此种计价方式受到商务旅游者的欢迎。

（4）根据饭店的坐落地点划分

根据饭店的坐落地点划分分为城市中心饭店、风景区饭店等。

① 城市中心饭店。一般是当地人商务、政治与社会活动的中心，其特点与前文所述的商务型饭店相同，此处不再赘述。

② 风景区饭店。风景区饭店位于风景区内、山城或海滨地带。其特点与前文所述的度假型饭店相同，此处不再赘述。

（5）根据同交通工具或交通设施的关系划分

根据同交通工具或交通设施的关系分为汽车饭店、铁路饭店、机场饭店、港口饭店等。

① 汽车饭店。汽车饭店是随着高速公路的发展而诞生的一种饭店，一般位于高速公路沿线，饭店大部分面积主要用于客房和停车场的建设上，娱乐设施较少。最初的汽车旅馆只不过是路边的简易住所，仅能向驾车旅行的人提供最基本的服务。后来，许多汽车旅馆为了吸引顾客，都增加了娱乐设施和项目，包括旅游池等。

② 铁路饭店。指位于火车站附近，为铁路乘客暂时停留而提供食宿服务的饭店。客人一般在铁路饭店停留的时间较短，为一天左右。

③ 机场饭店。机场饭店所以得名，是因为它位于机场附近。机场饭店最初主要是为飞机乘客暂时停留而提供食宿服务的。客人一般在饭店停留的时间都在一天左右。随着航空事业的发展，航空公司开始利用自己的优势介入饭店业，机场饭店逐渐发展。航空公司不仅在机场附近建立了许多饭店，并且在许多大城市内建有饭店系统，它将旅游与交通结合在一起，成为饭店业竞争中的一支重要力量。

④ 港口饭店。指位于港口附近，为在港口暂时停留的客人提供食宿服务的饭店。

（6）根据使用者逗留期的长短划分

根据使用者逗留期的长短分为如中转旅馆、目的地旅馆等。

① 中转旅馆。指为旅游者提供中转休息服务的旅馆饭店，大多位于交通枢纽或交通沿线，如汽车饭店、铁路饭店、机场饭店和港口饭店。客人逗留时间为一天左右。

② 目的地旅馆。指位于旅游目的地的旅游饭店。其特点与风景区饭店相同。

（7）根据饭店企业形式划分

根据饭店企业形式分为独立经营饭店、饭店公司、饭店自联组织、饭店企业集团四种类型。

① 独立经营饭店。指由个人或企业、组织独立拥有并经营的单个饭店企业，国际饭店业中就饭店数量而言，绝大部分属于独立经营饭店，约占总量的80%，并主要集中在欧洲和北美。

由于独立经营饭店均为小型企业，就客房数而言，独立经营饭店的房数仅占全球饭店业客房总数的30%。

② 饭店公司。指由多个饭店组成的专业饭店公司，一般都拥有一个或多个品牌，同时采用各种不同经营方式，因此又称为联号饭店或连锁饭店公司。

③ 饭店自联组织。指由大批独立拥有、独立经营的饭店企业出于营销等共同目的而自愿参加组成的饭店联合组织，目的是对抗大饭店公司的竞争。

④ 饭店企业集团。指同时经营本公司品牌饭店及其他品牌饭店，并从事其他行业经营的公司，实际上是一种联合大公司或多种经营的公司。此类公司，近年来通过收购与兼并其他公司而达到规模迅速扩张，改变了国际饭店业的面貌。

7.5.4 旅游饭店的分级与评定

7.5.4.1 旅游饭店的分级

为控制国家旅游产品质量，维护国家作为旅游目的地的对外形象和保护消费者利益，各国都很重视饭店等级的评定工作。在资本主义国家，由于社会经济制度原因，饭店的等级一般由饭店行业组织或者由消费者代表（例如旅行社和出租汽车司机组织）进行评定。在社会主义国家和很多发展中国家，由于其饭店多为国有企业，国家旅游组织多为政府部门，直接干预旅游业的权力较大，所以多由国家旅游组织负责组织对饭店的分等定级工作。

（1）等级划分的一般标准

各国对饭店等级的划分不一，有的划分为五个等级，有的划分为七个等级。在饭店等级的表示方法方面，有的以星号的多少表示，有的则以数字等级表示。但较为流行的划分和标定方式是以星号（★）表示，即一星、二星、三星、四星、五星，共分为五个等级。不采用星号标定饭店等级的国家，在将本国饭店同国际上饭店进行对比时，也往往说明大致相当于几星级饭店。

按星级划分饭店等级的一般标准如表7-2所示。

（2）等级划分内容

在评定饭店等级时，各国在饭店的建筑、客房面积、设施设备条件、管理水平、服务项目和服务质量等具体方面有详细而明确的规定（参见《中华人民共和国旅游（涉外）饭店星级标准》）。

考核饭店等级时要从其"硬件"（设施设备）和"软件"（服务和管理）、服务项目的数量和提供服务的质量等多方面同时评定。其中包括：设施和设备；服务项目和服务质量；餐饮产品质量；客人的满意程度；外界的印象。

表 7-2　星级饭店划分标准

星　级	设备水平	要　求
一星	设备简单	提供食、宿两项最基本的饭店产品,能满足客人基本的旅行需要,设施和服务符合国际流行的基本水平
二星	设备一般	除食宿基本设施外,还设有简单的小卖部、邮电、理发等便利设施,服务质量较好
三星	设备齐全	有多种综合服务设施,服务质量较高
四星	设备豪华	服务设施完善,服务项目健全,服务质量优秀
五星	设备顶级	饭店的最高等级,其设备、设施、服务项目设置和服务质量均为世界饭店业的最高水平

有些国家在考核饭店等级时,还要考察其每年支出的维修费用。例如在美国,饭店要保持其豪华等级,每年必须拿出盈利的 5% 用于维修工作;三星和二星级饭店将每年盈利的 3% 用于维修工作;一星级饭店每年支出的维修费用则须占其年利润的 1.5%。

7.5.4.2　等级评定

（1）等级评定原则

饭店等级的评定工作一般实行以下原则:参加等级评定的饭店必须要有一年以上的营业历史;一个饭店的等级应通过多次调查后才能评定;饭店等级的高低通常不受规模大小的限制;评定后的等级并非永久不变,根据对其执行标准的检查结果,可予更改。

（2）等级评定程序

我国对涉外饭店星级评定工作始于 1998 年。根据国家旅游行政管理部门制定的《中华人民共和国旅游（涉外）饭店星级标准》,对饭店建筑、装潢、设备、设施条件和维修保养状况、管理水平和服务质量高低、服务项目多寡等方面进行全面考核,综合平衡后按一星、二星、三星、四星、五星划定等级。

国家旅游局设饭店星级评定机构,负责全国涉外饭店星级评定领导工作,并具体负责评定全国三星、四星、五星级饭店。

各省、自治区和直辖市旅游局亦设评定机构,在国家旅游局领导下,负责本地区涉外饭店的星级评定工作,并负责评定本地区内一星和二星级饭店,评定结果报国家旅游局备案;对本地区内三星级饭店进行初评后,报国家旅游局确认,并负责向国家旅游局饭店星级评定机构推荐四星、五星级饭店（详细情况请参见《中华人民共和国评定旅游涉外饭店星级的规定》）。

7.5.5　国外饭店形成与发展的四个时期

纵观饭店的形成与发展,主要分为以下四个时期。

① 古代客栈时期。在西方,客栈时期一般指 12 世纪至 18 世纪这一漫长的历史时期,是随着商业活动的发展,旅行和贸易的兴起逐渐发展起来的。古代客栈的客人大多是旅行的传教士、信使和商人。

由于当时交通方式主要是步行或乘马车,因而客栈多位于路边或驿站附近。其特点是设备简陋,仅提供基本食宿,服务项目少,质量差,不安全,声誉也较差,被认为是低级行业。

② 大饭店时期。随着古代客栈的发展,其设施越来越先进,服务越来越周到,规模越来越大。

到 19 世纪中叶,在欧洲出现了以"饭店"命名的住宿设施。1829 年在美国波士顿落成的特里蒙特饭店，富丽堂皇，洋洋大观，为整个新兴饭店确定了明确的标准，被称为世界上第一家现代化饭店。特里蒙特推动了世界各地现代饭店的蓬勃发展，这一时期被称为大饭店时期。饭店的客人主要是贵族度假者、上层阶级和公务旅行者。

由于此时的交通工具主要是火车、轮船，因而饭店多建于铁路沿线和海港附近。其特点是规模大、设施豪华、服务正规，有一定接待仪式和礼貌礼节。

③ 商业饭店时期。商业饭店时期，是以 20 世纪初世界最大饭店业主——美国埃尔斯沃斯·米尔顿·斯塔特勒（Ellsworth Milton Statler）建造的饭店为开端的。斯塔特勒针对当时由于活跃的经济和快速交通发展而出现的商务旅行者急剧的增加，对价格低廉、方便舒适的住宿设施需求量增大这一市场需求，创造了为一般平民所能负担的价格水平、却提供最佳服务的新型饭店理念，开创了饭店业发展的新时代，促进了饭店业的发展，这一时期被称为商业饭店时期。饭店的客人主要是商务公务旅行者。

由于这一时期交通工具主要是汽车和飞机，因而饭店大多位于城市中心和公路边。其特点是设施方便、舒适、洁净、安全，服务健全但较简单，价格合理，经营方向开始以顾客为中心。

④ 现代新型饭店时期。第二次世界大战后，观光旅游大众化使旅游市场发生了需求多样化的重大变化，这意味着饭店市场的扩大。饭店功能也呈现日益多样化，此期间形成了饭店集团并得到极大发展，这一时期称为现代新型饭店时期。

这一时期，饭店的客源来自大众旅游市场，因而多位于城市中心、旅游胜地、公路边或机场附近。其特点主要是规模不断扩大，饭店集团占据着越来越大的市场，饭店类型多样化，服务项目综合化，功能齐全化。

7.5.6 我国饭店业的发展

在 1978 年实行改革开放后，我国饭店业才真正发展起来。

（1）改革开放前缓慢发展时期

1978 年前，我国有条件接待来访外宾的饭店不过百十家，为数很少。其中不少是解放前遗留下来的老饭店，此外则是解放后为接待来访的外国政府官员、华侨及来华工作和学习的外国专家、学者和学生而兴建的国宾馆、华侨饭店和高级招待所。这些接待设施虽有很多冠以"饭店"、"宾馆"的名称，但管理上基本属招待所性质。

（2）改革开放后迅猛发展时期

1978 年以后，为改变我国涉外饭店数量不足、床位供不应求、设备陈旧落后状况，各地先后对原有涉外饭店接待设施进行更新改造，并以内资和引进外资形式兴建起一大批现代化的饭店。旅游饭店业发展至今，已基本形成按市场经济规则运行的局面。自 1991~2005 年，我国星级饭店的数量逐年递增，发展速度迅猛，2007 年我国星级饭店数量是 1991 年的近 7 倍，年平均增长率为 13.03％，如图 7-1 所示。

1978 年以来，旅游饭店业发展除数量上的变化大以外，还表现在以下方面的显著变化：设施、设备不断现代化；管理工作软件手段不断先进化；服务质量不断标准化；饭店工作人员素质不断提高等。

（3）旅游饭店业发展中的不足

1978 年以来，我国饭店业在建设和经营管理方面取得了巨大成就，但也存在着一些问题。理论上，饭店的建设应当先于来访游客人数的增加，即对入住游客人数的增加，饭店接待能力稍有过剩是必要的和正常的。同时应注意到，饭店业只是旅游业的一个组成部分，其发展速度和规模应和旅游业各组成部分的接待能力相协调，因此饭店业的发展速度要适宜，

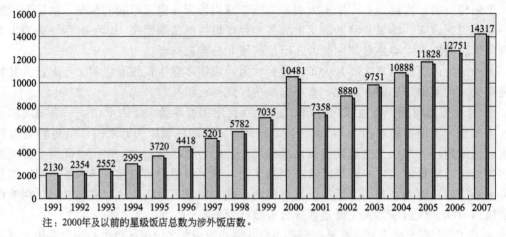

注：2000年及以前的星级饭店总数为涉外饭店数。

图 7-1 1991～2007 年我国星级数量变化 单位：个

其分布要合理，其等级要适应需求，其建筑风格要与周围环境相匹配等。以上这些方面，我国饭店业的发展和建设都在不同程度上反映出一些问题。

① 饭店建设发展速度方面。有些地方存在着过热或过快建设现象，使得酒店的客房数量供大于求，造成人力、物力、财力的浪费。同时存在饭店建设布局欠合理现象，表现在旅游旺季期间，旅游热点城市的饭店客房短缺问题仍然存在，而有些城市，饭店客房的供给量却大大超过了游客的需求。

② 饭店等级方面。有些地方出现了饭店建设档次偏高、档次构成不合理的现象。饭店建设片面追求高档的倾向，给不少饭店带来了客源紧张、入住率低、亏损严重的局面。

③ 饭店建设的选址、建筑风格与景观环境相协调方面。我国近年来新建饭店多为高层建筑，在人口稠密的现代化大城市中尚可，但旅游景区中如只从地价及管理方面考虑自己的得失而一味追求高层式建筑，则会构成对旅游环境及旅游景观的破坏。一旦旅游环境和旅游景观遭到破坏，饭店的入住率将受到严重影响。此外，目前我国很多饭店在管理和服务方面距国际水准仍有一段差距。

7.6 旅游交通

7.6.1 交通与旅游交通的定义

交通运输业是从事旅客和货物运输及语言和图文传递的行业，包括运输和邮电两个方面。交通运输由交通网络、交通设施和配套的交通服务共同构成，在国民经济中属第三产业，是社会发展的重要基础条件，是国民经济的命脉，可沟通各区域之间、各部门之间的流动渠道，是连接生产者与消费者的重要载体。

运输有铁路、公路、水路、航空和管道五种方式，邮电包括邮政和电信两方面内容。交通是使物质实体和人类本身实现地理位置移动的工具和手段。

旅游交通属交通运输业管辖，是交通运输业的重要组成部分，是一种为旅游者提供直接或间接交通服务所产生的社会和经济活动，实现为旅游者由客源地到目的地的往返及在目的地各处进行旅游活动的空间位置移动的交通设施及服务。除解决旅游者的空间移动外，还间接担负着为旅游者增添旅行游览乐趣，丰富旅游经历等。

旅游交通与公共客运运输关系密切，但目前仍有不同之处。旅游交通是解决游客旅游活动其间的中间介体，公共客运交通工具是解决城市、城市与乡村、乡村与乡村间人们生活的中间介体。两者区别在于，公共客运交通服务包括所有公众，其中还有需外出旅游的人，而旅游交通狭义的只包括参与旅游的人。因此广义的交通运输业服务包含了旅游和非旅游的所有人，而旅游交通仅是服务于狭义层面上的人——旅游者。旅游交通是因旅游业的兴起而发展，随着旅客对高速、安全、舒适的旅游交通运输需要而迅速增长。旅游交通正在发展成为一个新兴的经济部门。

7.6.2　旅游交通在旅游业中的作用

交通运输业对旅游业的发展有着十分重大的影响，旅游业发展的历史和实践证明，它的发展同交通运输业的发展有着非常密切关系，现代旅游业之所以有今天的规模，其旅游活动范围之所以能遍及世界各地，一个重要原因就在于现代交通运输的快速发展，没有现代化的旅游交通业，旅游业的发展将缓慢得多。

旅游交通在旅游业中的作用表现在以下几方面。

① 旅游交通是旅游者完成旅游活动和旅游业产生并发展的先决条件。旅游者外出旅游，首要必须解决从居住地到旅游目的地的空间转移，其次选取耗时最短、交通费用最少、最舒适的旅游交通工具，是旅游者完成旅游活动的先决条件。

旅游业的发展历史证明交通的发展起着十分重要的作用。19 世纪初火车、轮船等现代交通工具的发明，直接导致了近代旅游业的产生；第二次世界大战后，喷气式飞机，尤其是大型宽体客机的普遍使用，大大地缩短了游客的空间距离，节省了旅行时间和费用，推动了大众旅游时代的到来。因此，旅游交通业是旅游业产生和发展的先决条件。

② 旅游交通能促进旅游区的兴起与发展。旅游业是依赖旅游者来访而生存和发展的产业。只有旅游者能够光临并大量涌入组成旅游业的各企业部分，旅游业的各类设施和服务才能真正发挥作用，实现它应有的使用价值和经济价值。因此一个地方旅游业发展很大程度上取决于该地由旅游交通业带来的可进入性。

交通方面的可进入性主要表现在能否进得去、散得开、出得来。一个旅游区与内、外部交通衔接越好越发达，可进入性就越强，从而促进旅游资源的开发，旅游景区的发展，具备吸引众多旅游者的条件也越成熟。世界上所有旅游热点地区之所以成为热点，除其本身具备的优质旅游资源外，十分重要的就是交通的通达性。

③ 旅游交通是旅游收入和旅游创汇的重要来源。在旅游活动中，食、住、行三项费用是旅游者最基本的旅游消费，旅游业收入的大部分主要来自这三项活动的费用。旅游交通服务是旅游者在旅游过程中使用最为频繁的服务，一些具备行车条件的旅游景区，旅游交通是缓解游客体力、创造旅游经济价值较容易的行业。尤其对远距离旅游，如国际旅游，其交通费用所占的比重就更大，因而交通费用的收入在旅游业总收入中占有相当大的比重。

国际旅游业务方面，根据我国旅游统计年鉴提供的数据，自 1997～2006 年这十年间，我国旅游外汇收入构成中，来自长途交通和市内交通服务的外汇收入占当年旅游外汇收入总额的比重均在 25.26%～33.37% 之间，由于统计一个国家或地区的国际旅游收入时一般不包括旅游者从定居地至目的国的国际间往返交通费，所以如果从旅游者一次旅游的全部消费构成来看，交通费用在其中所占的比重就更大了，如图 7-2 所示。

据调查，欧美地区游客来我国旅游，其交通费用的支出（包括国际间往返交通费、在我

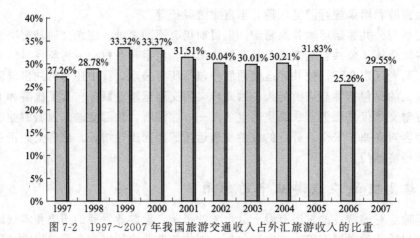

图 7-2 1997～2007 年我国旅游交通收入占外汇旅游收入的比重

国旅游期间的城市间交通费和市内交通费）要占其来华旅游全部费用的一半以上。

④ 旅游交通是一种重要的旅游活动形式，丰富了旅游活动的内容。旅游交通不仅仅是人们到达目的地的一种手段，同时也可作为人们旅游活动的形式之一，发挥其无可替代的作用。人们乘坐交通工具，如乘船游湖、游江，乘车游览野生动物园等，边行走、边欣赏的旅游活动形式，完成了静态景观向动态景观的转化；一些富有挑战性、刺激性的水上漂流等旅游交通工具，及突出地方特色和民族风格的交通工具，甚至现代化高度运转的交通工具，给游客带来增添旅游活力的效果和体验到参与性运动项目的刺激感。

7.6.3 旅游交通的特点

旅游交通作为一个交叉性产业，与国民经济交通运输业有许多共同之处。但作为一个相对独立的产业有其自身的特点。

（1）游览性

旅游交通具有较强的游览性，这是它与其他公共交通的显著差别。

首先，旅游交通一般只在旅游客源地与目的地间进行直达运输，在旅游目的地内若干景点之间进行环状运输，使旅游者迅速到达，便于游览。

其次，旅游交通线路尤其是公路和水运线路一般会连接若干景区，或经过风景优美、风情浓郁的地区，旅游车船多带有宽大玻璃窗和可调坐椅，便于旅游者在旅途中领略沿途风光。

再次，某些特殊形式的旅游交通工具本身就是游览工具。如具有民族特色的羊皮筏、画舫，具有地方风格的滑竿等交通工具，能满足人们求知、求乐、求异、求奇的心理，对旅游者具有很大吸引力。

（2）舒适性

旅游交通运输工具更强调舒适性。不论旅游列车，还是旅游车船交通工具，在车厢设施、服务质量、服务项目、服务环境等方面，较一般交通运输工具的舒适性高。

（3）季节性

由于旅游本身具有较强的季节性，使得旅游交通具有明显季节性变化特点。旅游旺季时，旅游客流骤增，旅游淡季时，旅游客流骤减。这种季节性变化给旅游交通经营带来季节性经济收益不平衡、运力组织、人员调配等方面的难度。

（4）区域性

旅游资源的分布不均导致旅游活动具有很强的区域性，旅游交通线路根据旅游流的流向、流量、流时和流程等因素，分布在资源集中的旅游客源地与目的地之间，以及旅游目的地内各热点旅游集散地之间，具有明显的区域性特点。

此外，旅游交通作为一种特殊的服务工具，与其他公共交通一样，具有无形性、不可储存性、生产与消费的同时性等特征。

7.6.4 旅游交通的类型

根据交通线路和交通工具的不同，旅游交通基本分为铁路、公路、水路、航空和特种交通五种基本类型。

7.6.4.1 铁路交通

铁路交通形成于19世纪初，是游客常规使用的旅游交通工具。1825年由英国史蒂文森负责建造的世界第一条铁路诞生后，由于其运载量大、除特殊天气灾害外一般不受天气条件影响、经济效益显著等优点，使世界发达国家纷纷建铁路。1850年，世界就有19个国家建成铁路开始投入营业。随着火车的发展和改进，1879年，德国的西门子研制了世界上第一台电力机车。1905年美国通用电气公司制造了世界上第一台内燃机车。新型机车的使用，大大提高了铁路运输效率。1950年，全世界100多个国家地区有了铁路。但自20世纪20年代后，公路和航空的突起，构成了对铁路交通运输业的威胁。20世纪60年代以后，铁路运输进入发展最缓慢阶段，如何改善设施、提高火车轨道质量和技术水平，研制高速列车是世界铁路运输面临的共同问题。20世纪70年代以后，世界上的发达国家先后研制成功高速列车。随着世界经济的快速发展，包括城际间的高速列车在内，纷纷成为拉近与知名城市旅游地交通、经济、旅游等距离的有效手段之一。

铁路交通对旅游发展有重大的影响，并成为近现代各国游客旅游空间位移方式的基本形式之一。铁路交通与其他旅游交通方式相比具有运送游客运载量大、费用低、受气候和季节的影响较小、连续性强、耗能少、安全系数大等优点。但也存在着灵活性差、建设投资较大、占用土地较多、工程浩大、年限长及短途运输成本高、耗能大等缺点。因此其运载量与十分方便的公路交通以及运行速度快的航空业间形成了明显的竞争态势，客源量有下降的迹象。

7.6.4.2 公路交通

1885年，德国人K·本茨发明了内燃机作动力的汽车，标志着现代公路交通运输的诞生。19世纪至第一次世界大战结束，是世界公路运输的创立阶段，汽车的数量少，公路里程有限，公路运输仅为铁路和水上运输的辅助手段。第二次世界大战期间，是现代公路运输的发展阶段。20世纪30年代出现了高速公路，此时汽车质量提高，公路质量也提高很快，汽车不仅从事短途运输，而且在长途客运方面也成为铁路与水上运输的竞争对手。第二次世界大战以后，发达国家已建立起比较完善的现代化公路网，其中高速公路占有相当比例。自1933年世界第一条高速公路以后，世界许多国家出现了高速公路，大大提高了公路运输效率，为旅游者缩短了旅途所需时间。同时随着汽车制造技术的提高和生产速度的加速，高速公路为私人汽车数量猛增提供了有利条件，许多国家的人利用私人汽车外出旅游，既方便又自由。在私人汽车发展的同时，乘旅游汽车旅游也得了普遍推行。1959年，联邦德国巴伐利亚的乔治·汉尔脱发明了流动旅馆汽车，类似大型拖车，后来又出现了双层流动旅馆汽车，它们十分适合长途旅行。美国、澳大利亚等国还出现了旅游大篷车、宿营车等新型旅游专用车，往返于各个旅游景点之间，丰富了公路旅游交通种类。

公路交通是目前世界上中、短距离最受欢迎的交通方式；汽车是国内私家车旅游、国外发达国家家庭必备的交通工具，是外出办事与旅游度假的物质基础。

公路交通具有机动灵活、方便、舒适，能随时停留，任意选择旅游点等优点。尤其在发达国家，汽车普遍进入家庭，高速公路密集成网，许多人多使用家庭汽车在国内或邻近国家旅游。公路交通的缺点是运量小、耗能大、安全系数低，但污染程度高。

7.6.4.3 水路交通

轮船客运单纯地作为旅游交通方式，由于速度慢、时间长等缺点已被航空、公路、铁路运输所替代。目前的水运交通以游轮、游船等方式为主，它们也正在改变着传统的运营方式。

1807年，美国人罗伯特·富尔顿把蒸汽机应用于内河船"克莱蒙特号"，从而发明了世界上第一艘蒸汽帆船。1960年，喷气式飞机普遍应用以前，蒸汽机船一直是民用远洋运输的主要交通方式和旅游者使用最繁忙的交通工具。

1896年，英国人帕森斯发明了汽轮机船；20世纪初，柴油机船以效率高和油耗低而问世，随着造船技术的普遍提高，世界上交通运输蓬勃发展，30年代末，出现了"玛丽皇后"号、"伊丽莎白皇后"号、"诺曼蒂"号等大型豪华客船。到40年代末柴油机船一直是水上运输的重要工具。第二次世界大战期间，柴油机船取代了蒸汽机船，并在一定程度上替代了汽轮机胎，世界船舶运输业进入柴油机时代。第二次世界大战后，航空运输迅速崛起，一直是国际间主要交通的水上交通业开始走入低谷。

20世纪60年代后，随着国际旅游业兴起，许多船舶公司迫于生计放弃了传统的定期班轮航线，转向经营灵活的游船业务，使游船从单一海上空间移动工具转变为集住宿美食、娱乐、休养和观赏于一体的海上浮动旅游胜地。尤其是豪华游轮旅游的出现，因其设施齐全、食宿方便、行动自由、生活舒适的环境和一路美轮美奂、漂浮变化的动态活化旅游景观，深受游客喜爱，并逐步替代传统意义上仅作为单一运载方式的枯燥旅程。豪华游轮一改常态的水上旅游方式，使度假形式的海上巡游很快发展起来，并受到现代快节奏生活人们的追捧。其优点是悠闲舒适，在游程中可在不同地点登岸游览，又可回船休息，既免除了寻找旅馆的麻烦，又可不误一路上想游玩的旅游目的地，对于大山相连的区域，一条水上黄金旅游线，不失为省时省力的俱佳旅游方式，所以深得游人喜欢。通常，这种游船比较豪华，价格昂贵。

水运交通按构成又分四种，即远程定期班轮服务、海上短程渡轮服务、游船服务和内河客运服务。

7.6.4.4 航空交通

世界上第一架飞机1903年由美国莱特兄弟试制成功至今已有90多年历史；1919年2月，德国开办了柏林—魏玛的民用航线，这是世界上第一条民用定期的航线；1919年3月，法国在巴黎—布鲁塞尔之间开通了世界上第一条国际民用航线。

1949年后，英国、苏联、美国研制出了第一代喷气式飞机。20世纪60年代末至70年代初，第二代喷气式飞机诞生，无论其机型还是飞机性能都为以前任何飞机不能比拟。因此，从60年代起，飞机就成为国际和国内长途旅游的重要交通工具。

一个国家或地区的航空运输能力和机场吞吐量，是衡量其国际旅游发展水平的一个重要标志。航空交通在各种交通运输方式中历史最短、发展最快。世界民航每年以10%的增长率迅速发展，这主要是由于航空交通的速度快，不但极大地节省了人们外出旅游的时间，大大缩减了游客的心理距离，同时让游客舒适旅途环境中享受优质的服务项目。还有重要的是，世界全球化经济发展，使发展中国家经济增长，个人经济水平普遍增长较快，市场需求旺盛，因此航空交通成为远距离旅行的主要交通方式。

航空客运主要有定期航班服务和包机服务两种。定期航班服务是在既定的国内或国际航线上按既定的时间表提供客运服务；包机服务是一种不定期的航空包乘服务，没有固定的时间和固定航线，一般根据游客需要随时调整服务时间。航空运输最大的自身缺点是受限于大气、气候影响大，其次只能完成由点到点的旅行等。

7.6.4.5 特种交通

特种旅游交通，指为满足旅游者某种特殊需求而产生的交通方式，除了为旅游者提供空间位移服务之外，还具有自身的特殊性。按其功能，特种旅游交通可分以下几类。

第一类，用于景点、景区或旅游区内的专门交通工具，如观光游览车、电瓶车等。

第二类，在景区或景点内的某些特殊地段，为了旅客安全或节省体力而设置的交通工具，如缆车、索道、渡船等。

第三类，带有娱乐、体育性，并带有辅助老、残、病、幼旅游者游览观赏性质的旅游交通，如轿子、滑杆、马匹、骆驼等。

第四类，带有探险性质及在特殊需要下使用的交通工具，如帆船、热气球、直升机等。

7.7 旅游景区（点）

7.7.1 旅游景区（点）的定义

"旅游景区（点）"是一通俗的称谓，有以下几种不同的定义。

广义定义：任何一个可供旅游者或来访游客参观游览或开展其他休闲活动的场所都可以称为旅游景区（点）。这种场所的地理概念可小可大，小可以小到一座历史建筑、一处名人故居、一所博物馆等；大可以大到一个旅游景区，例如我国杭州的西湖风景区、美国的大峡谷、肯尼亚的野生动物保护区等。

2003 年 10 月 28 日中华人民共和国国家质量技术监督检验检疫总局发布《旅游景区质量等级的划分与评定》（修订）中华人民共和国国家标准 GB/T 17775—2003 中（以下简称国标），将"旅游景区"（tourist attraction）定义为：旅游景区（点）是以旅游及其相关活动为主要功能或主要功能之一的空间或地域。该国标中"旅游景区"是指具有参观游览、休闲度假、康乐健身等功能，具备相应旅游服务设施并提供相应旅游服务的独立管理区。该管理区应有统一的经营管理机构和明确的地域范围。包括风景区、文博院馆、寺庙观堂、旅游度假区、自然保护区、主题公园、森林公园、地质公园、游乐园、动物园、植物园及工业、农业、经贸、科教、军事、体育、文化艺术等各类旅游景区。

以上所述旅游景区（点）的概念范围过于宽泛，有可能误导人们将旅游资源与旅游景点混为一谈。

作为旅游业各部门为其服务的主要对象，所谓旅游景区（点），是那些由某一组织或企业对其行使管理的旅游景点，即有明确界线同外界相隔并有固定的出入口，对游人的出入行使有效控制的游览点或参观点。所谓明确的界线，是指该景点的区域范围或圈以围墙，或设以栅栏，或借助某种天然条件（如河流、山沟等难以逾越的自然屏障）形成的边界，从而使人们不能随便出入。

对于这种有管理的旅游景区（点），国际旅游学术界有人将其定义为：旅游景区（点）是指"专为来访公众参观、游乐和增长知识而设立和管理的长久性休闲活动场所"。这一定义强调了旅游景区（点）所应具备的以下几个特点。

① 专用性。旅游景区（点）是指定的用来供游人开展上述各类休闲活动的场所。这种专用性的指定或出于商业性决策，或出于政府有关部门的公益性决策。

但不管出于哪一种决策，旅游景区（点）的上述职能都是不可改变的，如发生改变，则不再属于旅游景区（点）。例如，工厂、学校、乡村和部队军营也都可供旅游者参观或游览。特别是军营，属军事管辖区，具有保密性等特殊性，不可列为旅游景区（点），因此现今不少军事要地（如雷达站、军营驻守地等）内，旅游资源只能束之高阁，得不到开发、利用与保护，只有那些职能是专供游人参观、游览或开展其他休闲活动的场所方可称为真正的旅游景区（点）。

② 长久性。旅游景区（点）都必须有其长期固定的场址，并利用这一场址发挥其固有职能。

长久性主要是用以同那些没有固定场址的旅游吸引物区别开来，例如某时某处临时举办的展览、娱乐活动、流动演出及民间盛会等，由于此类旅游吸引物有其不同的管理层，并且没有长期专用的固定场址，因而不能列入旅游景区（点）行列，特别是未被正式旅游部门批准经营管理的旅游景区（点）更是如此。

③ 可控性。旅游景点必须能够对游人出入行使有效控制与管理，否则只能算一般的公众活动区域。

这一定义下的旅游景点并非仅限于对来访游人收费的旅游景点，也包括有行使管理权限但对游人实行免费开放参观的旅游景点，后者多见于政府部门和社会团体出于社会公益目的而兴办和管理的参观、游览场所，如博物馆、城市公园、爱国主义教育基地等。

需要说明的是，目前世界各国绝大多数旅游景点都实行购票入内的做法。纯商业性的旅游景点旨在通过门票收费去补偿其全部运营成本并获取利润。对于由政府部门和社会团体兴办的旅游景点，有些是旨在通过门票收费去补偿其流动费用而非建设投资，有些则仅仅是为了减少有关方面所支付费用的补贴。总之，不论出于上述何种目的，旅游景点管理的发展趋势是实行门票收费，而不是免费参观游览。

7.7.2 旅游景区（点）在旅游业中的地位

构成旅游景区（点）的基础是当地的旅游资源。在很多情况下，旅游景区（点）往往是展现当地旅游资源精华的场所。因此，旅游景区（点）在目的地旅游业中的地位同旅游资源的地位同样重要。

简言之，在旅游业中，人们对交通运输和饭店产品的需求基本上属派生性需求。因为在一般情况下，几乎没有哪个旅游者是为了乘坐某种旅游交通工具或者是为了住某个饭店而进行旅游的，所以交通运输产品和饭店产品对旅游者的来访起着一种支持或保证的作用。

相比之下，景区（点）产品对旅游者的来访则起着一种激发或吸引的作用。旅游者之所以去某地访问，从根本上是受该地旅游资源吸引和自身精神享受需要。作为旅游资源的重要组成部分和典型体现，人们对景点产品的需求也就构成了基本性需求。正是在这个意义上，同旅游业中其他行业的服务产品相比较，作为旅游资源的代表，景点产品在目的地旅游业整体产品构成中居于中心的地位。

7.7.3 旅游景区（点）的类别

旅游景区（点）的类别多样，一般而言，对其类别划分主要有以下几种。

7.3.3.1 按设立性质划分

按设立性质可划分为纯商业性的旅游景点和公益性的旅游景点两种。前者指投资者完全是出于营利目的而建造或设立的旅游景区（点），因而这类旅游景区（点）纯属企业性质。后者指政府部门和社会团体出于社会公益目的而建造或设立的旅游景区（点），这类旅游景点中虽然多采用收费准入的管理方法，但收费的目的不是营利，更不是为了借以回收其建设投资。

7.3.3.2 按景点依赖的吸引物的形成因素划分

按景点依赖的吸引物的形成因素可划分为自然旅游景点和人文（或人造）旅游景点。前者的吸引物属大自然的赋予，后者的吸引物或为人类历史遗产或为现代人为产物。

7.3.3.3 按其展示内容丰富程度划分

按其展示内容丰富程度可划分为单一性的旅游景区（点）和集合性的旅游景区（点）。前者指仅有一项参观游览内容的旅游景区（点），如某一历史建筑或人类遗址、名人故居等。后者指由多项参观游览内容共同构成的一个旅游景区（点）。

7.3.3.4 按景区（点）内容和表现形式划分与等级划分

（1）按景区（点）内容和表现形式划分

本划分方法是中外最为常见的做法，根据这类标准，旅游景区（点）主要包括以下八种主要类别。

① 古代遗迹（ancient monuments），尤指挖掘出土和加以保护的古迹。例如古城防建筑、古墓葬等。我国西安的半坡遗址、秦俑坑，北京周口店猿人遗址古墓葬展览馆等都属这类景点。

② 历史建筑（historic buildings），指以历史上遗留下来的各种建筑物为主要游览内容而设立的旅游景区（点）。这些建筑物包括历史上遗留下来的城堡、宫殿、名人故居、庙宇寺院、历史民居等。

③ 博物馆（museums），博物馆的系列十分庞大。其中可分为两大类：一类是以特定收藏品为展示内容的博物馆，例如中外的各种科学博物馆、历史博物馆、军事博物馆、交通运输博物馆等；另一类则是以特定场址为展示内容的博物馆，例如我国的故宫博物院、美国的殖民地时期威廉斯堡博物馆、英国的铁桥堡博物馆等都属此类。另外，博物馆还可按其收藏品来源范围进行划分，例如国家博物馆、地区博物馆、地方博物馆。

④ 美术馆（art galleries），美术馆多数以收藏和展览历史或传统个人（主要是名人）美术作品为主。

⑤ 公园和花园（parks and gardens），指以具有特色的自然环境和植物景观为主要内容的旅游景区（点），例如国家公园、自然保护区、著名的花园和园林等。

⑥ 野生动物园区（wildlife attractions），指以观赏野生动物为主要活动内容的旅游景区（点），例如动物园、水族馆、观鸟园、天然动物园、蝴蝶庄园等。

⑦ 主题公园（theme park），这类旅游景区（点）多为以某一中心主题为基调而兴建的大型人造游览娱乐园区，以美国迪斯尼世界最为著名。我国北京的世界公园、深圳的世界之窗和锦绣中华等旅游景点都属此类。

⑧ 早期产业旧址（industrial archeology site），指那些在已经遗弃的早期工矿产业旧址

基础上形成的旅游参观景区（点），主要使参观者了解当地早期的社会生产和技术状况。例如早期的采矿业、纺织业、铁路运输业以及运河码头等旧址。

此外，在转产、萧条的工矿企业旧址上，经改造、加工形成的新景观、娱乐旅游景区（点），是目前废物利用形成的旅游景区（点），具有变废为宝，节约资源的优点，深受政府和游客喜爱。

（2）不同管理部门按景区（点）内容对旅游地的等级进行划分

我国不同旅游景区（点）归各自不同行政部门管理，他们为对其管辖的旅游景区（点）进行更好的有效管理与激励，分别进行了不同的等级划分，主要有以下几方面。

① 住房与城乡建设部门。该部门是我国最早以"风景名胜区"命名旅游地的管理部门。1982 年批复我国最早的第一批国家级风景名胜区 44 家。现有 187 家省级、市（县）级风景名胜区，则由相应级别建设部下属行政机构给以界定。

② 旅游局行政管理部门。旅游局一直监管着各类旅游地。为区分旅游地在资源、建设与服务上的差异，按质量将旅游地评为 A 级到 AAAAA 级。

根据 2003 年发布 GB/T 17775—2003《旅游景区质量等级的划分与评定》（修订）将旅游景区（点）按质量等级从高到低依次划分为 AAAAA、AAAA、AAA、AA、A 级旅游景区。

根据《风景名胜区条例》第八条，风景名胜区划分为国家级风景名胜区和省级风景名胜区。自然景观和人文景观能够反映重要自然变化过程和重大历史文化发展过程，基本处于自然状态或者保持历史原貌，具有国家代表性的，可以申请设立国家级风景名胜区；具有区域代表性的，可以申请设立省级风景名胜区等。

③ 文化文物行政管理（文化部）部门。我国是历史悠久的文明古国，拥有极为丰富的文化遗产。文物是文化遗产的重要组成部分，蕴含着中华民族特有的精神价值、思维方式、想象力，体现着中华民族的生命力和创造力，因此是重要的旅游资源，文物保护单位也是重要的旅游景区（点）。

根据《中华人民共和国文物保护法》第三条，古文化遗址、古墓葬、古建筑、石窟寺、石刻、壁画、近代现代重要史迹和代表性建筑等不可移动文物，根据它们的历史、艺术、科学价值，可以分别确定为全国重点文物保护单位，省级文物保护单位，市、县级文物保护单位。历史上各时代重要实物、艺术品、文献、手稿、图书资料、代表性实物等可移动文物，分为珍贵文物和一般文物；珍贵文物分为一级文物、二级文物、三级文物。

④ 宗教部门。我国宗教部门的寺院众多，是一项重要的旅游资源。针对众多的佛教寺院，将其划分为全国重点开放寺院、省级重点开放寺院、市级重点开放寺院等。

有的旅游地中仅有一个宗教派系，有的则由于历史原因同时存在若干宗教派系集一个旅游景区的现象。如：长江中下游地区著名的世界级旅游景区——江西省的庐山，将六大派系宗教（道教、佛教、基督教、天主教、伊斯兰教、东正教）集一山，为国内外少有。

⑤ 国家园林绿化部门。森林公园由国家林业局批准设立，划分为国家级森林公园、省级森林公园、市县级森林公园及城市园林绿地广场、小区绿地等休闲旅游场所等。

1982 年，我国第一处森林公园——湖南张家界国家森林公园被国家林业部门批准建立。据不完全统计，截至 2005 年我国森林公园总数已达 1540 处，其中国家级森林公园 503 处。各级地方性森林公园更是数不胜数，尤其随着"让森林走进城市、让城市走进森林"理念的深入人心，打造园林式家园、园林式旅游景观的浪潮正后浪推前浪的发展着。

⑥ 度假区。度假旅游区的建立，国外源于欧洲阳光、海水、沙滩三 S 旅游的大力盛行，

最早出现于第二次世界大战后的夏威夷。其中西班牙为著名的度假旅游胜地,据《开放与传播》杂志 1998 年数据显示,西班牙的年接待外国旅游者 4100 多万人次,国际旅游年收入达 280 多亿美元。据世界旅游组织 1998 年统计数据显示:西班牙的国际旅游接待位居世界第三,旅游外汇收入居世界第二。而 2007 年,全球四大(法国、西班牙、美国、中国)入境旅游接待国中,西班牙位居第二。

国内度假旅游区的建立,源于 20 世纪的 1992 年为进一步扩大对外开放,开发利用中国丰富旅游资源,促进我国"旅游观光型"向"观光度假型"转变,加快旅游事业发展,中华人民共和国国务院决定在条件成熟的地方试办国家旅游度假区,鼓励外国和中国台湾、中国香港、中国澳门地区的企业、个人投资开发旅游设施和经营旅游项目,并对其实行优惠政策。由此,国家旅游局 1992 年确定了第一批以森林、以乡村、以优越环境而建立的各种类型国家级旅游度假区 11 个。为推进"观光度假型"旅游的发展与壮大,国家旅游局又将 1996 年的主题年口号确定为"度假休闲游"。目前国家级旅游度假区增至 12 个,其中第一批批复的国家级旅游度假区,已成为当今游客追逐时尚的主要去处。

2008 年中国休假制度的改革,是经济稍富裕人们 5+2(五天工作加两天休息)、两金五银(十一、春节两个黄金周,元旦、清明、端午、五一、中秋五个中短假)、带薪休假期间,调节身心的最佳选择之一。而个人经济状况的改善、时间的充裕和休闲时代的到来,都为"度假旅游区"的发展带来了机遇。因此,不同级别的"度假旅游区"发展是今后很长时段内不会凋零的旅游产品,应给予十分的关注。

⑦ 地质公园。地质公园,是中国乃至世界旅游业向个性化旅游方向纵身发展过程中,旅游业需求多样化的新生旅游产品。从中华人民共和国国务院和国土资源部于 2001 年 4 月批准的第一批 11 家国家地质公园名单至今,有着典型地质现象的不少旅游地,都在积极挖掘和开发具中国特色的地质公园。

2004 年 2 月 13 日联合国教科文组织宣布,中国 8 处(安徽黄山、江西庐山、河南云台山、云南石林、广东丹霞山、湖南张家界、黑龙江五大连池和河南嵩山)世界知名的旅游地正式被列入全球首批世界地质公园,标志着中国地质资源类型在世界的独特性和稀有性。截至 2008 年 1 月我国世界地质公园数量已达 19 处。

⑧ 世界遗产。中国的悠久历史文化使得留存至今有大量的文化遗存和特殊自然资源,使中国从 1987 年 12 月联合国教科文组织评定的第一批 6 个世界遗产旅游地至今,已有 37 项世界遗产旅游地遍布我国的东、中、西不同区域。

中国人民普遍注重保护环境、保护文化资源,热情高涨地积极寻找和开发、申报代表中国乃至世界旅游业发展最高级别的世界遗产,是人类的进步和世界可持续发展旅游业的需要。各级地方政府已形成了国家级、省级、市县级不同级别的遗产资源,为现代化的旅游业注入了新的发展机遇。

此外,还有文化部门、宗教部门等部门批复的各类旅游景区(点),给新兴的、发展旺盛的旅游业带来了前所未有的好势头。

7.7.4 旅游景区(点)的质量等级与划分

长期以来,我国旅游景区(点)的管理体制混乱、管理机制落后,无论是旅游景区(点)的开发与规划还是旅游景区(点)的建设与管理都亟待规范。因而,政策法规支持体系是否健全将直接影响到旅游景区(点)的发展。尽管许多省市已出台的旅游管理条例中都涉及旅游景区(点)内建设项目审批、规划、管理等方面的内容,但对旅游景区(点)的开发、管理、保护等仍需要一个国家级标准的政策法规。

1999 年我国第一部关于旅游景点质量等级方面的国家标准——GB/T 17775—1999《旅游区（点）质量等级的划分与评定》正式颁布，2003 年对其进行了修订，发布了 GB/T 17775—2003《旅游景区质量等级的划分与评定》（修订），该标准提出了我国旅游景区（点）质量等级划分的依据和方法、划分的条件及评定的基本要求，对我国旅游景区（点）的建设水平与管理水平的提高起到极大的推动作用。

修订后的新标准将旅游景区（点）的质量等级划分为五级，从高到低依次为 AAAAA、AAAA、AAA、AA、A 级旅游景区。旅游景区质量等级的标牌、证书由全国旅游景区质量等级评定机构统一规定。

旅游景区（点）质量等级的确定，依据"服务质量与环境质量评分细则"、"景观质量评分细则"的评价得分，并结合"游客意见评分细则"的得分综合进行。

由此可见，《旅游景区质量等级的划分与评定》国家标准是对旅游景区（点）旅游资源价值、硬件接待设施和软件服务水平的综合评定，不仅为旅游景区的建设管理提供了依据，而且为旅游者选择旅游目的地提供了坐标。

思 考 题

1. 旅游业的概念及构成间的相互关系，并简述你理解的旅游业内涵。
2. 简述旅行社在旅游业中的作用并比较中外旅行社类型划分的优缺点。
3. 简述旅游饭店在旅游业中的作用及等级划分方法。
4. 我国饭店业发展中的问题和可行的解决方法。
5. 旅游交通的作用和类别及各自的优缺点，并以你熟悉的旅游景区（点）拟设你认为的最佳旅游交通方式（或旅游交通线路）。
6. 简述旅游景区（点）的概念，在旅游业中的地位及其原因。

8 旅游市场

本章提示

　　旅游市场是指在一定的条件下对特定旅游产品有需要和欲望，愿意并能够通过交换来满足这种需要或欲望的现实的和潜在的人群综合体。从经济学的角度来看，旅游市场包括旅游产品消费者、旅游产品提供者、旅游市场客体和旅游市场中介四个组成部分。旅游需求具有多样性、层次性、关联性、季节性、伸缩性、可诱导性的特点。现代旅游发展状况和旅游市场规模一般用旅游人次、消费总额、过夜次数或停留天数等指标来衡量。第二次世界大战以后，国际旅游迅速发展，世界六大旅游市场展现出不同的规模特点。欧洲是世界上国际旅游最主要的目的地和客源地，其次是美洲，再次是东亚及太平洋地区。我国旅游业起步晚，1978年以来保持持续快速增长，形成了入境旅游、国内旅游、出境旅游三个市场相互驱动、相互补充的形势，奠定了我国旅游大国的地位。旅游市场营销是旅游经营者为满足旅游者的需要，并实现自身经营目标，通过旅游市场所进行的变潜在交换为现实交换的一系列有计划、有组织的活动。在营销计划实施中，可采用市场营销组合策略。

8.1　旅游市场概述

　　旅游业是以旅游市场为对象，为旅游活动创造便利条件并提供其所需商品和服务的综合性产业。旅游市场既是旅游企业营销活动的主体和开发对象，也构成了各种营销活动的运作平台。在市场经济条件下，任何一个旅游企业都在不断地与市场进行着交流，从市场获取需求信息，同时也把企业及与企业有关的产品信息向市场传播。旅游企业只有同市场保持密切的联系才能求得生存与发展。市场不仅是旅游企业生产经营活动的起点和终点，也是旅游企业生产经营活动成功与失败的评判者。

8.1.1　旅游市场的概念

　　"市场"一词多年来逐渐有了多重含义。按照它的本义，市场是买卖双方聚到一起交换其商品和服务的场所。在经济学家看来，市场是所有从事商品和服务交易的买者和卖者（的关系）的总和。因此，快餐市场就由许多卖者，如麦当劳和肯德基，以及所有的购买快餐食品的消费者构成。对于营销人员来说，市场指的是某种商品和服务的所有潜在的和现实的购买者。

　　在旅游业经营和旅游学研究中，人们通常用旅游产品的经常购买者和潜在购买者表示旅游市场，也称为旅游需求市场、旅游客源市场或客源市场。对旅游市场进行统计，可以从客源地客流方面进行统计，也可以从接待地接待方面进行统计。在某些特定情况下，旅游市场也可用于指旅游供给市场。这里我们采用如下定义：旅游市场是指在一定的条件下，对特定旅游产品有需要和欲望，而且愿意并能够通过交换来满足这种需要或欲望的现实的和潜在的人群综合体。

旅游市场的形成有如下几个条件：①存在具有购买意愿的人群，他们具有需要、期望，为购买旅游产品创造了基本条件和机遇；②要有一定的购买能力，能够实现愿望，即存在对旅游产品的现实需求；③要有购买的权利，对于个人来说，权利在个人，而在组织内部，这种决定权利是由一个人、若干人或集体来掌握，对购买就有不同的影响。

8.1.2 旅游市场的构成要素

从经济学的角度来看，旅游市场包括旅游产品消费者、旅游产品提供者、旅游市场客体和旅游市场中介四个组成部分。

① 旅游产品消费者。旅游产品消费者是指参与旅游产品交换的买方，即具有旅游意愿和出游条件，有能力实现旅游活动的游客，也就是旅游产品的最终使用者。

② 旅游产品提供者。旅游产品提供者是旅游产品的卖方，指具有独立的经济利益和自主决策权的经济法人。在市场经济条件下，它包括提供旅游产品和服务的企业、个人和其他社会组织，即旅游产品的生产者和供应者。在市场交换中，旅游中间商或其他中介机构也是卖方或代表卖方。

③ 旅游市场客体。旅游市场客体是指可供交换的旅游产品。包括各种有形的和无形的旅游资源、旅游设施、旅游服务以及旅游商品等，满足游客吃、住、行、游、购、娱的需求，使游客获得一种体验和经历。

④ 旅游市场中介。旅游市场中介是指通过营销和交换活动，连结旅游市场各主体之间的所有有形的和无形的媒介与桥梁。如营销价格、竞争、旅游信息、旅游服务、政策法规等，它们组成了旅游产品供应者之间、旅游产品消费者之间以及旅游产品供应者和旅游产品消费者之间的媒介体系，在旅游市场中起到促进和保障交换的作用。

8.1.3 旅游市场的特征

本书讨论的旅游市场主要指旅游需求市场或旅游客源市场。因此，这里主要从旅游需求角度总结旅游市场的特点。旅游需求，就是指在一定的价格水平下，旅游者愿意购买的旅游产品的质量和数量。旅游需求有着自身的特点。

（1）旅游需求的多样性

一方面，旅游者的年龄、性别、偏好等因素的差异性导致了旅游需求市场的多样性，为旅游经营者创造了多样化的市场空间。另一方面，旅游者需求受到政治、经济、文化、法律和自然等因素的影响，同样会表现出很大的差异性。无论从主观上还是从客观上看，旅游者需求都表现出多样性的特点。旅游企业在市场营销中必须分析目标市场旅游者需求的特点及发展趋势，以满足不同旅游者的不同需求。

（2）旅游需求的层次性

首先，由于旅游者收入水平和生活环境的不同，旅游者需求从客观上表现出一定的层次性。其次，即使是旅游收入水平较高的旅游者，也往往会因为自己的某种心理和行为方式而需要不同档次的旅游服务。随着旅游者消费心理的日趋成熟和个性化的不断成长，对多样化、多层次的结构性需求日益突现。因此，在旅游档次上要顾及多种需求，让更多的旅游者获得最大程度的满足，有效地增加其主动驻留时间，这些是旅游业发展需面对市场的必然选择。

（3）旅游需求的关联性

旅游需求在客观上是一种整体性的需求，是对各种不同的旅游产品和服务的组合需求，而且这种需求的实现要依靠多部门通力协作才能予以满足。从市场供求关系看，关联性产品的需求具有同向性。例如，饭店客房出租率的提高往往会启动餐饮部、会务中心、康乐等部门营业额和利润的相对增加。这一特点要求旅游企业经营者千方百计地增强产品的吸引力，开发出最具特色的产品。

（4）旅游需求的季节性

旅游市场的季节性表现在以下几个方面：①旅游目的地与气候有关的旅游资源在不同的季节其使用价值有所不同，如庐山的夏日是极佳的避暑胜地，哈尔滨冬季适宜开展冰雪旅游，这些旅游资源在特定的气候条件下其旅游价值较高于平日，会形成淡旺季的差异。②旅游目的地的气候本身也会影响旅游者观光游览活动。旅游者出游一般选择旅游目的地处于康乐性气温的时机，或春暖花开或秋高气爽。③旅游者闲暇时间分布不均衡也是造成旅游市场淡旺季的原因。旅游者一般利用节假日外出旅游，但世界各地人们的带薪假日的长短和时间是不一样的，因而不同时期客流量也有明显差异。旅游经营者根据旅游市场季节性的特点应有针对性地分析旅游淡旺季对策，尽量避免旺季接待能力不足、淡季设施大量闲置的现象。

（5）旅游消费需求的伸缩性

消费者的欲望、支付能力，以及外界商品的供应、价格、广告宣传、销售服务等都会影响人们的购买行为。一般地说，日常生活必需品伸缩性较小，而许多非生活必需品或中高档消费品，由于选择性较强，消费需求的伸缩性也就较大。在旅游业中，观光型旅游、娱乐型旅游、文化知识型旅游等需求弹性较大，旅游业经营者对这类产品一定要保证质量和合理的价格。而对于各种公务旅游和商务旅游、会议旅游等旅游需求，产品质量和价格对总需求影响较小，弹性较差。

（6）旅游需求的可诱导性

旅游需要是高层次的需要，旅游消费是在人们满足基本生活条件后的高层次消费，并且这种消费具有一定的时尚性，通过诱导可以激发人们旅游消费的欲望。旅游产品的消费是旅游者到旅游地的消费，另外，旅游产品主要是服务产品，而服务具有无形性和不可转移性的特点，因旅游者在购买之前对旅游产品缺乏全面的了解，容易受个人情感、广告宣传、亲朋好友的口碑等因素的影响，旅游地、旅游企业通过旅游营销活动，可以诱导和激发旅游需求，根据市场的具体情况，采取各种营销措施，激发旅游需求，创造旅游需求，诱导旅游需求，活跃旅游市场。

8.1.4 现代旅游发展状况和旅游市场规模的衡量指标

为了便于世界各国或地区间的相互比较，有效开展旅游市场的组织和旅游接待工作，对旅游发展状况、旅游市场规模和流量进行统计是必要的。因此，需要采用一些可以量化的衡量标准。目前，一般国家和地区所采用的衡量标准较为一致，主要是便于世界旅游组织作全面统计，以了解世界旅游现状和预测未来的发展趋势。现在所用的衡量指标主要有以下三种。

（1）以人次为单位衡量旅游市场规模或接待旅游者的数量

一些国家通过抽样调查分析，或根据外来游客在旅馆的住宿登记，测算某一时期内来访的外国旅游者人次。我国则是根据边防入境登记来统计某一时期入境旅游者数量的。但是应注意的是，无论采用上述哪一种方法，都难免出现统计误差。根据边防入境登记进行统计，势必会包括入境又当日出境的国际短程游览者，使旅游者数量偏大。根据游客住宿登记进行统计，则难免重复计算，使统计旅游者人次高于实际来访旅游人数。统计的是旅游人次，而不是来访旅游者人数，旅游人次数字一般比来访旅游者人数高。因此，如果两个国家或地区的统计标准和统计方法不同，则其统计结果是难以进行比较的。但尽管存在这样的问题，旅游人次仍是许多国家或地区衡量旅游市场规模和旅游接待情况的指标之一。

（2）以货币为单位，量化旅游者在某个特定的时间里的消费总额

以这种衡量尺度统计来访客在某一时期内的旅游消费，也就是这一时期内旅游接待国或地区的旅游收入。一个国家或地区旅游者旅游消费的多少可以反映这一客源国或地区的旅游消费能力，旅游目的地可以据此判断市场潜力以便有针对性地开展促销活动，用此方法进行统计和测算比较简便，目前，已被世界各国普遍采用，它是衡量现代旅游发展水平和旅游市场规模的重要尺度之一。当然这一指标也有其不足之处，如果仅仅使用货币标准去衡量某地旅游发展好坏，可能会出现偏差。有时旅游收入增加，可能是这一地区过量接待旅游者的结果，若用人均消费额进行计算则可以起到修正作用。

（3）计算在某一时期内，旅游者平均在旅游接待国或地区的过夜次数或停留天数

这一尺度主要是为了配合来访旅游人次的统计，以便更全面地说明旅游接待情况而设计的，据此可以判断旅游接待情况和客源国游客消费情况。有时旅游人次数的增加并不一定表示旅游收入增加，例如，在旅游人次总数增加的同时，旅游者在该国或该地区的停留天数却在减少，旅游收入可能减少了。某一国旅游者人数多，并不一定表示这个市场旅游消费能力大，这要看旅游者在接待地的停留天数。如果将旅游人次和停留天数两项指标配合使用，便能比较全面地反映出某一时期内旅游接待国或地区的接待状况，就能比较准确地判断客源地游客的消费潜力。以旅游人次乘以平均停留天数所得到的旅游者的人天数更有意义，便于一个地区不同时段的相互比较，以及与其他地区的同期情况相互比较。

除了上述三种常用的衡量指标外，人们出于旅游规划工作的需要，或者为了比较不同面积、不同人口和不同发展水平国家或地区的现代旅游接待水平和客源情况，还使用其他一些指标。如用接待的旅游人次或旅游者的停留天数分别除以接待地区居民人数或当地居民过夜人天数，用客源地出游人次数除以人口总数，用接待旅游者总数除以面积得到的旅游者密度。根据需要可以设计一些衡量标准，当然其使用限定在特定场合。

8.2 旅游市场细分

市场由购买者构成，而购买者或多或少都会存在差别。它们可能在欲望、拥有的资源、所在地、购买态度和购买行为上有所不同。由于每个购买者的需要和欲望都不一样，因此，每一个购买者都是一个潜在的单独市场。所以，最理想的情况是，卖家能为每个买者设计一个不同的营销方案。例如，一家餐饮企业可以按照单独一个顾客的需要而改变其菜单、娱乐活动和餐具配备。

8.2.1 旅游市场细分的概念

所谓旅游市场细分是指根据旅游者需求的差异性，将一个整体旅游市场划分为两个或两个以上的顾客群，就构成一个细分市场（或子市场）。在各个不同的细分市场，顾客需求有较明显的差异，例如旅游经营者可根据旅游者的年龄因素细分为老年市场、中年市场和青年市场等，也可按地理因素细分为国际旅游市场和国内旅游市场。以上每个细分市场的需求各

不相同，而同一细分市场内需求基本相似，常见的旅游市场细分标准有：地理因素、人文因素、购买行为因素和心理因素。

8.2.2 旅游市场细分的原则

为了保证市场细分的质量，企业在进行市场细分工作时应坚持以下三个原则。

① 可衡量性。这是指进行市场细分的标准和细分后的细分市场的规模、潜力等是可以衡量的，从中找出真正相似的消费行为；从旅游消费者那里得到有关的旅游信息，并能对其进行定量分析；细分后的市场的范围、规模、容量、购买力、潜力等是可以评估的。

② 可进入性。这是指细分后的市场是企业利用现有的人力、物力和财力可以去进入和占领的。它包括两层含义：一是指细分后的市场值得去占领。细分后市场的范围不能太小，必须有一定规模的人口和购买力；二是指经过细分后的细分市场对旅游目的地或旅游企业来说，能够利用其人力、物力和财力去占领，能够通过各种渠道使细分市场的消费者了解和购买自己的产品。

③ 经济性。这是指细分出的市场在顾客人数和购买力上足以达到有利可图的程度，即要求细分市场要有可开发的经济价值。细分后的市场要有适当的规模和发展潜力，适合企业经营和今后进一步发展壮大的需要。

8.2.3 旅游市场细分的标准

旅游市场细分的标准也称旅游市场的细分变量，是指受到这些因素的影响和作用，旅游者在欲望和消费需要方面产生了明显的差异。细分旅游者市场所依据的标准很多，一般依据地理变量、人口统计变量、购买行为和心理行为四大类进行划分。

8.2.3.1 地理变量

用作旅游市场划分标准的地理因素包括多种形式。人们常常以旅游客源产生的地理区域或行政区域为标准，对整体旅游市场进行细分。如通常用洲别、世界大区、国别或地区等地理因素标准对国际旅游市场进行细分；用地区、省（州）、市等行政区域地理因素标准细分国内旅游市场。另外，还用居住地经济状况、与接待国距离、纬度带等标准进行细分。

（1）按世界六大旅游市场进行细分

世界旅游组织根据世界各地旅游业发展状况和全世界国际旅游的客源分布格局，将全世界划分为六大旅游市场，即欧洲市场、美洲市场、东亚及太平洋市场、非洲市场、中东市场和南亚市场。

① 欧洲市场。第二次世界大战结束以来，无论是在国际旅游接待人次还是国际旅游收入上，欧洲都高居世界各地的榜首。根据联合国世界旅游组织统计，2007年国际旅游人数达到8.98亿人，比2005年增长6%，其中欧洲依旧是旅游首要目的地，共吸引4.8亿游客，占国际旅游者总数的一半以上。西班牙、法国、意大利、英国、德国、奥地利、希腊的国际旅游收入都名列全球前十名，其中法国、西班牙、意大利、英国、德国还都是全球十大接待过夜旅游者人数最多的国家。这说明欧洲一直是全世界国际旅游的中心地区，因而也是世界上国际旅游业最发达地区。

② 美洲市场。美洲是仅次于欧洲的国际旅游业发达地区，同时也是世界上第二大国际旅游客源市场。在2000年，美洲接待过夜旅游者1.3亿，比上年增长6.5%，占国际旅游市场份额的18.6%。世界上前10名接待过夜旅游者人数最多的国家排名，美洲国家占了3名，即美国、加拿大、墨西哥。其中美国、加拿大两个国家也是2000年十大旅游收入国，

墨西哥列第十一位。

③ 东亚及太平洋市场。这一地区是目前世界上排名第三的国际旅游接待地区，同时也是世界上第三大国际旅游客源市场。这一市场的最大特点是发展速度快。根据联合国世界旅游组织 2007 年的统计资料，亚太地区增长速度最快的是马来西亚、柬埔寨、越南、印尼、日本、印度、中国，增长速度分别为 20％、19％、16％、15％、14％、13％和 10％。

④ 非洲市场。非洲地区近年国际旅游接待量增长较快，2007 年接待过夜旅游者 4400 万，但是国际旅游客源这一市场的规模还有待开发。

⑤ 中东地区。中东地区在 20 世纪 70 年代以前曾经是全世界国际旅游重要接待地区之一。此后由于战争和政治动荡，该地区国际旅游业始终未能恢复兴旺。但近年来，发展速度加快。2000 年接待国际过夜旅游者 20.8 万，比去年增长 10.2％，占国际旅游市场份额的 2.9％，另外中东地区作为产生国际客源的旅游市场一直为世界所重视，因为该地区的很多产油国都是经济上富有的国家，人们有富余的资金用于旅游活动。

⑥ 南亚市场。南亚地区的国际旅游市场自 20 世纪 80 年代以来发展也较快，2000 年接待过夜旅游者 630 万，比上年增长 19％，占国际旅游市场份额的 0.9％，由于这一地区的国家经济发展水平仍较落后，因而这一地区的出国旅游市场规模不大。

（2）按旅行距离进行细分

所谓旅行距离，是指旅游客源产生地至旅游目的地的地理距离。按照这一标准，可按旅游市场划分为近程市场和远程市场。

① 近程市场。近程市场通常指旅游接待国所在地区内的国际客源市场。在全世界国际旅游中，近距离的出国旅游一直占绝大比重，约占全世界国际旅游人次总数的 80％。但这些旅游者具有停留时间短、消费额相对较小的特点。

② 远程市场。远程市场通常指旅游接待国所在地区以外的国际客源市场。虽然就旅游人次而言，远程国际旅游在全世界国际旅游中所占比重较低，但是旅游者在旅游目的地国家的停留天数较多，而且消费额很大。近 20 年来，欧美地区居民远程出国旅游人次一直在增长，成为一种发展趋势。

8.2.3.2　人口统计标量

运用人口统计因素细分旅游市场，就是根据人口统计变量，如国籍、民族、人数、年龄、性别、职业、教育、宗教信仰、收入、家庭人数、家庭生命周期等因素将市场进行细分，例如根据性别可划分为男性和女性旅游市场；根据年龄可分为老年、中年和青年市场。每个细分市场都有其一定的特点和与众不同的需求，旅游经营者应根据不同旅游者的特点，提供适合其需求的产品。

8.2.3.3　购买行为

按消费者购买行为细分旅游市场，包括追求利益、购买目的与动机、品牌偏好、使用者地位、使用频率等。例如，根据旅游者外出旅游目的可将旅游市场细分为休闲、娱乐、度假、探亲访友、商务、会议、健康医疗、宗教朝拜旅游等。旅游企业经营决策者根据购买行为因素细分旅游市场，可为不同细分市场设计专门产品，采用有针对性的营销组合策略。

8.2.3.4　心理行为

心理因素包括社会阶层、生活方式、性格等。同样性别、年龄、相同收入的消费者，因其所处的社会阶层、生活方式或性格不同，往往表现出不同的心理特征。例如，有的消费者愿意购买高档旅游产品，不仅是追求其质量，而且具有显示其经济实力和社会地位的心理。因此，旅游企业应根据旅游者的不同心理需求，不断推出新的产品，满足他们的需求。

8.2.4 目标市场选择

进行市场细分并且评估细分市场，充分分析每个细分市场的规模和发展潜力、细分市场结构的吸引力、旅游地或企业的目标与资源条件，然后选择一个、几个或所有细分市场，作为自己要进入的目标市场。目标市场选择存在以下三种方式。

① 无差异营销。把整个旅游市场作为自己的目标市场，开展营销活动。其好处是销量比较大，规模效益好，但竞争激烈，没有实力难以成功。这是许多客源充实的旅游地采取的策略，可以节省营销成本。

② 差异营销。针对不同细分市场，以不同的旅游产品，制订不同的营销策略，满足不同的旅游者需求。一般在竞争激烈、步入成熟期的旅游地使用。

③ 集中营销。选择一个或少数几个细分市场作为目标市场，这样旅游地或旅游企业可以提高对游客及其需求的了解程度，提高在某种旅游服务方面的专业化程度。这一策略适合产品单一、范围比较小的旅游地使用。

8.3 世界旅游市场

8.3.1 世界旅游市场的发展

第二次世界大战以后，全世界的国际旅游除 20 世纪 80 年代初因全球性经济危机和 21 世纪初全球经济持续疲软、局部政治动荡等影响，出现一定程度的衰退外，旅游业发展十分迅速，旅游市场规模不断扩大。1950 年，世界国际旅游人次仅为 2530 万人次，国际旅游收入约为 21 亿美元，到 2002 年国际旅游人次已达 7.02 亿人次，国际旅游收入达到 4730 亿美元，其中还不包括国际间的交通费用。半个多世纪以来，国际旅游在人次增长上超过了 27 倍，在国际旅游收入方面增长了 200 多倍。

8.3.2 世界六大旅游市场概况

世界上庞大的国际旅游客流究竟都流向了哪些地方？或者说这些国际旅游客流分布在哪些旅游接待地区或国别？世界旅游组织为了研究的需要，根据全球各地旅游业的发展状况和全世界国际旅游的客源分布格局，将世界划分为六大旅游市场，各旅游市场客源以及国际旅游接待量和外汇收入情况如表 8-1 所示。

表 8-1 全球国际旅游接待量的地区分布

地 区	1986 年接待量/百万人次	2005 年接待量/百万人次
全球	592.12	808
欧洲	347.44	443.6
美洲	115.51	139.3
东亚及太平洋地区	90.09	136
非洲	19.45	36.4
中东	15.14	38.8
南亚	4.49	13.9

① 欧洲市场。第二次世界大战结束以来,在国际旅游客源数量方面和旅游接待方面,欧洲市场都高居世界六大旅游市场的榜首,反映在国际旅游接待人次和国际旅游收入上,欧洲市场也遥遥领先。欧洲一直是全世界国际旅游的中心地区,是世界国际旅游业最发达的地区。由于其旅游发展到比较高的水平,旅游市场继续增长的速度趋缓,但同时,由于欧洲主要旅游目的地旺季时十分拥挤,欧洲旅游者进行跨洲长距离旅游较多,出国远程旅游呈现增长势头。

② 美洲市场。美洲是仅次于欧洲的国际旅游业发达地区,同时也是世界上第二大国际旅游客源市场。欧美市场是世界上最主要的国际旅游市场,是国际旅游业最发达的地区。两个地区互为客源地和目的地,是世界旅游流量最大的区域。欧美地区进入 20 世纪 80 年代以来,有些国家的出国旅游市场规模已接近"封顶"程度,出国旅游的增长速度不会有大的提高。

③ 东亚及太平洋市场。这一地区是目前世界上排名第三的国际旅游接待地区,同时也是世界上第三大客源市场。随着经济的持续快速增长,这里已经成为增长最快和潜力巨大的客源市场之一,特别是 20 世纪 90 年代初,东亚及太平洋地区的国际旅游业经历了一个飞速发展的时期。在 1998 年前后,由于受到亚洲金融危机的影响,以及 2003 年受 SARS 疫情影响,该地区旅游业两度出现负增长。但其总体的发展趋势是应该予以肯定的。

④ 非洲市场。非洲地区近年国际旅游接待量增长较快,但是,国际旅游客源产生的量不大,这一市场占国际旅游市场的份额小。

⑤ 中东市场。中东地区作为产生国际客源的旅游市场一直为世界所重视,因为该地区的很多产油国十分富庶。但是由于战争和政治动荡,这里的旅游发展受到限制。20 世纪 90 年代以来,在动荡的局势中,该地区旅游业有所增长,但国际旅游业始终未得到充分发展。由于人口基数小,加之其国民尚缺乏外出旅游度假的习惯,中东地区在整个世界的旅游市场中所占份额较少,旅游发展有限。

⑥ 南亚市场。这一地区的国家经济发展水平仍较落后,因而这一地区的出国旅游市场规模不大。南亚地区人口众多,如印度就拥有 10 亿人口,其中 2 亿人属中产阶级,如果能挖掘这一市场,旅游发展潜力将是非常大的。

8.3.3 主要旅游市场分布

世界如此大规模的国际旅游客源主要来自哪些国家和地区?其旅游消费的地区分布又是怎样的呢?以下作简要分析。

根据世界旅游组织统计的世界国际旅游支出资料,列出位居前十位的国家,见表 8-2 所示,显示旅游客源地分布的基本情况。从表中我们可以看出这些国家全部分布在欧洲、美洲、东亚太平洋地区,其中,欧洲 6 个,美洲 2 个,东亚及太平洋地区 2 个。

表 8-3 列出了几个年份国际旅游接待量和国际旅游收入前十位的国家。从表中我们可以看出,国际旅游接待量和国际旅游收入高的国家全部分布在欧洲、美洲以及东亚太平洋地区。

综上所述,欧洲是世界上国际旅游最主要的目的地,也是最重要的国际旅游客源地,一些老牌旅游发达国家在世界旅游市场占有重要地位。美洲(特别是北美地区的美国和加拿大)也是国际旅游重要的目的地和国际旅游客源地。而东亚及太平洋地区位居第三位,这一地区的主要客源国除了日本和澳大利亚以外,中国(包括大陆和港澳台地区)、韩国、新加坡、泰国、新西兰等亦占有重要的位置。非洲和南亚地区多数国家经济比较落后,产生国际

表 8-2　国际旅游支出国家前十名列表

序　号	国　名	2000 年支出/亿美元	2001 年支出/亿美元	2006 年支出/亿美元
1	美国	645	589	1043.1
2	德国	478	459	842.1
3	英国	363	369	783.3
4	日本	319	—	376.6
5	法国	177	175	377.9
6	意大利	157	142	274.4
7	中国	131	—	282.4
8	荷兰	122	—	171.3
9	加拿大	121	—	259.9
10	比利时和卢森堡	102	—	—

注：2006 年排名与 2001 年排名不一样，具体数据请看表中所列。

表 8-3　国际旅游接待人数和旅游收入排名

名　次	国际旅游接待人数/万人			国际旅游收入/亿美元	
	1996 年	1999 年	2001 年	2001 年	2006 年
1	法国	法国	法国(7650)	美国(723)	美国(1289.2)
2	美国	西班牙	西班牙(4950)	西班牙(329)	西班牙(575.4)
3	西班牙	美国	美国(4550)	法国(296)	法国(546.3)
4	意大利	意大利	意大利(3900)	意大利(259)	英国(430.4)
5	中国	中国	中国(3320)	中国(178)	德国(427.9)
6	英国	英国	英国(2340)	德国(172)	意大利(416.4)
7	墨西哥	墨西哥	俄罗斯	英国(159)	中国(371.3)
8	匈牙利	加拿大	墨西哥(1980)	奥地利(120)	澳大利亚(237.3)
9	波兰	波兰	加拿大(1970)	加拿大	加拿大(169.8)
10	加拿大	奥地利	奥地利(1820)	希腊	荷兰(115.5)

旅游客源的能力较弱，同时远离主要客源市场，接待能力有限，旅游接待也不多，但是，南亚地区国际旅游客源市场潜力很大。中东地区各国旅游发展规模也有限。

8.4　中国旅游市场

　　我国旅游业起步晚，起点低，1978 年之前以外事接待为主，旅游规模很小。改革开放以后，随着对外开放的深入和国内经济的不断发展，我国旅游业迅速崛起，持续快速增长。特别是近几年来，我国旅游业出台了一系列方针政策，采取了有效的措施，旅游业取得了举世瞩目的成就，形成了入境旅游、国内旅游、出境旅游三个市场相互驱动、相互补充的态势，奠定了我国旅游大国的地位。

8.4.1　入境旅游市场

我国旅游业走过了不同于一般国家的发展之路。一般国家是先发展国内旅游，然后逐步发展国际旅游。我国经济基础比较薄弱，新中国成立后直到改革开放之初，国内旅游需求少，所以我国首先发展国际旅游，国际旅游增长速度令人瞩目。我国的国际客流来自何处？体现出哪些特点？在世界国际旅游中地位又如何呢？

8.4.1.1　入境旅游市场客流量变化的特点

我国入境旅游市场也称海外来华旅游市场。根据我国目前对入境旅游者所作的技术性定义，我国旅游业的国际客源由外国人（包括外籍华人）、海外华侨、港澳台同胞三个部分组成。

从1949年到1978年，我国入境旅游规模很小，以政治接待为主，尚未形成产业。1978年以后，中国入境旅游业迅猛发展。1978年，我国入境旅游人数为180.92万人次，2003年达9166.21万人次，是1978年的51倍。我国旅游外汇收入在世界上的排位，已由1978年的第41位上升到2002年的第5位。20多年来，除1989～1990年出现负增长外，旅游表现出强劲的增长势头。特别是近年来，中国以世界最安全的旅游目的地形象展现在世界面前，入境旅游增长十分迅猛，2002年，入境旅游人数比上年增长9.99%，其中外国人入境比2001年增长19.71%。15个主要客源国全部实现增长，其中有14个国家实现两位数增长，有6个（泰国、韩国、马来西亚、菲律宾、日本、印度尼西亚）国家的增幅超过20%。2003年我国旅游入境人数因SARS疫情影响有所减少。这些年我国入境旅游增长速度之快，为世界所瞩目。截止到2004年，我国累计接待入境旅游者10亿人次，年均增长20%；累计旅游外汇收入1643亿美元，年均增长21%。

8.4.1.2　入境旅游市场结构

在我国大陆入境旅游者中，港澳台同胞占绝大部分的比重。自改革开放以来，港澳台同胞一直是我国大陆旅游业的最大海外客源市场。台湾地区与大陆隔海相望，港澳地区与内地山水相连。在文化传统和血缘关系上一脉相承，有着血浓于水的深情；在经济上，三地经济都较发达，并有大量工商界人士在大陆投资；政治上，香港、澳门地区都已相继回到祖国怀抱，使彼此联系更加紧密。其次是外国人和华侨，但华侨所占比例很低。入境旅游者中既包括过夜旅游者，又包括一日游游客。在国际过夜旅游者中，大体和以上结构相似。由此可见，港澳台同胞是我国大陆国际客源市场的主体，其次是外国人和华侨。

从外国人来华旅游市场统计资料表中可以看出，我国入境旅游市场按规模大小依次排序是：亚洲市场、欧洲市场、美洲市场、大洋洲市场以及非洲市场。可以预料，在今后的一段时间内，还将维持现有的格局。各个市场具体分析如下。

① 亚洲市场。亚洲市场仍是我国旅游市场的主体。其中，最主要的市场有三个，一是日本市场，日本与中国是一衣带水的邻邦，有交通之便；经济上，日本是亚洲地区实力最强的经济大国。多年来，日本一直是中国主要的客源市场。二是韩国市场，韩国位于朝鲜半岛的南半部，和我国是邻近，又是亚洲经济实力较强的国家之一，1989年韩国政府取消了居民出国旅游的限制后，出国旅游的人数激增，并且其旅游者的消费水平也较高。三是东南亚市场，包括新加坡、菲律宾、泰国、马来西亚、印度尼西亚等国。亚洲国家的文化和我国的文化同属于传统的东方文化，在语言文字、宗教、文化等方面深受我国儒家文化、佛教文化的影响，因而对我国旅游目的地的适应性较强。

② 欧洲市场。欧洲市场是我国传统的国际旅游市场，主要有两个市场，一是俄罗斯市场，俄罗斯是世界上最大的国家之一，与我国也有着漫长的边界线，交通便利。二是西欧市场，西欧地区是世界最主要的国际旅游客源市场之一，对我国也不例外。该地区经济发达、社会福利保障体系健全，人们受教育程度高，有外出旅游的传统习惯。其中客源输出规模较大的有德国、英国和法国。

③ 美洲市场。美洲市场的主要客源在北美市场，特别是美国与加拿大市场。整个北美经济、文化都很发达，处于世界领先水平，是世界也是我国主要客源地之一。由于欧美传统文化与我国传统文化存在很大的差异，欧美旅游者来我国的主要目的是欣赏文化古迹、游览我国的名山大川、了解我国风土人情等。北京的故宫博物院、西安的秦始皇兵马俑、云南大理和丽江等地对他们吸引力较大。

④ 大洋洲市场。主要为澳大利亚市场，近年来发展较快。

综上所述，我国国际旅游业一直持续增长，现已成为国际旅游者重要的旅游目的地。随着我国改革的进一步深入、市场机制的完善，我国的国际旅游业将会取得更大的突破。

8.4.1.3　入境外国旅游者的年龄、性别、目的、入境方式结构

根据 2003 年来华外国旅游者人数统计，可以分析他们的年龄、性别、目的、入境方式等结构特征。从入境外国旅游者性别结构看，男性所占比重较大，高达 68.3%，而女性相对处于劣势，仅占 31.7%。

从入境外国旅游者年龄结构看，各个年龄阶段的都有，但是，每个年龄阶段所占的比重存在很大的差异。其中 25～44 岁年龄阶段的旅游者最多，占总人数的 51.9%；其次是 45～65 岁年龄阶段的旅游者；65 岁以上和 14 岁以下的旅游者最少，仅占总人数的 7.1%。入境的青年旅游者思想活跃，精力充沛，活泼好动，求新求异心理突出，喜欢冒险、猎奇，偏爱参与性强和能满足求知欲望的旅游项目。入境的中年旅游者成熟老练，生活经验丰富，因而旅游动机大都倾向于求实、求知，或求舒适享受，或出自专业爱好。这部分旅游者消费水平较高，对旅游服务、旅游设施、旅游产品质量要求比较严格。入境的老年旅游者既有充足的闲暇时间，又有较强的经济实力，消费水平高，因而对旅游的方方面面都有比较高的要求，从他们来我国旅游的目的看，以观光休闲旅游者为最多，其次是会议和商务旅游。从入境方式看，乘坐飞机是主要交通形式，占 52.1%。

8.4.2　国内客源市场

8.4.2.1　国内旅游发展概况

新中国成立前，我国国内旅游活动只在局部开展。新中国成立后到 1978 年，国内旅游基本没形成产业。改革开放以来，国内旅游大体上经历了以下三个阶段：一是 1978～1980 年中国旅游业恢复和转轨阶段。旅游业开始起步，但规模小，重点放在入境旅游上，国内旅游基本没有。二是 1981～1990 年国内旅游起步阶段。三是 1991 年以来国内旅游迅猛发展阶段。形成了入境旅游、国内旅游和出境旅游三个市场平衡发展的格局。2003 年，全年国内旅游人数 8.7 亿人次，比 2002 年下降 0.91%，占国际国内旅游总人数的 90.47%；旅游收入 3442.27 亿元，比 2002 年下降 11.2%，占国际国内旅游总收入的 16.48%。

8.4.2.2　国内客源市场结构

随着我国经济迅速增长，人民的生活水平显著提高，人们可自由支配的收入和余暇时间增加，国内旅游因此得到蓬勃发展。近年来，国家为刺激消费，拉动内需，积极鼓励、支持人们进行国内旅游。同时，各省市加大国内旅游开发力度，将国内旅游发展作为经济的新增

长点，在国内旅游发展中起到了推进作用。2003 年全国国内旅游人数达 8.70 亿人次，比 2002 年下降 0.91%。其中，城镇居民 3.51 亿人次，农村居民 3.19 亿人次。全国国内旅游支出为 3442 亿元，比 2002 年下降 11.34%。其中，城镇居民旅游支出 2404 亿元，农村农民旅游支出 1038 亿元。全国国内旅游出游人均花费 395.7 元，比 2002 年下降 10.44%。其中，城镇旅游者人均花费 684.9 元，农村旅游者人均花费 200.0 元。在 2002 年春节、"五一"、"十一"三个"黄金周"中，国内旅游者接待总人数为 2.19 亿人次、旅游收入合计为 865 亿元，占全年国内旅游业总收入的 22.3%。

我国国内旅游的流量和流向集中在沿海经济发达地区。东南沿海地区经济基础雄厚，人民收入水平较高，拥有相对完善的交通网络和先进的交通工具，旅游资源丰富，旅游业起步较早，旅游的流量和流向集中在这里，特别是北京、上海、西安、广州、重庆、天津、青岛、昆明、厦门、武汉、杭州、深圳等城市和黄山、庐山、泰山等风景名胜区是热点旅游目的地。

我国国内旅游的发展具备良好的条件。随着经济的增长，我国城乡居民可自由支配收入逐年提高；假日制度的不断改进，使人们余暇时间增多，并且相对集中；经济条件的改善和教育的发展，促使人们消费意识发生转变，旅游生活方式逐渐被人们接受。进入 21 世纪，国家将旅游业确立为国民经济的重要产业，抓紧进行国民经济结构调整和升级，加大对旅游业的投入力度，出台各种有利于旅游业发展的新措施、新办法。因此可以预言，我国国内旅游发展前景将更为广阔。

8.4.3　出境旅游市场

8.4.3.1　出境旅游概况

中国公民自费出境旅游，是中国改革和对外开放的产物。虽然历史不长，但发展很快，已经形成了一定的规模，并继续保持良好的发展势头。中国公民自费出境旅游包括出国旅游、边境旅游和港澳台游三个部分。

（1）出国旅游

出国旅游是指中国公民自己支付费用，由经国家旅游行政主管部门批准特许经营中国公民自费出国旅游业务的旅行社组织，以旅游团的方式，前往经国家批准的中国公民自费旅游目的地国家或地区旅游的活动。中国公民自费出国旅游是从出境探亲旅游发展演变而来的。1989 年 10 月，国家旅游局经商外交、公安、侨办等部门，并经国务院批准，发布施行了《关于组织我国公民赴东南亚三国旅游的暂行管理办法》，规定由海外亲友付费、担保，允许我国公民赴新加坡、马来西亚、泰国探亲旅游。1992 年 7 月，又批准增加菲律宾为探亲旅游的目的地国家。1997 年 7 月 1 日，由国家旅游局与公安部共同制定并经国务院批准的《中国公民自费出国旅游管理暂行办法》发布实施，中国公民自费出国旅游正式启动。这个管理办法，将中国公民出境探亲旅游正式改变为中国公民自费出国旅游，同时明确了中国公民自费出国旅游的方式、管理原则、特许经营此项业务的旅行社和旅游者的责任、权利、义务以及对违法行为的处罚措施等。根据这些原则和程序，到 2003 年 11 月 1 日，我国已陆续批准开放了 28 个中国公民自费出境旅游目的地国家（地区）。经营中国公民出国旅游的组团社不断增多，2002 年 7 月发布了《旅行社出境旅游服务质量》，不断规范出境旅游市场管理。我国成为一个新的旅游客源国，受到世界许多国家的关注。

（2）边境旅游

边境旅游是指经批准的旅行社组织和接待我国及毗邻国家的公民，集体从指定的边境口岸出入境，在双方政府商定的区域和期限内进行的旅游活动。1987 年 11 月，国家旅游局和对外经济贸易部批准了辽宁省丹东市对朝鲜新义州市的"一日游"，由此拉开了中国边境旅游的序幕。截至 1998 年上半年，经国家批准，我国共有黑龙江、内蒙古、辽宁、吉林、新疆、云南、广西等 7 个省、自治区与俄罗斯、蒙古、朝鲜、哈萨克斯坦、吉尔吉斯斯坦、塔吉克斯坦、缅甸、越南等 8 个国家开展边境旅游。经批准的边境旅游为了规范对边境旅游的管理，国家旅游局、外交部、公安部、海关总署共同制定了《边境旅游暂行管理办法》，经国务院批准，于 1997 年 10 月 15 日发布施行。

（3）港澳台游

港澳台游是指经国家特许经营此项业务的旅行社，组织内地居民以旅游团的方式前往香港、澳门和台湾地区旅游的活动。港澳台游是由内地居民赴港澳台地区探亲旅游发展而来的。1983 年 11 月 15 日，广东省旅游公司开始组织广东省内居民的"赴港探亲旅游团"。国务院于 1984 年 3 月 22 日批准了国务院侨务办公室、港澳事务办公室、公安部联合上报的《关于拟组织归侨、侨眷和港澳台眷属赴港澳地区探亲旅行团的请示》，规定统一由中国旅行社总社委托各地的中国旅行社承办归侨、侨眷和港澳台眷属赴港澳地区探亲旅行团在内地的全部组织工作，香港、澳门地区的中国旅行社负责在当地的接待事务。1992 年，国务院港澳事务办公室又增批福建省海外旅游公司、华闽旅游有限公司开办赴港澳地区探亲游。1998 年 5 月，经国务院港澳事务办与香港特别行政区政府协商，增加中国国际旅行社总社为承办"香港游"单位。2002 年，经营中国公民出境旅游组团社扩大到 528 个，进一步简化内地居民港澳游的手续，2002 年 7 月对广东东莞等市居民试行个人赴港澳游的政策，8 月又在北京、上海等地实施，促进了港澳游的发展。2003 年中央政府与香港特区政府签订了《内地与香港关于建立更紧密经贸关系的安排》（CEPA），2004 年 1 月 1 日开始实施，对出境旅游起到了极大的促进作用。

2006 年 4 月，国家旅游局、公安部、国务院台湾事务办公室联合发布了《大陆居民赴台湾地区旅游管理办法》，加速推动了大陆居民赴台湾地区旅游的实现。到 2008 年 7 月 4 日，两岸包机和大陆居民首个赴台旅游团正式启动，标志着两岸自由行的真正实现。

2002 年，中国内地公民出国（境）人数达 1660.23 万人次，比 2001 年增长 36.84%。2003 年为 2022 万人次，2004 年前 5 个月即达 1117 万人次。1994～2003 年十年间，中国内地公民累计出境近 1 亿人次，年均增长 13.87%。

8.4.3.2 中国出境旅游市场的发展

我国出境旅游的大发展主要是在 20 世纪 90 年代以后，大发展原因主要有以下几点：①这一时期中国经济发展迅速，特别是中国南部、东部沿海地区经济的高速发展，为中国出境旅游奠定了坚实的经济基础；②区域间的经贸往来也推动了出境旅游；③中国的外交领域不断拓展，和许多国家建立了友好关系，促进了人民之间的旅游往来，与我国建交的许多国家都允许开展中国旅游的业务；④中国航空运输业的发展也是促进出境旅游发展的重要条件。我国出境旅游人数增长迅速，如表 8-4 所示。

中国的出境旅游市场是最近几年才形成的，在总体上出境旅游的客源市场开发力度还不够，还有很大的发展空间。世界旅游组织预测到 2020 年中国出境旅游规模将达到 1 亿人次，届时将成为世界第四大国际旅游客源大国。同时，中国出境旅游不再仅仅是探亲游、观光游，其形式和内容将更加多样化。从短期内看，出境旅游将以近距离为主。从长远看，出境旅游目的地将越来越多。

表 8-4　中国出境旅游人数（1996～2007 年）

年份	出境总人数/万人	比上年增长/%	因公出境/万人	比上年增长/%	因私出境/万人	比上年增长/%
1996	506.07	12.0	264.68	7.3	241.39	17.5
1997	799.76	58.0	555.86	110.10	243.90	1.0
1998	824.56	3.1	523.53	8.7	319.02	30.8
1999	923.24	9.6	496.63	5.1	426.61	13.7
2000	1046.86	13.39	483.93	2.6	563.29	32.0
2001	1213.31	15.9	518.77	7.2	694.54	23.3
2002	1660.23	36.84	654.09	26.08	1006.14	44.87
2003	2022.19	21.80	541.10	−17.27	1481.09	47.21
2004	2885.00	42.67	587	8.48	2298.00	55.16
2005	3102.63	7.54	588.63	0.278	2514.00	9.40
2006	3452.36	11.27	572.45	−2.75	2879.91	14.55
2007	4095.40	18.63	603	5.34	3492.4	21.27

8.5　旅游市场营销

8.5.1　旅游市场营销的概念

菲利普·科特勒定义市场营销（marketing）是个人或集体通过创造，提供销售，并同别人交换产品或价值，以获得其所需所欲之物的一种社会和管理过程。旅游市场营销可以定义为旅游地或旅游企业经营者为满足旅游者的需要并实现自身经营目标，通过旅游市场所进行的变潜在交换为现实交换的一系列有计划、有组织的活动。

1950 年前后，哈佛大学尼尔·鲍教授开始采用市场营销组合这个概念。1960 年，麦卡锡提出了著名的 4P 组合，即 product，price，place，promotion 的营销组合。1986 年，科特勒提出大营销概念，即企业为进入被保护的市场，为冲破政治壁垒和公众舆论的障碍，需要增加两个 P，即 power 和 public relations。1986 年 6 月 30 日，科特勒在中国对外经济贸易大学的演讲中，又提出在大营销的 6P 战术之外，还要加上 4P 战略，即探查（probing）、分割（partitioning）、优先（prioritizing）和定位（positioning）。最后又加上 1 个 P（people），即要理解人、了解人。这样，市场营销组合出现了 4P、6P、10P 和 11P 之说。但传统上大家都较认同 4P 之说。

8.5.2　旅游市场营销环境的分析和营销调研

旅游市场营销的成功取决于两方面的因素，其一是旅游企业的营销组合，其二是企业的营销环境。前者是企业完全有可能控制的，而后者则超越了企业的可控范围，其中有些是企业可以影响的，有些则既不可控制，又不可影响。

旅游市场营销宏观环境是指旅游企业或旅游业运行的外部大环境，虽然它对于旅游企业来说既不可控制又不可影响，但它对企业营销的成功与否却起着重要作用。市场经营人员必须根据外部环境中的各种因素及其变化趋势制定自己的营销策略,以达到市场经营目的。在旅游市场营销中,宏观环境因素主要包括政治法律因素、文化因素、经济因素、技术水平因素及人口、地理因素等各个方面。旅游市场营销微观环境是指存在于旅游企业周围并影响其营销活动的各种因素和条件,包括消费者、消费者集团、中间商、竞争者、公众以及企业自身等。应定期对面临的微观环境及其因素进行分析,以便认清形势,适应环境的变化,从而根据微观环境及其因素进行分析,灵活地调整企业的营销策略,使企业的市场营销活动得以顺利地开展。

旅游市场营销调研指系统收集、记录、分析有关旅游企业市场的资料和信息,为旅游市场营销决策和营销战略决策提供可靠依据的经济活动。旅游营销调研是为了提高营销的决策水平,促进旅游产品的交换,对相关情况开展的调查研究活动。可以按调研内容将旅游营销调研分为旅游营销环境调研、市场需求及旅游者调研、营销组合调研以及营销活动评估性调研等。针对旅游市场而言,营销调研的内容主要有市场调研和旅游者调研两部分。市场调研主要包括游客现实需求和潜在需求调研、竞争者调研、旅游营销中介机构调研;旅游者调研则是指针对游客购买行为和特征等进行的调查研究,以便及时发现营销机会和威胁。有效的营销调研活动由五个基本步骤组成:①明确问题;②研究目标;③制订研究计划;④收集信息;⑤提出研究报告。

8.5.3 旅游消费者购买决策

旅游者购买决策过程由5个环节构成:识别需要、搜集信息、方案评价、购买决策和购后行为。这个模式强调了一点:购买过程在实际购买发生之前很早就开始了,并持续到购买之后很久。这就鼓励营销人员要关注整个购买过程,而不仅仅是购买决策本身。

(1)识别需要

旅游者的购买活动是一个解决问题的过程。旅游者的购买过程从问题识别开始,也就是需要的认识过程。在这个阶段,营销人员必须确定那些影响消费者对需要进行识别的因素和情形。他们应该对消费者进行调查,弄清楚什么类型的需要或问题导致他们购买某种产品,什么引发了这些需要,这些需要如何引导消费者选择某种特殊的产品。

(2)搜集信息

当人们产生了旅游需要时,一般会有意地或下意识地寻找有关旅游产品的信息。消费者获得信息的来源有很多,如个人来源(家庭、朋友、邻居和熟人)、商业来源(广告、推销员、经销商、包装物和展览)和公共来源(餐馆评论、旅游版的社论、消费者评选机构)。对旅游业和接待业的产品而言,个人及公共信息来源要比广告更为重要。人们经常向他人(朋友、亲戚、熟人、专业人员)征求有关于产品和服务的建议。因此,公司特别关注口碑传播这一信息渠道。搜集信息主要有两方面的优点,第一,可信度高;第二,成本低。通过搜集信息,消费者也增进了对各种备选方案和产品特性的了解和认识。

(3)方案评价

旅游者进行购买选择时,不论是对目的地的选择,还是对单项旅游产品的选择,都会在多个目的地或品牌中进行。有一些基本的概念有助于解释消费者的评价过程。①产品属性,指产品所具有的能够满足旅游者需要的特性。对餐馆来说,这些属性包括食物质量、菜品种类、服务质量、就餐环境、餐馆位置和产品价格。这些属性哪些比较重要,对于不同的消费者来说看法会有所差异。②品牌信念,指旅游者对某品牌产品的属性和利益所形成的认识。③效用要求,指旅游者对某品牌每种属性的效用功能应当达到何种标准的要求。

（4）购买决策

通过对可选方案的评估，旅游者已经初步产生了购买意图。购买意图如果不受其他相左意见和信息的干扰，就会导致购买决策与购买行为。但在购买意向和购买决策之间还可能受到两个因素的影响。首先是他人的态度，他人的态度越坚决，他人与决策者关系越密切，他对决策者的影响就越大。购买意向也受意外因素的影响，当消费者就要购买时，也许会出现一些意想不到的情形，使购买意向发生改变。当消费者在购买时，员工必须尽其所能使消费者确信他们将获得一次美好的经历并且购买后会给予好评。

（5）购后行为

旅游者在完成购买行为和旅游行为之后，一般会体验到三种感觉：满意、不满意以及疑虑。每一种体验都会伴随有特定的购买后行为。而这些体验和行动又会影响到该旅游者下次购买行为以及他人的购买决策。购买后的满意程度是以下两个因素共同作用的结果：产品实际质量和顾客期望的产品质量。一般而言，如果产品和服务的期望质量与实际质量相符，那么旅游者会感到满意。如果产品和服务的期望质量高于实际质量，那么旅游者会感到不满意。当客人既体验不到满意感，也没有对产品出现明显不满时，顾客在旅游后就会出现购后疑虑又称购后失调。营销人员可以采取措施以减少消费者的购后不满，并帮助顾客感受到购买所带来的好处。

理解消费者的需要和购买过程是成功营销的基础。通过了解购买者如何完成问题识别、信息搜集、方案评价、购买决策和购后行为诸环节，营销人员可以得到很多有关如何更好地满足购买者需要的线索。

8.5.4 旅游市场营销组合策略

（1）产品策略

产品策略是指新产品的开发策略、旅游产品的商标策略和旅游产品的实际内容。这里所指的"产品"不仅包括产品的物质属性，还包括产品规划、产品开发、生产规模、品牌树立和产品包装等多方面。在产品规划中必须考虑这些方面，只有这样才能推销出"对路"的产品。对旅游产品必须全面考虑提供旅游服务的范围、内容、服务质量，同时还应注意到旅游服务的品牌、保证以及对游客抱怨的处理等。在旅游产品中，这些要素的组合变数相当大，例如，一家供应数样菜式的小餐馆和一家供应各色大餐的五星级大酒店的要素组合就存在着明显差异。

（2）定价策略

定价策略是指价格制定策略和价格管理策略。例如对游客以及旅游中间商必须考虑价格水平、折扣、折让和佣金、付款方式和信用等因素，游客可从一项服务的价格感受到其价值的高低。价格与质量间的相互关系，是旅游服务定价时要考虑的重要因素。

（3）销售渠道策略

销售渠道策略是指旅游产品销售渠道的选择，产品营销中介的建立及产品营销渠道计划的制订。例如提供旅游目的地的地点及其地缘的可达性在旅游营销中都是重要因素。地缘的可达性不仅是指空间因素，还包括传导和接触等其他方式。所以，分销渠道的形式以及其涵盖的地区范围对旅游产品营销很重要。

（4）促销策略

促销策略是指旅游产品促销计划的制订，促销人员的培训，旅游产品的广告促销以及旅游企业的公关销售和旅游企业售后服务。促销是把产品的利益传送到潜在的消费者那里。促销包括广告、人员推销、公共关系或其他宣传形式，还有一些间接的沟通方式。

思 考 题

1. 什么是旅游市场？
2. 旅游市场有哪些特点？
3. 简述世界国际旅游市场的概况。
4. 简述中国三大旅游市场的概况。
5. 旅游市场营销有哪些策略？

9 旅游组织与政策法规

本章提示

　　旅游是一种综合性的社会现象，旅游的可持续发展，需要社会各部门的通力协作与支持，旅游参与的大众性决定了要进行社会化管理。特别是国际旅游的开展，还需要国际间的协调与合作。旅游组织在旅游的发展中起着重要作用。世界上的旅游组织很多，可以从旅游组织管理的地域范围、行业性质、职能或活动类型、动机、会员形式、行使权限等不同角度将旅游组织划分为各种类型。按行使权限划分为旅游行政组织和旅游行业组织。

　　旅游组织是通过制定旅游政策和具体法规来发挥作用的，并通过采取行政的、法制的、经济的手段来实施的。旅游政策是国家和旅游行政组织为实现一定阶段的旅游发展目标而规定的行动准则。旅游法规是旅游政策的具体化、法律化，是以旅游活动中形成的社会关系为调整对象的一系列法律规范的总和。

9.1　旅游组织概述

9.1.1　旅游组织与旅游发展

　　旅游业是一个规模庞大的新兴产业，由分散在食、住、行、游、购、娱等产业链条上的众多规模不等、经济性质不同的旅游企业所组成。无论是一个国家或地区的旅游业要想健康有序地发展，还是各个旅游企业要在竞争激烈的旅游业市场中立于不败之地，都离不开旅游组织对旅游业的组织、管理和协调。各国政府都设置有旅游管理机构，世界各国政府间及许多地区都成立有旅游组织，旅游业的各个行业也成立有行业组织。这些旅游组织既有官方机构，又有民间组织，它们虽然一般不参与旅游业的经营，但对于旅游业各个部门、各行业、各企业的沟通、交流、协调、规划及促进旅游业的发展有着重要的作用。

9.1.2　旅游组织类型

　　世界上的旅游组织很多，它们在管理和协调旅游事项方面起到了积极作用，促进了旅游活动和旅游业的正常有序开展。旅游组织有广义和狭义之分，广义旅游组织包括专门管理协调旅游事项的旅游同业组织，以及其工作部分涉及旅游事项的综合组织；狭义的旅游组织仅指专门管理协调旅游事项的旅游同业组织。

　　旅游组织的类型主要可以从以下不同角度来进行划分。按旅游组织管理的地域范围划分为全球性的、洲际或区域的、国家的、省级的、市县级的旅游组织等；按行使权限划分为政府旅游组织（旅游行政组织）和非政府旅游组织（旅游行业组织）；按动机划分为营利性和非营利性组织；按会员形式划分为以个人为成员、以企业为成员、以社会团体（旅游组织）为成员、以国家和地方政府代表为成员的旅游组织等；按旅游行业性质划分为旅行社、酒店住宿、旅游交通（飞机、火车、汽车、游船等）、旅游景区和游乐场所等。

9.1.3　旅游行政组织

9.1.3.1　旅游行政组织模式

　　世界各国为了旅游事业的顺利发展，都设立了相应的机构来管理本国旅游事务，但管理主体和权限是有差异的。据世界旅游组织统计，全世界约有68％的国家将旅游主管部门设在中央政府机构中，约31％的国家由大的国营公司管理旅游事业，极少数国家的旅游业由私人企业经营管理，国家不直接进行管理。世界各国政府建立的旅游行政组织模式大致有以下五种。

　　（1）旅游委员会模式

　　只有保加利亚、波兰等部分东欧国家以及前苏联最高旅游行政管理机构为旅游委员会，这种旅游组织模式地位较高，专门管理旅游事业，相当于政府的一个部。如前苏联在1983年为加强对旅游业的管理，将原国际旅游总局升格为国家国际旅游委员会。还有一些国家设有旅游委员会，但这些委员会只是协调机构，而非权力部门。

　　（2）旅游部模式

　　目前，世界上有亚洲的土耳其、叙利亚、黎巴嫩、马尔代夫、菲律宾、尼泊尔；非洲的埃及、阿尔及利亚、摩洛哥、象牙海岸、塞内加尔、坦桑尼亚；美洲的墨西哥、牙买加、巴哈马；欧洲的卢森堡、意大利、罗马尼亚、马耳他等约25个国家采用旅游部模式，管理全国的旅游事业。

　　（3）混合职能模式

　　这种模式是指旅游管理职能和其他行政职能混合在政府的一个机构里，世界上多数国家采用这种模式。混合职能模式又分为以下两种情况。

　　① 混合职能部模式。一个部管理旅游以及其他事项，目前，约有40个国家采用这种模式。例如，法国的工业、邮电与旅游部，马来西亚和巴基斯坦的文化旅游部，印度和斯里兰卡的旅游民航部，西班牙的交通、旅游与通讯部，肯尼亚和乌干达的旅游与野生动物保护部等。

　　② 在其他职能部下设旅游局模式。例如，美国在商务部、荷兰在经济事务部、芬兰在工商部、匈牙利在商业部、韩国在交通部下设旅游局。旅游局专门管理国家旅游事业。

　　（4）旅游局模式

　　旅游局直属于内阁，但其级别低于部，行使国家旅游管理职能。如朝鲜、泰国、巴巴多斯等十多个国家采用这种模式。我国也采用这种模式，国家旅游局直属国务院领导，统一管理全国旅游事业。

　　（5）非中央机构模式

　　目前，世界上约有30多个国家和地区的最高旅游行政主管机构不属于政府部门系列。这类旅游行政管理机构多数仍属官方机构，行使政府职能，一般由政府资助，但它们具有独立的法人地位，并在行政上和财政上独立。如爱尔兰旅游局。我国20世纪50年代中国国际旅行社代行政府的旅游管理职能，由国务院有关部门归口管理，类似这种模式。

9.1.3.2　旅游行政组织的职能

　　尽管各国旅游行政组织的形式和地位不同，但政府在旅游发展中起到的重要作用是不可替代的。旅游行政组织通过对旅游进行组织、领导、指导、监督和调节等一系列活动，行使管理职能，实现对旅游发展进行宏观管理和调控的目的。各国旅游行政组织管理的内容有差异，但一般主要包括旅游规划管理、旅游基本建设管理、旅游业务经营管理、旅游资源开发管理、旅游从业人员管理和旅游市场管理等，即一般具有以下管理职能。

① 制定旅游发展战略、政策和法规。拟定旅游业的方针、政策以及法律、法规，制定旅游开发和服务的标准，并组织实施。这些牵涉面广，任何一个单独的行业或旅游企业，都不可能担当起这样的重任，只有旅游行政组织才能行使这一职能。

② 组织规划、制订计划。组织和参与旅游规划的制订、审批和实施，组织开展旅游资源调查、开发与保护，制订人才培养计划，组织实施旅游教育，规划旅游发展规模和方向。

③ 实施控制与监督。政府运用行政、法律、经济等手段，对旅游企业的数量、规模、经营活动等进行监督。审核、发放营业执照，颁布质量标准，进行质量监控。

④ 推广国家形象，进行旅游促销。树立国家的整体旅游形象，将国家和区域作为旅游目的地向国际推广，拓展旅游市场。需要进行市场调查，研究营销策略，实施促销措施。旅游市场群雄并起，国家之间、区域之间的竞争十分激烈，需要政府组织大规模的旅游促销，拓展国内外旅游市场。

⑤ 开展多边合作和协调。加强与其他国家政府、有关旅游组织的协作，作为本国旅游业的代言人，开展多边协调和合作，减少国与国之间的旅游限制，促进旅游发展。在本国中央和地方之间、地区之间、部门之间、企业之间起到协调作用。

⑥ 财政管理。负责国家财政资助的旅游项目的审批、监督和控制，保障财政资金的有效运作。另外，旅游的发展有赖于各种基础设施的完善，政府要通过政策引导，吸引资金流入，集中全社会的财力和物力，开展旅游地的建设活动。

⑦ 培养和储备旅游人才。根据旅游业发展需要，制定旅游人才的培养计划，理顺人才培养机制，直接投资或引资开办学校和培训机构，培养和储备旅游人才。

9.1.3.3 旅游行政组织管理方式

旅游行政组织为了实现管理目标，都会在一定的体制下采取多种既有原则性又有灵活性的手段实施管理。旅游行政组织通常采用以下管理方式。

(1) 行政管理手段

虽然各国的旅游管理体制不尽相同，但多数国家都设有旅游行政组织，并以行政管理手段行使对旅游的管理职权。各级行政机关和旅游行政组织按照行政区划、行政系统、行政层次，用行政命令、指示、规定和下达指导性计划、制订规划等形式来管理旅游事业。我国对旅游进行行政管理的机关是国家旅游局和各有关地方旅游局及其他旅游主管单位，采取旅游行政管理的主要手段是：通过制定相关政策，引导和鼓励各类旅游经营单位在国家总体规划的框架内开展活动；监督所辖区域内的相关单位贯彻、执行旅游法律、法规和政策；为相关单位提供必要的信息咨询服务；协调上下级之间、区域之间、旅游单位之间、旅游单位和非旅游单位之间、旅游经营单位与旅游者之间的相互关系。如我国旅游行政主管部门采用行政命令、决定、通知和通告，制订工作目标，倡导开展旅游竞赛活动，会同有关部门对旅游市场进行综合治理，采取政策导向、倡议和信息引导等方式进行管理，取得了有效成果。

(2) 经济管理手段

在市场经济条件下，仅仅用行政管理手段是不够的，还需要采用经济管理手段进行调控。旅游经济管理手段是指旅游行政组织按照经济规律，通过价格、税收、信贷、奖惩等经济杠杆来实施旅游管理。如采用补贴形式，鼓励旅游经营单位和旅游区附近居民植树造林、养花种草，从而达到保护旅游环境的目的；对旅游经营单位实行保证金和押金制度，可以达到促进其合法经营，提高旅游服务质量。

（3）法律管理手段

旅游法律管理手段是旅游管理中强有力的手段之一，是将旅游活动中的客观规律用法律的形式固定下来，成为人们必须遵守的强制性行为规范，并依此实施管理。通过制定旅游法律、法规，明确旅游活动中各主体的权利和义务，规范和引导旅游活动行为，对旅游业进行有效的宏观调控，维护旅游业的正常秩序。因此，这是旅游管理重要的、必须加强的管理手段。

此外，旅游行政组织还用咨询、宣传、教育、技术革新等手段进行旅游事业的管理。采取什么方式最有效，需要分析管理对象，因时制宜，因地制宜。

9.1.4 旅游行业组织

旅游行业组织是旅游企业自愿联合的社会旅游组织，不是政府的行政机构，它们以自愿和不营利为原则，通过加强行业间的协作，协调企业的经营管理，从而扩大行业影响，理顺行业竞争秩序，提高行业信誉与效益。也有的旅游行业组织是一些基层行业组织组成的联合体，即旅游行业组织成员有的是企业，有的是团体，也有个人会员。

加强行业管理是提高旅游服务质量和水平、规范旅游企业经营、规范旅游市场秩序，促进旅游业持续健康发展的内在需求，因此旅游行业组织也是旅游发展所必需的。旅游行业组织的主要职能和作用是：组织行业交流，交换行业信息；调查和协调行业内部的关系，解决行业业务中的事物和问题，阻止行业内部的不合理竞争；组织行业专业研讨和培训；旅游行业组织是非官方机构，各种旅游行业组织行使职能不尽相同，但大致有以下职能：①组织调研活动，向政府提供咨询和建议；②制定行业自律文件并监督成员实施，维护行业竞争秩序；③联系各会员，协调各种关系，维护会员利益；④开展宣传促销，开拓国内国际市场；⑤建立行业标准和规范，推广新技术，进行行业间技术指导，组织开展经验交流、学术交流活动，协助会员单位提高经营水平；⑥统计行业数据，研讨、预测行业的未来发展；⑦组织培训人才，进行专业咨询等。

在一些国家里，旅游行业组织被政府授予较高的权力，具有半官方性质，在旅游事业中行使更多职能。有的国家没有旅游行政组织，甚至由旅游行业组织行使旅游行政组织的职能。总而言之，旅游行业组织在旅游事业中发挥着重要作用。

9.2 国际旅游组织

9.2.1 国际旅游组织概述

第二次世界大战结束以来，随着国际旅游的迅速发展，各国在出入境制度、安全检查、交通以及旅游企业之间协调等问题成为人们关注和必须认真解决的问题。随之，一些国际性和区域性的旅游组织相继成立，在减少国际间的障碍、方便旅游活动的组织和开展方面做了卓有成效的工作，促进了国际旅游的发展。按组织的地位划分，可将国际旅游组织分为政府间组织和非政府间组织。按管理范围分为全球性组织和地区性组织。

9.2.1.1 政府间国际旅游组织

世界上有很多政府间的国际性组织，其中一部分组织与国际旅游事务有关，包括全球性组织和地区性组织。

（1）全球性政府间国际旅游组织

在与旅游事务有关的全球性政府间国际组织中，规模最大者当为联合国组织。这些组织或机构在工作中直接或间接涉及国际旅游事务。

直接涉及国际旅游事务的组织包括全面涉及全球国际旅游事务的组织，如世界旅游组织（WTO）；涉及旅游业具体部门的组织，如政府间海事协商组织（IMCO）、国际民航组织（ICAO）。

间接和部分涉及国际旅游事务的组织，如世界卫生组织（WHO）、联合国教科文组织（UNESCO）、国际劳工组织（ILO）、万国邮政联盟（UPU）等。

（2）地区性政府间国际旅游组织

在地区性的政府间国际组织中，涉及国际旅游事务的大致有三种类型：①行业专门组织，如欧洲民航会议（ECAC）、欧洲投资银行（EJB）；②区域集团，如欧洲联盟（EU）、美洲国家组织（OAS）；③共同利益集团，如经济合作与发展组织（OECD）。

9.2.1.2 非政府间国际旅游组织

非政府间国际旅游组织也称为国际旅游行业组织。相对政府间的国际旅游组织来说，非政府间的国际旅游组织非常多，也可根据管理旅游事务的范围和程度，划分为全球性组织和地区性组织。

（1）全球性非政府间国际旅游组织。

该组织包括：①以机构团体（协会）为成员的组织，如国际旅游联盟（AIT）、国际社会旅游协会（BITS）、世界旅行社协会联合会（UFTAA）、国际饭店业协会（IHA）、国际海运联合会（ICS）、国际青年旅舍联合会（IYHF）、旅游代理商协会国际联合会（UFTAA）；②以企业为成员的组织，如国际旅馆协会（IHA）、国际航空运输协会（IATA）、国际铁路联盟（IUR）、世界旅游代理商协会（WATA）、国际会议组织商协会（ICCA）；③以个人为成员的组织，如旅游科学专家国际联合会（AIEST）、国际旅游学会（IATS）、旅游职业训练协会（AM-FORT）、旅游研究协会（TTRA）。

（2）地区性非政府间国际旅游组织。

该组织包括：①以机构团体（协会）为成员的组织，如欧洲旅游委员会（ETC）、拉美旅游组织联盟（COTAL）、太平洋亚洲旅游协会（PATA）、加勒比旅游协会（CTA）、非洲旅游协会（ATTA）；②以企业为成员的组织，如欧洲航空公司协会（AEA）；③以个人为成员的组织。当然，也有一些组织既接受团体会员，又接受个人会员。

9.2.2 与中国有关的主要国际旅游组织

9.2.2.1 世界旅游组织

世界旅游组织是政府间的国际旅游组织，它的前身是1925年在荷兰海牙成立的官方旅游宣传组织国际联盟（IUOTPO），当时是一个非政府的技术机构。1946年10月1～4日，在伦敦召开了首届国际旅游组织大会，并成立专门委员会研究重建该联盟。1947年10月在巴黎举行的第二届国家旅游组织国际大会上决定正式成立国际官方旅游组织联盟（IUOTO），仍为非政府组织，总部设在伦敦，1951年迁至日内瓦。1975年5月该组织改为现名，总部迁至西班牙马德里。1976年世界旅游组织成为联合国开发计划署在旅游方面的一个执行机构，是世界唯一全面涉及旅游事务的全球性政府间机构。2003年，联合国大会经济和社会事务委员会决定吸纳世界旅游组织为联合国专门机构。其英文名为 World Tourism Organization，缩写为 WTO。其宗旨是促进和发展旅游事业，使之有利于经济发展、国际间相互了解、和平与繁荣。主要负责收集和分析旅游数据，定期向成员国提供统计资料、研究报告，制定国际性旅游公约、宣言、规则、范本，研究全球旅游政策。

WTO 成员分为正式成员（主权国家政府旅游部门）、联系成员（无外交实权的领地）和附属成员（直接从事旅游业或与旅游业有关的组织、企业和机构）。联系成员和附属成员对 WTO 事务无决策权。

我国于 1983 年 10 月 5 日加入世界旅游组织，成为该组织第 106 个正式成员国。1987年 9 月，我国当选为世界旅游组织执行委员会新成员，同时为东亚和太平洋地区委员会副主席。

WTO 的组织机构包括全体大会、执行委员会、秘书处及地区委员会。全体大会为最高权力机构，每两年召开一次，审议该组织重大问题。执行委员会每年至少召开两次。执委会下设五个委员会：计划和协调技术委员会、预算和财政委员会、环境保护委员会、简化手续委员会、旅游安全委员会。秘书处负责日常工作，秘书长由执委会推荐，大会选举产生。地区委员会属于非常设机构，负责协调、组织本地区的研讨会、工作项目和地区性活动。每年召开一次会议。共有非洲、美洲、东亚和太平洋、南亚、欧洲和中东 6 个地区委员会。

世界旅游组织的活动主要如下。

① 技术合作。对世界各国在广泛的旅游领域里给予咨询和援助，如适度的旅游发展、必要的投资、技术转让、市场销售和宣传促销。下列范围项目可得到世界旅游组织的援助：潜在的旅游资源调查，全国发展总体计划（包括财政来源和投资），为国内和国际旅游的发展制定政策、规划和拟定项目；合理利用国土，开发新的旅游区和旅游产品；旅游法规、旅游统计、旅游业的预测和数字分析、旅游宣传、旅游市场、市场销售的研究和分析；旅游培训、旅游学院和旅馆学院的可行性研究、经营实体的发展；旅游宾馆、度假村、疗养所、汽车旅馆、宿营地等的规划、选址、利用与完善，饭店星级评定制度。

② 教育与培训。世界旅游组织提供不同形式的教育与培训。一方面，与法国珀杜大学宾馆餐饮管理系、索尔邦内大学世界旅游高等研究中心合作举办函授班，培训内容包括文化遗产的保护、通信、调研、旅游经营市场学等。另一方面，正在建立一个全球性的教育培训中心网络。目前，培训中心包括：美国乔治·华盛顿大学国际旅游研究系、美国马诺阿夏威夷大学旅游管理系、美国康奈尔大学饭店管理系、加拿大卡尔加里大学、加拿大魁北克蒙特利尔大学城市旅游系、意大利国际旅游科学学校、法国潘特翁—索尔邦内巴黎第一大学世界旅游高等研究中心、荷兰海牙饭店学院接待管理系、英国萨里大学饭店旅游管理系、澳大利亚北昆士兰詹姆斯·库克大学旅游系、摩洛哥国际旅游高等学院等。

③ 环境与计划。世界旅游组织在环境与计划方面的工作的基本点是发展适度的旅游，强调在旅游产品和旅游服务的长期推销过程中，不仅要有商业意识，而且要明显地具有环境保护意识。要参加世界性或地区性的关于旅游与环境的会议并出版有关刊物。

④ 简化手续和自由经营。致力于消除旅游障碍，促进旅游服务业自由经营。如建造方便伤残人士旅游的设施，研究有关预定咨询系统，出版有关研究和派生项目的刊物。

⑤ 市场分析和促销。165 个国家向世界旅游组织提供对市场销售和制定战略规划十分有价值的资料和预测，世界旅游组织据此不断检查和分析世界旅游的发展，并出版一系列完整的期刊和包括大多数旅游输出国和接待国，以及旅游其他方面的统计报告。世界旅游组织依靠大量的文献资料，并着力通过旅游信息交流网络形成世界资料交流中心。

世界旅游组织出版的刊物包括用英文、法文和西班牙文出版的《世界旅游组织消息》（WTO News）月刊、《旅游发展报告（政策与趋势）》（Tourism Development Report-

Policy and Trends）年刊、《旅游统计年鉴》（Yearbook of Tourism Statistics）年刊、《旅游统计手册》（Compendium of Tourism Statistics）年刊、《旅行及旅游动态》（Current Travel and Tourism Indicators）季刊，以及其他刊物、简报、小册子、专著和报告。

9.2.2.2 太平洋亚洲旅游协会

太平洋亚洲旅游协会（Pacific Asia Travel Association，简称 PATA）是非政府间国际旅游组织，1951 年 1 月成立于夏威夷檀香山，原名太平洋地区旅行协会（英文简称 PITA），1986 年改为现名，协会总部设在美国旧金山。1998 年，协会将总部从旧金山迁移至泰国曼谷。总部分传媒关系、发展、活动策划和策略情报中心 4 个部门。协会分别在美国奥克兰设有美国支部、澳大利亚的悉尼设有太平洋支部及德国法兰克福设有欧洲支部。

该协会的章程规定，任何全部和部分位于西经 110 度至东经 75 度地理区域内所有纬度的任何国家、地区或政治区域均有权成为该协会会员。该协会成员广泛，不仅包括亚太地区，而且包括如欧洲各重要客源国在内的政府旅游部门和空运、海运、陆运、旅行社、饭店、餐饮等与旅游有关的企业。目前，协会有 37 名正式官方会员，44 名联系官方会员，60 名航空公司会员以及 2100 多名财团、企业等会员。另外，遍布世界各地的 79 个分会还拥有 17000 多名分会会员。我国于 1993 年加入该组织，并成为其官方会员。1994 年 1 月 8 日太平洋亚洲旅行协会中国分会正式成立，分会秘书处设在国家旅游局国际联络司。

协会的宗旨是联合亚洲及太平洋地区所有热心于旅游的团体和组织，鼓励和支持本地区旅游和旅游业的发展，保护本地区特有的旅游资源。该协会是个具有广泛代表性和影响力的民间国际旅游组织，在整个亚太地区乃至世界的旅游开发、宣传、培训与合作等多方面发挥着重要作用。协会的管理机构为理事会（由 49～51 名成员组成），其职能是在两届年会之间开展协会的工作。协会下设三个委员会：管理委员会、企业委员会、咨询委员会。协会还出版各种旅游教科书、研究报告、宣传材料、旅游指南以及多种期刊，其中主要期刊是《太平洋旅游新闻》。

9.2.2.3 世界旅行社协会联合会

世界旅行社协会联合会（Universal Federation of Travel Agents Association，简称 UFTAA）是最大的民间性国际旅游组织。其前身是 1919 年在巴黎成立的欧洲旅行社和 1964 年在纽约成立的美洲旅行社，1966 年 10 月由这两个组织合并组成，并于 1966 年 11 月 22 日在罗马正式成立，总部设在比利时布鲁塞尔。

该协会宗旨是负责国际政府间或非政府间旅游团体的谈判事宜，代表并为旅游业和旅行社的利益服务。该组织每年召开一次全体大会，交流经验，互通情报。该组织的成员分为两类，一类是正式会员，由国家旅行社协会组织参加；另一类为联系会员，为私营旅行社和与旅游业务有关的机构，如航空公司、轮船公司、旅馆等。1995 年 8 月，中国旅游协会被接纳为正式会员。该会出版发行《世界旅行社协会联合会议公报》（月刊）。

9.2.2.4 国际饭店与餐馆协会

国际饭店与餐馆协会（IH&RA）的前身系国际饭店协会（IHA），于 1946 年 3 月在英国伦敦成立。国际饭店协会于 1996 年在墨西哥召开的第 34 届年会上，把国际餐馆协会纳入国际饭店协会，更名为国际饭店与餐馆协会。总部设在法国巴黎，英语和法语是其官方语言。该协会的正式会员是世界各国的全国性的饭店旅馆协会或类似组织，联系会员是各国旅馆业的其他组织、旅馆院校、国际饭店集团、旅馆、饭店和个人，有 30 万家饭店会员、155 家国家级饭店协会会员、50 家国际连锁饭店集团、119 家饭店院校。我国在 1994 年正式加入国际饭店与餐馆协会，中国旅游饭店业协会成为该协会的国家级饭店协会会员。

协会的宗旨是：代表全球饭店业的利益，促进饭店与餐馆业的发展，为会员提供行动纲领和所需产品（包括组织各种国际会议等），协调旅馆业和有关行业的关系，维护本行业的利益。

协会由董事会行使管理职责。董事会由 5 名官员、6 名地区副主席以及 11 名代表组成。

国际饭店与餐馆协会每年召开一次全体大会，讨论协会重大事件与决定。在每次会议期间，颁布青年主管世界奖，奖励 30 岁以下饭店男女经理/主管各 1 名，还颁发两名饭店环境奖，也称"年度绿色饭店经理奖"。协会每年提供 10～15 个奖学金名额，奖励有两年以上饭店中层管理经验的优秀青年，在欧洲或美国饭店院校进行夏季短期（两周）学习和培训。

9. 2. 2. 5　国际航空运输协会

国际航空运输协会（International Air Transport Association，简称 IATA）是一个包括全世界各大航空公司的国际性组织，于 1945 年 4 月在古巴哈瓦那成立，现为世界旅游组织的附属成员。协会有会员 188 家，1978 年 10 月中国航空协会成为该会的正式会员。

该协会的宗旨是：促进安全、正规和经济的航空运输；促进航空商业，并研究有关问题；促进与联合国国际民用航空组织的合作。

该协会的主要任务是：提出客货运率、服务条款和安全标准等，并逐步使全球的空运业务制度趋于统一；处理和协调航空公司与旅行社之间的关系。另外，确定票价也是该协会最主要的任务之一。

该协会最高权力机构为大会，大会每年召开一次。其他机构有执行委员会、常务委员会和常设秘书处。

该协会出版发行季刊《国际航空运输协会评论》和《年会备忘录》年刊。

9. 2. 2. 6　国际旅游科学专家协会

国际旅游科学专家协会（International Association of Scientific Experts in Tourism）（法文名称为 Association Internationale D'Experts Scientifiques du Tourisme，简称 AIEST）于 1951 年 5 月 31 日在意大利罗马成立，是世界旅游组织的附属成员。

协会的宗旨是：开展旅游科学研究，加强成员间的友好联系，鼓励成员间的学术活动，特别是促进个人接触，交流经验；支持具有学术性质的旅游研究机构以及其他有关旅游研究与教育的组织各项活动。

该协会是由国际上致力于旅游研究和旅游教学的专家组成的学术团体，在 45 个国家中有 330 多名会员。其活动主要有：收集科学资料和文献，开展旅游科学研究，举办旅游学术会议，出版发行季刊《旅游评论》和会议年度纪要等。它在旅游理论研究上享有很高的威信，如著名的"艾斯特"定义即是由它作出的。

该协会的最高权力机构为大会，每年举行一次，并设有委员会秘书处。

9.3　我国的旅游组织

我国的旅游组织根据管理权限分为旅游行政管理机构组织和旅游行业组织两大类。旅游行政管理机构主要是以国家旅游局和各省、市、自治区及地方旅游行政机构组成，负责管理全国或者所辖行政区域旅游事业。旅游行业组织是旅游企业自愿联合的组织。

9.3.1 我国旅游行政组织

9.3.1.1 国家旅游局

1964 年 7 月，全国人大常委会批准设立中国旅行游览事业管理局，直属国务院领导，12 月 1 日，该局正式成立，与中国国际旅行社政企合一，合署办公。1978 年 4 月 26 日，中国旅行游览事业管理局改称为中国旅行游览事业管理总局。1982 年 8 月 23 日，中国旅行游览事业管理总局更名为中华人民共和国国家旅游局，简称国家旅游局，作为国务院主管全国旅游行业的直属行政机构，统一管理全国旅游工作，并与中国国旅总社实行政企分开，不再直接组团和承担接待任务。

国家旅游局的主要职能如下。

① 研究拟定旅游业发展的方针、政策和规划，研究解决旅游经济运行中的重大问题，组织拟定旅游业的法规、规章及标准并监督实施。

② 协调各项旅游相关政策措施的落实，特别是假日旅游、旅游安全、旅游紧急救援及旅游保险等工作，保证旅游活动的正常运行。

③ 研究拟定国际旅游市场开发战略，组织国家旅游整体形象的对外宣传和推广活动，组织指导重要旅游产品的开发工作。

④ 培育和完善国内旅游市场，研究拟定发展国内旅游的战略措施并指导实施，监督、检查旅游市场秩序和服务质量，受理旅游者投诉，维护旅游者合法权益。

⑤ 组织旅游资源的普查工作，指导重点旅游区域的规划开发建设，组织旅游统计工作。

⑥ 研究拟定旅游涉外政策，负责旅游对外交流合作，代表国家签订国际旅游协定，制订出境旅游、边境旅游办法并监督实施。

⑦ 组织指导旅游教育、培训工作，制订旅游从业人员的职业资格制度和等级制度并监督实施。

⑧ 指导地方旅游行政机关开展旅游工作。

⑨ 负责局机关及在京直属单位的党群工作，对直属单位实施领导和管理。

⑩ 承办国务院交办的其他事项。

国家旅游局内设 7 个部门，分别是：办公室（综合协调司）、政策法规司、旅游促进与国际联络司、规划发展与财务司、质量规范与管理司、人事劳动教育司、老干部办公室。

国家旅游局有 6 个直属单位，分别是：国家旅游局机关服务中心、国家旅游局信息中心、中国旅游协会、中国旅游报社、中国旅游出版社、中国旅游管理干部学院。

国家旅游局在 15 个国家和地区设立了 17 个驻外机构，分别是：驻东京旅游办事处、驻大阪旅游办事处、驻新加坡旅游办事处、驻加德满都旅游办事处、驻首尔旅游办事处、亚洲旅游交流中心（香港）、驻纽约旅游办事处、驻洛杉矶旅游办事处、驻多伦多旅游办事处、驻伦敦旅游办事处、驻巴黎旅游办事处、驻法兰克福旅游办事处、驻马德里旅游办事处、驻苏黎世旅游办事处、驻悉尼旅游办事处、驻莫斯科旅游办事处、驻新德里旅游办事处。

9.3.1.2 省（自治区、直辖市）旅游局

国家旅游局成立后，各省、自治区、直辖市人民政府都下设了旅游局，是地方性旅游行政管理机构，管理本省（自治区、直辖市）的旅游事业，受地方政府和国家旅游局的双重领导，以地方政府为主。它们的组织机构基本上采取与国家旅游局主要业务司对口的做法，以便接受国家旅游局的业务指导。

9.3.1.3　地方旅游行政机构

我国有 200 多个旅游重点城市和地区以及一大批县市成立了旅游行政管理机构。它们的组织机构基本上采取与省级旅游局各主要业务处、国家旅游局有关司对口的做法，受上级旅游局的领导和指导，当然主要受地方政府的领导。还有一些没有单独设置旅游行政管理机构的市、县，则由上级旅游行政管理机构领导、当地政府有关机构配合进行旅游事务的管理。

9.3.2　我国旅游行业组织

随着旅游事业的发展，为了更好地协调各地区、各旅游业单位的工作，加强各部门的联系，中国一大批旅游行业组织纷纷建立起来了，许多旅游业单位加入了不同的行业组织。据统计，目前，全国省以上旅游协会的会员单位有近 2 万个，会员涵盖了国内大型旅游企业集团、国际旅行社、高星级饭店、世界遗产单位和著名旅游区。旅游行业组织是非行政机构，亦非营利性社会组织，是具有独立的社团法人资格的组织。以下介绍全国主要的旅游行业组织。

9.3.2.1　中国旅游协会

中国旅游协会是由中国旅游行业的有关社团组织和企事业单位在平等自愿基础上组成的全国综合性旅游行业协会，具有独立的社团法人资格。它是 1986 年 1 月 30 日经国务院批准正式宣布成立的第一个旅游全行业组织，1999 年 3 月 24 日经民政部核准重新登记。协会接受国家旅游局的领导、民政部的业务指导和监督管理。其英文名称为 China Tourism Association（CTA）。

其宗旨是遵照国家的宪法、法律、法规和有关政策，代表和维护全行业的共同利益和会员的合法权益，开展活动，为会员服务，为行业服务，为政府服务，在政府和会员之间发挥桥梁纽带作用，促进我国旅游业的持续、快速、健康发展。

中国旅游协会的主要任务如下。

① 对旅游发展战略、旅游管理体制、国内外旅游市场的发展态势等进行调研，向国家旅游行政主管部门提出意见和建议。

② 向业务主管部门反映会员的愿望和要求，向会员宣传政府的有关政策、法律、法规并协助贯彻执行。

③ 组织会员订立行规行约并监督遵守，维护旅游市场秩序。

④ 协助业务主管部门建立旅游信息网络，搞好质量管理工作，并接受委托，开展规划咨询、职工培训，组织技术交流，举办展览、抽样调查、安全检查，以及对旅游专业协会进行业务指导。

⑤ 开展对外交流与合作。

⑥ 编辑出版有关资料、刊物，传播旅游信息和研究成果。

⑦ 承办业务主管部门委托的其他工作。

中国旅游协会的最高权力机构是会员代表大会。会员代表大会每四年召开一次会议。会员代表大会的执行机构是理事会。理事会由会员代表大会选举产生。理事会每届任期四年，每年召开一次会议。在理事会闭会期间，由常务理事会行使其职权。常务理事会由理事会选举产生，由会长、副会长、常务理事和秘书长组成，每年召开两次会议。常务理事会设办公室作为办事机构，负责日常具体工作。

中国旅游协会现有理事 163 名，各省、自治区、直辖市和计划单列市、重点旅游城市的旅游管理部门、全国性旅游专业协会、大型旅游企业集团、旅游景区（点）、旅游院校、旅游科研与新闻出版单位以及与旅游业紧密相关的行业社团都推选了理事。协会的组成具有广泛代表性。

中国旅游协会会员为团体会员。凡在旅游行业内具有一定影响的社会团体和企事业单位，以及与旅游业相关的其他行业组织等，均可申请入会。

中国旅游协会根据工作需要设立了5个分会和专业委员会，分别进行有关的专业活动，即旅游城市分会、旅游区（点）分会、旅游教育分会、妇女旅游委员会和旅游商品及装备专业委员会。

在中国旅游协会指导下，有4个相对独立开展工作的专业协会：中国旅行社协会、中国旅游饭店业协会、中国旅游车船协会和中国旅游报刊协会。

9.3.2.2 中国旅行社协会

中国旅行社协会（China Association of Travel Services，简称 CATS）成立于1997年10月，是由中国境内的旅行社、各地区性旅行社协会或其他同类协会等单位，按照平等自愿的原则结成的全国旅行社行业的专业协会，是经中华人民共和国民政部正式登记注册的全国性社团组织，具有独立的社团法人资格。协会接受国家旅游局的领导、民政部的监督管理和中国旅游协会的业务指导。

协会的宗旨是：遵守国家的宪法、法律、法规和有关政策，遵守社会道德风尚，代表和维护旅行社行业的共同利益和会员的合法权益，努力为会员服务，为行业服务，在政府和会员之间发挥桥梁和纽带作用，为中国旅行社行业的健康发展作出积极贡献。

中国旅行社协会的主要任务如下。

① 宣传贯彻国家旅游业的发展方针和旅行社行业的政策法规。

② 总结交流旅行社的工作经验，开展与旅行社行业相关的调研，为旅行社行业的发展提出积极并切实可行的建议。

③ 向主管单位及有关单位反映会员的愿望和要求，为会员提供法律咨询服务，保护会员的共同利益，维护会员的合法权益。

④ 制订行规行约，发挥行业自律作用，督促会员单位提高经营管理水平和接待服务质量，维护旅游行业的市场经营秩序。

⑤ 加强会员之间的交流与合作，组织开展各项培训、学习、研讨、交流和考察等活动。

⑥ 加强与行业内外的有关组织、社团的联系、协调与合作。

⑦ 开展与海外旅行社协会及相关行业组织之间的交流与合作。

⑧ 编印会刊和信息资料，为会员提供信息服务。

协会实行团体会员制，所有在中国境内依法设立，守法经营，无不良信誉的旅行社及与旅行社经营业务密切相关的单位和各地区性旅行社协会或其他同类协会，承认和拥护本会的章程，遵守协会章程，履行应尽义务均可申请加入协会。协会的最高权力机构是会员代表大会，每四年举行一次。协会设立理事会和常务理事会，理事会对会员代表大会负责，是会员代表大会的执行机构，在会员代表大会闭会期间领导协会开展日常工作；常务理事会对理事会负责，在理事会闭会期间，行使其职权。

9.3.2.3 中国旅游饭店业协会

中国旅游饭店业协会（China Tourism Hotel Association，简称 CTHA）成立于1986年2月，经中华人民共和国民政部登记注册，具有独立法人资格，其主管单位为中华人民共和国国家旅游局。中国旅游饭店业协会是中国境内的饭店和地方饭店协会、饭店管理公司、饭店用品供应厂商等相关单位，按照平等自愿的原则结成的全国性的行业协会，下设饭店金钥匙专业委员会。

中国旅游饭店业协会的宗旨是：遵守国家法律法规，遵守社会道德风尚，代表中国旅游饭店业的共同利益，维护会员的合法权益，倡导诚信经营，引导行业自律，规范市场秩序。在主管单位的指导下，为会员服务，为行业服务，在政府与企业之间发挥桥梁和纽带作用，为促进中国旅游饭店业的健康发展作出积极贡献。

中国旅游饭店业协会会员中聚集了全国饭店业中知名度高、影响力大、服务规范、信誉良好的星级饭店，国际著名饭店集团在内地管理的饭店基本上都已成为协会会员。

中国旅游饭店业协会为会员服务体现在：通过对行业数据进行科学统计和分析，对行业发展现状和趋势做出判断和预测，引导和规范市场；组织饭店专业研讨、培训及考察；开展与海外相关协会的交流与合作；利用中国旅游饭店网和协会会刊《中国旅游饭店》向会员提供快捷资讯，为饭店提供专业咨询服务。

中国旅游饭店业协会于 1994 年正式加入国际饭店与餐馆协会（英文缩写为 IH&RA），成为其国家级协会会员。

9.3.2.4 中国旅游车船协会

中国旅游车船协会（China Tourism Automobile and Cruise Association，简称 CTACA）前身是"中国旅游汽车理论研讨会"，成立于 1988 年 1 月，1989 年 1 月改名为"中国旅游汽车联合会"，同年 8 月，经国家旅游局局长办公会议研究决定正式成立。1990 年 3 月，正式定名为"中国旅游车船协会"。

中国旅游车船协会是由中国境内的旅游汽车、游船企业和旅游客车及配件生产企业、汽车租赁、汽车救援等单位，在平等自愿基础上组成的全国旅游车船行业的专业性协会，是非营利性的社会组织，具有独立的社团法人资格。协会的宗旨是遵守国家宪法、法律、法规和政策，遵守社会道德风尚，广泛团结联系旅游车船业界人士，代表并维护会员的共同利益和合法权益，努力为会员、为政府、为行业服务，在政府和会员之间发挥桥梁和纽带作用，为把我国建设成为世界旅游强国，促进国民经济和社会发展作出积极贡献。协会接受国家旅游局和民政部的管理与监督，接受中国旅游协会的业务指导。

9.3.2.5 中国旅游报刊协会

中国旅游报刊协会成立于 1993 年 8 月 25 日，是由全国与旅游信息传播相关的报纸、期刊、大众传媒单位及相关报刊单位，按照平等自愿原则组成的全国性专业组织。协会是非营利性社会团体，具有独立的社团法人资格，接受国家旅游局和民政部的管理与监督，接受中国旅游协会的业务指导。

协会的宗旨是：遵守中华人民共和国宪法和法律，遵守国家有关旅游和新闻的法规，遵守社会道德风尚。代表和维护会员的共同利益和合法权益，努力为会员服务，为政府服务，为行业服务，在政府部门和会员之间发挥桥梁和纽带作用，团结全国各类传播旅游信息的报刊和大众媒体，为促进旅游业持续、快速、健康发展作出积极贡献。

9.4 旅游政策法规

旅游业已迅猛发展成为世界最大的产业，并作为国民经济的重要组成部分，受到了各国的重视。旅游业与其他产业的比例关系是否合理，将对国民经济的健康稳定运转产生很大影响。国家必须对旅游业的发展方向、目标作出干预，实施有效管理。国家和旅游行政组织对旅游事业的管理，主要是通过它所制定的旅游政策来实现的。而政策的具体体现则是法律、法规，通过使用法律手段管理旅游事项是发展的趋势。旅游政策法规对旅游事业的有序发展具有重要意义。

9.4.1　旅游政策

9.4.1.1　旅游政策的概念和形式

旅游政策是国家和旅游行政组织为实现一定阶段的旅游发展目标而规定的行动准则。它的中心内容是表明政府对旅游发展所抱的态度和采取的手段。旅游政策包括宏观旅游政策和微观旅游政策。宏观旅游政策即所谓发展方针，其确立旅游产业发展目标及其在国民经济中的地位，对全局起到指引方向和统揽大局的作用；微观旅游政策是针对具体的旅游事项和为旅游的基本运作单位制定的，起到具体的指导作用。

一个科学完整的旅游政策应包括以下几个方面内容：①明确要达到的目标；②分析实现目标的条件；③指明完成任务实现目标的主体；④指出达到目标所采取的手段和策略；⑤指明实现目标的时间。一个政策包含了上述内容便于人们接受和实施。

9.4.1.2　旅游政策的特点

旅游政策与其他政策具有共性，也具有一些个性特点。

① 旅游政策具有指导性和强制性。旅游发展的成败，政府起着至关重要的作用。旅游业出现后，特别是在现代旅游发展时期，面对不断变化的形势，各国普遍主动地应用旅游政策进行宏观管理，取得了成效。旅游政策确立了旅游产业发展目标，依靠其普遍的指导性和一定的强制性，通过引导、控制、扶持等手段，对旅游业产生主动积极的作用。

② 旅游政策具有协调性。在现代社会中，经济结构呈现出多元化的特点。三大产业以及各大产业内部的比例关系，各个产业的地区分布，整个经济结构问题需要政策引导和控制。旅游政策合理确立旅游业在国民经济中的地位，将有利于旅游业与各行业的健康协调发展，进而促进国民经济的协调发展。旅游政策还协调了国家与地方、部门与地区、旅游内部产业之间、企业之间的各种关系。

③ 旅游政策具有多层次性。由于旅游经济结构具有多层次性，存在国家与地区、部门与地区、旅游内部产业之间、企业之间纵横交错的多层次的结构，因此，旅游政策具有多层次性，以适应不同对象。这客观上要求不同层次旅游政策必须协调和合理。地区性、部门性的政策，不要与全国性的政策冲突，必须在全国性政策的原则和范围内制定。

④ 旅游政策具有相对稳定性和灵活性。旅游政策的制定必须高瞻远瞩，具有预见性，以保证其主导思想和基本原则相对稳定。但由于社会经济条件是变化的，不可能要求旅游政策一成不变，制定旅游政策需要有一定的灵活性，因此，其变化和完善具有动态特点。朝令夕改的政策会使人们无所适从，因循守旧的政策会导致丧失大好机会。

9.4.1.3　旅游政策的内容

一个国家的旅游政策体系主要包括以下紧密关联、互为前提、互为条件的几个方面内容。

① 旅游产业结构政策。旅游产业结构政策明确旅游业在国民经济中的地位，以及与其他产业的关系；国际旅游业与国内旅游业的关系；旅游业内部各产业结构的关系，即吃、住、行、游、娱、购等六大旅游要素的配套发展。

② 旅游产业地区政策。根据地区旅游资源、区位条件、客源市场、经济基础等各种条件，确定地区旅游业在地区经济中的地位，以及在国家旅游业中的地位，促进各地因地制宜

发展旅游，促进国家旅游业合理布局。

③ 旅游资源开发政策。旅游资源是旅游业发展的基础，是重要的资源类型，制定旅游资源开发政策，以此指导对旅游资源的调查、评价、开发和保护，并且保护旅游环境，促进旅游业的可持续发展。或者吸引投资者开发旅游，如我国对外商实行投资优惠政策，吸引了大量外来的旅游投资，促进了旅游开发。

④ 旅游市场开发政策。通过实施货币政策、财政政策、劳动保障政策等，以达到调节供给和对需求实施管理的目的。旅游市场的扩大促进旅游业的发展，旅游市场开发政策是不可缺少的内容。如我国延长假日政策的实施，推进了国内旅游的发展。

⑤ 旅游服务政策。旅游服务是旅游业的核心产品，旅游服务质量是其精髓。对服务范围、服务标准以政策形式确定下来，以指导旅游业经营者提高服务质量，提高游客满意度。

⑥ 旅游技术政策。旅游技术政策指导和促进旅游业利用现代科学技术，运用新兴的技术工具，增加科技含量，以增强竞争力，推动旅游业的快速发展。

⑦ 实施保障政策。为了保障政策的有效实施，需要实施保障政策以提供方法的指导和其他保障措施的促进。实施保障政策是综合性的政策体系，它不仅要求其政策内部的一致性，还要求它与各个方面相协调。

⑧ 旅游体制保障政策。旅游体制保障政策指导和保障旅游管理体制顺畅运作，在上下垂直管理、左右横向联络方面，能很好地衔接使得政策能上传下达顺利贯彻实施。需要对旅游管理部门以及企业体制不断深化改革，保障中央与地方之间、部门之间、地区之间、企业之间以及企业内部甚至和国际实现组织的对接，减少和消除管理过程中的障碍。

9.4.2 旅游法规

旅游法规是以旅游活动中形成的社会关系为调整对象的一系列法律规范的总和。旅游法规是旅游政策的具体化、法律化。旅游法规的内容包括法律、法规和规章三个层次。

9.4.2.1 旅游法规的调整对象

在现代旅游活动中所形成的社会关系主要包括以下几种。

① 旅游行政组织与旅游企业之间的关系。在发展旅游事业，制定、贯彻和实施旅游方针、政策和规划的过程中，旅游行政组织与旅游企业之间必然要发生各种关系。在市场经济条件下，两者之间是指导与被指导的关系。

② 旅游企业与旅游者之间的关系。旅游企业向旅游者提供吃、住、行、游、购、娱等各方面的服务，旅游者在消费的同时，必须向旅游企业支付一定的货币，旅游企业与旅游者之间因此产生相互依存关系。

③ 旅游企业之间的关系。在提供旅游服务中，各个旅游企业形成相互协作、互相配合的关系。如旅行社、交通、住宿、餐饮和旅游区等企业必须协调配合，才能给旅游者提供完善服务。旅游业的特点决定了各旅游企业是相互配合、相互依存、相互竞争的关系。

④ 旅游者与旅游行政组织之间的关系。在旅游过程中，旅游者向旅游行政组织投诉、办理证照等活动，可能与旅游行政组织以及园林、文物、公安、海关、宗教等诸多辅助旅游行政组织发生联系，从而产生关系。

⑤ 旅游行政组织之间的关系。旅游行政组织因级别、地区、职能差异，需要进行权限划分、分工负责，由此出现上下级之间的领导与被领导关系、横向部门或地区之间的配合关系。

⑥ 其他旅游关系。旅游活动涉及面广，还可能出现其他旅游关系。如国际旅游中，一

国旅游法中的各主体必然要与其他国家旅游法主体发生联系。

9.4.2.2　旅游法律关系构成

旅游法律关系和其他法律关系一样，也由主体、客体和内容三个基本要素构成。

① 旅游法律关系的主体。旅游法律关系的主体是指旅游法律关系的参与者，具体是指依照旅游法享有一定权利和承担一定义务的国家旅游行政组织、旅游企业、旅游者和境外旅游组织。

② 旅游法律关系的客体。旅游法律关系的客体是指旅游法律关系主体享有权利和承担义务所指向的对象。具体来说，一般由物、行为和精神财富三部分组成。

③ 旅游法律关系的内容。旅游法律关系的内容是指旅游法律关系的主体依法所享有的权利和应承担的义务。由于旅游法律关系主体的法律地位不同，旅游法律关系主体各自所享有的权利和承担的义务也不一样。

9.4.2.3　旅游法规的表现形式

世界上各国的法律制度有所差异，旅游法规的表现形式不尽相同，一般主要由五个部分组成。

① 宪法中有关旅游的规定。我国《宪法》第 43 条规定："中华人民共和国劳动者有休息的权利。国家发展劳动者休息和休养的设施，规定职工的工作时间和休假制度。"世界上不少国家在宪法中都有关于旅游的条文。

② 综合性的旅游基本法。旅游基本法是规定一个国家发展旅游事业的根本宗旨、根本原则和旅游活动领域中根本的权利和义务关系的法律，有人将它形象地喻为"旅游活动关系的宪法"。各国的旅游基本法在名称和所侧重的问题上可以有差异，但一般都包括这些内容：规定国家发展旅游事业的根本宗旨和原则；规定旅游主管机构的性质、任务和权限；规定旅游经营部门的行为准则；规定对旅游者合法权益的保护；规定对旅游资源的保护；规定奖惩措施等。目前，世界上的许多国家制定了旅游基本法，如日本早在 1963 年就有了《旅游基本法》。我国旅游业起步较晚，正在积极推进旅游法制工作，但现在还没有正式颁布旅游基本法。

③ 旅游部门单行法规。即有关旅游行业的专门法规。例如，日本的《旅游业法》、《翻译导游法》、《自然公园法》等。我国的《旅行社管理条例》、《导游人员管理条例》和《娱乐场所管理条例》等。

④ 旅游相关单行法规。有些法规虽然不是专为旅游行业颁布的，但它们涉及旅游事项。例如，我国的《中华人民共和国公民出境入境管理法》、《中华人民共和国外国人入境出境管理法》、《中华人民共和国消费者权益保护法》、《中华人民共和国民用航空法》、《中华人民共和国铁路法》、《中华人民共和国出境入境边防检查条例》、《国内航空运输旅客身体损害赔偿暂行规定》、《铁路旅客运输损害赔偿规定》等，也可将它们作为我国旅游法的组成部分。

⑤ 与旅游相关的国际条约和国际协定。根据国际《条约法公约》规定，国家已签字加入的，与旅游相关的国际条约和协定也是国家旅游法的重要组成形式。如我国在 1929 年 10 月 12 日通过的《统一国际航空运输某些规则的公约》（简称《华沙公约》）上签字后，需按约享受权利和承担责任。

思　考　题

1. 旅游组织有哪些类型和职能？

2. 主要的国际旅游组织有哪些？
3. 中国有哪些主要的旅游组织？
4. 旅游政策有哪些特点？包含哪些具体内容？
5. 旅游法规有几种表现形式？
6. 我国旅游法规主要有哪些？

10 旅游的作用与影响

本章提示

　　旅游是一项综合性很强的经济和社会文化活动，具有高度的产业关联性。随着社会的发展，大众化旅游的不断普及，旅游产品的开发与经营及旅游者的旅游活动对整个社会体系的影响也日益增加，旅游业逐渐成为影响国民经济、社会文化和生态环境发展变化的重要力量。在大力推进旅游业的过程中，人们常常看重的是其正面影响，而忽略了它的负面影响。事实上旅游会对所在地社会、经济、环境、文化等各个方面带来各种正面和负面的影响，只有全面、客观地认识这些影响，才能掌握扩大旅游的积极影响、克服其消极影响的原则和方法，以便促进旅游业的健康发展，并全面推动旅游与经济、环境、社会文化等各方面的协调发展。

10.1　旅游对经济的影响

10.1.1　旅游对经济的积极影响

10.1.1.1　增加外汇收入，平衡国际收支

　　外汇是指可用于对外支付的金融资产。外汇储备的多少，标志着一个国家国际支付能力的强弱和维持其货币体系稳定能力的大小，外汇储备同时也是对外偿债的保证。通常来说，扩大一个国家外汇收入的途径主要有三个：一是有形外贸出口收入，二是兴办海外企业的利润收入，三是各种无形贸易收入。国际旅游为旅游目的地国开辟了重要的外汇收入渠道，是一个国家平衡国际收支的主要手段之一。旅游业的外汇收入是由旅游者食、住、行、游、购、娱等方面的支出构成的，是无形贸易收入的重要组成部分，所以大力发展旅游业是增加无形贸易收入的重要途径。

　　不论发达国家还是发展中国家，发展旅游业的一个主要目的就是赚取外汇，平衡国际收支，改善它在国际贸易中所处的不利地位。这一点对于发展中国家来说尤为重要。发展中国家单纯依靠传统的出口初级产品的途径所能赚取的外汇数量有限，而且还要承受进口国的种种关税和其他壁垒，代价高昂，难以满足国家发展经济的需要。旅游业相比传统的商品出口在赚取外汇方面具有明显的优势，表现在：①旅游业的换汇率高，成本低。旅游业提供的是不需要运输到国外的观光和服务产品，而且旅游者必须到旅游产品的生产地点进行消费，所以可以省掉一般商品外贸过程中所必不可少的运输费用、仓储费用、保险费用、关税等各项开支以及与外贸进出口有关的各种繁杂手续。由于减少了换汇成本，从而提高了换汇率。②旅游业的产品和服务的价格建立在一定的国家垄断的基础上，因此，国际间的竞争在一定程度上被弱化，价格的自主权较大。③旅游业所赚取的外汇收入多为现汇收入，资金回笼速度快，风险小，创汇便利。④旅游业创汇是就地创汇，可以免受对方国家和地区关税壁垒的

限制。

　　旅游业的发展为国家赚取外汇的积极作用非常突出。以我国为例，在亚洲"金融危机"的不利影响下，我国外贸出口创汇面临十分严峻的形势，1998 年的外贸出口创汇比 1997 年仅增长 0.5％，而旅游创汇收入却比 1997 年增长了 4.37％。旅游外汇收入的快速增加为我国平衡国际收支起到了重要的作用。1988 年我国旅游外汇收入为 257.39 亿美元，相当于当年我国外贸出口创汇的 5.87％。

　　国际收支是指一个国家或地区在一定时期（通常以 1 年为期）与其他国家或地区经济往来的全部收入与支出。一个国家或地区拥有外汇收入的多少，体现着这个国家或地区的经济实力和国际支付能力。在国际经济往来中，收入大于支出时，国际收支差额表现为顺差或剩余；反之，国际收支差额则出现逆差或赤字。按照惯例国际收支应达到平衡，但很多国家由于种种原因会造成国际收支不平衡，例如对于发展中国家而言，一方面由于经济技术发展滞后，物质商品出口有限，另一方面为了发展经济文化又必须进口先进的技术和设备，因此，国家收支出现逆差。发展旅游可增加旅游外汇收入，弥补贸易逆差、平衡国际收支，所以很多发展中国家都积极发展国际入境旅游。

　　在旅游业刚刚起步的 1978 年，我国入境旅游人数只有 180.9 万人次，居世界第 48 位，旅游创汇只有 2.63 亿美元，居世界第 41 位。1998 年，我国接待的海外过夜旅游者人数位居世界第 6 位，旅游外汇收入位居世界第 7 位，奠定了中国作为亚洲旅游大国的地位。2002 年接待入境旅游者为 9790.83 万人次，是 1978 年的 54 倍，当年实现外汇旅游收入 203.85 亿美元，居世界第 5 位，是 1978 年的 77 倍多。在 1978 年至 2002 年的 25 年间，我国国际旅游业累计为国家创汇 1469.4 亿美元。2004 年，我国入境旅游业全面振兴并有新的突破性大发展，全年入境人数达 1.09 亿人次，比 2003 年增长 18.96％。2005 年，我国入境旅游人数达到 1.20 亿人次，同比增长 10.3％，旅游外汇收入达到 292.96 亿美元，比 2004 年增长 13.8％，位居世界第 6 位。表 10-1、表 10-2 反映了我国 1978～2005 年国际旅游的发展情况。

10.1.1.2　促进货币回笼，缓解市场压力

　　拓宽货币回笼渠道、加快货币回笼速度和扩大货币回笼量是国内旅游市场的重要经济职能。在实行市场经济的国家中，国家按需要有计划地投放货币和回笼货币，使整个市场经济正常运行。在一定时期内，市场上流通的商品量和货币量必须保持一致。如果流通的货币多于商品的供给，则可能导致通货膨胀，引发货币贬值，威胁经济系统的安全运行。所以任何一个国家都要监督和控制货币的投放与回笼，有计划地调节流通中的货币量，以保持经济社会的正常运行。

　　回笼货币的渠道有多种，如财政回笼，即通过征税回笼货币；信用回笼，即通过吸收存款、收回贷款、发放国债等回笼货币；商务回笼，即销售商品回笼货币；服务回笼，即通过服务收费回笼货币。这四种渠道中，以服务收费回笼货币最为有益，因为服务回笼既可节省大量的物化劳动，又能满足人们日益增长的需求，收到回笼货币的效果。旅游业是满足人们享受和发展的行业，消费水平高，它通过提供各类旅游商品和服务，可以收回大量货币。对于在商品投放能力有限，难以满足市场需求的情况下，发展国内旅游产业，可以转移人们购买趋向，刺激消费。我国国内旅游消费的现实需求性强，市场基础广阔，在社会潜在购买力比较大的情况下，旅游业更是一个新的增长点，能够拉动内需，促进社会经济发展。

表 10-1　1978~2005 年来华入境旅游人数

年　份	总计 /万人次	外国人 /万人次	华侨 /万人次	港澳同胞 /万人次	台湾同胞 /万人次
1978	180.92	22.96	1.81	156.25	—
1979	420.39	36.24	2.09	15.58	144.68
1980	570.25	52.91	3.44	513.90	—
1981	776.71	67.52	3.89	705.31	—
1982	792.43	76.45	4.27	711.70	—
1983	947.70	87.25	4.04	856.41	—
1984	1285.22	113.43	4.75	1167.04	—
1985	1783.31	137.05	8.48	1637.78	—
1986	2281.95	148.23	6.81	2126.90	—
1987	2269.23	172.78	8.70	2508.74	—
1988	3169.45	184.22	7.39	2933.56	43.77
1989	2450.14	146.10	6.86	2243.092	54.10
1990	2746.18	174.73	9.11	2467.54	94.80
1991	3334.98	271.01	13.34	2955.96	94.66
1992	3811.49	400.64	16.51	3262.57	131.78
1993	4152.69	465.59	16.62	3517.79	752.70
1994	4368.45	518.21	11.52	3699.69	139.02
1995	4638.62	588.67	11.58	3885.17	153.23
1996	5112.75	674.43	15.46	4249.47	173.39
1997	5758.79	742.80	9.90	4794.33	211.76
1998	6347.84	710.77	12.07	5407.53	217.46
1999	7279.56	843.23	10.81	6167.06	258.46
2000	8344.39	1016.04	7.55	7009.94	310.86
2001	8901.29	1122.64	—	7434.46	344.20
2002	9790.83	1343.95	—	8080.82	366.06
2003	9166.21	1140.29	—	7752.74	273.19
2004	10903.82	1693.25	—	8842.05	368.53
2005	12029.23	2025.51	—	9592.79	410.92

注：资料来源自据国家计委、国家统计局、国家信息中心资料整理。

表 10-2 1978～2005 年我国国际旅游外汇收入

年　份	外汇收入/亿美元	发展指数(1978 年为 100)	比上年增长/%
1978	2.63	100.0	—
1979	4.49	170.7	70.9
1980	6.17	243.6	37.3
1981	7.85	298.6	27.3
1982	8.43	320.7	7.4
1983	9.41	358.0	11.6
1984	11.31	430.3	20.2
1985	12.50	475.5	10.5
1986	15.31	582.3	22.5
1987	18.62	708.1	21.6
1988	22.47	854.6	20.7
1989	18.60	707.7	−17.2
1990	22.18	843.5	19.2
1991	28.45	1082.1	28.3
1992	39.47	1501.3	38.7
1993	46.83	1781.4	18.7
1994	73.23	2785.4	—
1995	87.33	3321.7	19.3
1996	102.00	38880.0	16.8
1997	120.74	4592.7	18.4
1998	126.02	4793.4	4.4
1999	140.99	5362.7	11.9
2000	162.24	6171.2	15.1
2001	177.92	6767.6	9.7
2002	203.85	7753.9	14.6
2003	174.06	6618.2	−14.6
2004	257.39	9786.7	47.87
2005	292.96	11100.39	13.82

注：资料来源自中国旅游网。

10.1.1.3　优化产业结构，带动相关产业

所谓产业结构是指国民经济三个主要部门第一产业、第二产业、第三产业之间的比例关系。西方经济学家根据劳动对象进行加工的顺序将国民经济部门划分为三个产业，第一产业是指大农业（包括种植业、林业、牧业、副业和渔业），第二产业是指工业（包括采掘工业、

制造业、自来水、电力、蒸汽、热水、煤气）和建筑业，第三产业是指除第一产业、第二产业以外的其他各业，主要是服务业。世界各国的发展进程表明，三个产业之间的比重变化表现为第一产业比重持续下降、第二产业比重快速上升以及第三产业比重稳步提高，产业结构从"一、二、三"结构向"三、二、一"结构转化。同时，产业结构与就业结构变化的一般趋势是：第一产业创造的国民收入占全部国民收入的比重与第一产业劳动力占全部劳动力的比重均处于不断下降之中；第二产业国民收入的相对比重总体趋势是快速上升的；第三产业劳动力相对比重在几乎所有国家和地区都呈上升趋势。

旅游业作为现代经济产业，不仅包括旅行社、旅游景区等主要为旅游者服务的部门，而且还包括饭店、旅游交通、游览娱乐、旅游商品等部门，旅游业的发展不仅依赖于其他相关产业的发展，而且也促进其他相关产业的发展。旅游业对与之相关的建筑、娱乐、商贸、园林、花卉、市政建设、邮电、信息、装修、工艺美术、高新科技、金融保险以及工农业等30～40个行业都能起到直接或间接的带动作用，这种高度的关联带动功能，有利于合理配置资源，推动产业结构调整和优化升级，带动相关产业发展，并促进整个国民经济的全面发展。

旅游业的关联带动功能可以带来显著的社会经济效益，具有"一业带百业"的作用和推动经济跨越式发展的乘数效应。世界旅游组织公布的资料显示，旅游业的经济乘数效应远高于其他行业，旅游业每收入1元，相关行业的收入就增加4.3元。旅游业的消费乘数更大，国际上该乘数为7，即旅游者每消费1元钱，可以带动7元钱的社会消费。世界旅游组织1987年"世界旅游日"的宣传口号是"旅游促进发展"，这一点已经被世界各国公认。

10.1.1.4 增加就业机会，缓解就业压力

旅游和旅游业的发展还可带来就业机会的增加。就业问题是国民经济发展中的一个极其重要的问题，它不仅关系到每个劳动者的生存和发展，更是关系到整个社会的稳定。产业发展的实践证明：由于第一产业和第二产业吸纳待业人口的能力有限，随着国民经济的发展，第三产业已经成为解决就业问题的重要渠道。表10-3反映了部分国家的旅游业在解决社会就业方面的作用。

表10-3　部分国家旅游业就业人员情况表

国　　别	旅游就业人数/万人	约占总人数的比例/%
意大利	100	2
美国	700	3
英国	200	3.5
瑞士	250	10
巴巴多斯	3.17	12.2

注：资料来源自罗佳明. 旅游经济管理概论. 上海：复旦大学出版社，1999：26。

与其他行业相比，旅游产业可以为劳动者提供更多的就业机会，这是因为：第一，旅游业属于就业成本较小的劳动密集型产业，许多工作都需要员工直接进行手工操作，且直接面对客人提供服务，因而需要大量的劳动力。第二，由于旅游活动具有季节性，旅游旺季带来的就业机会可以是临时的和兼职的，这类工作吸引了那些希望按季节工作的人，诸如在假期勤工俭学的大学生。第三，旅游业就业层次较多，包含多种部门和岗位的需求。不同文化水平、不同层次的人在旅游业均能发挥作用，所以旅游业是个劳动力素质要求多元化的产业。

旅游业的许多工作不需要很高的技术，只需要短期培训即可很快胜任，因而也为刚刚步入社会的青年人就业和下岗职工再就业提供了机会。第四，旅游业是个具有关联带动性的产业，不仅自身具有大量直接就业机会，而且能够连带其他行业提供相关就业岗位。根据世界旅游组织专家的预测，旅游资源丰富的第三世界国家，旅游业每增加 3 万美元的收入，就会增加 2 个直接就业机会和 5 个间接就业机会。而旅游业每年增加 1 个直接就业人数，就可增加 5 个与之相关联的间接机会。有关资料表明：亚太经合组织（APEC）地区接待的国际旅游者占全球的五分之一，其中 75% 是在区内国家间流动，而据世界旅行旅游协会统计，1998 年，该地区共产生了 2100 亿美元的旅游总需求，8880 万个就业机会。预计 2010 年，该地区旅游业收入可达 4600 亿美元，并可创造 12390 万个就业机会。

10.1.1.5　平衡地区经济发展，缩小地区差距

世界不同国家和地区，或者一个国家内的不同区域，经济发展水平往往是不平衡的，而旅游业在平衡这种地区间差别方面能够起到一定的积极作用。国际旅游可以引起旅游客源国的财富向旅游目的地国转移，在一定程度上是国际间的财富再分配。国内旅游同样可以把国内财富从客源地向目的地转移，使国内财富在区域间再分配。一般说来，经济较发达的地区外出旅游的人数较多，经济欠发达地区外出旅游的人数较少。当经济欠发达地区的旅游资源足以吸引经济发达地区的居民前往开展旅游活动时，这些旅游者在旅游目的地的消费开支，也就是说经济落后地区得到的旅游收入，显然可以刺激和带动目的地经济的发展，加速当地经济增长的步伐，从而有助于缩小地区差距。特别是那些物产资源贫乏，难以发展第一产业、第二产业的经济生产，但却拥有某种独特旅游资源的地区，发展旅游业在经济增长方面尤其具有重要作用。

10.1.1.6　改善投资环境，扩大国际合作

旅游业的发展必将引发基础设施等硬件条件建设，同时对软环境也会产生深刻的影响，从而能够从多方面改善投资环境。旅游对投资环境的改善表现在：第一，旅游业提供了国际合作的必要物质条件。发展旅游业必定会推动通信、交通、供水、电力等市政设施和饭店、娱乐场所等旅游设施的建设，这为旅游地吸引外来投资提供了了良好的条件，而且一个地区基础设施和服务水平已成为该地投资环境的重要组成部分。第二，发展国际旅游，促进了各国人才和信息的交流。在旅游中，很多科学家、学者、企业家等带来了许多最新的科学技术信息的交流，通过同行间的交流，密切了相互之间的合作关系，从而为外商投资打下了合作的基础。第三，旅游经济本身的特点为外商投资增强了信心。旅游业是朝阳产业，又具有投入小、产出多、效益高的特点，对外资吸引力较大。其四，旅游业是一个和外来旅游者打交道的事业，通过发展旅游业，锻炼了旅游地公共管理者和公众的开放意识与服务意识，也将促进政策环境的改善。思想观念、政策等软环境的改善，对引进外来投资作用巨大。随着国际旅游业的不断发展，各国人民之间的交流日益增多，旅游业对扩大国际间的经济交流与合作将进一步发挥积极作用。

10.1.2　旅游对经济的消极影响

事物的发展总是具有两面性。旅游业的发展固然能够对国民经济增长起到很大的促进作用，但是如果旅游接待国家或地区不能量力而行，不顾客观条件，片面强调发展旅游业，则可能带来某些副作用。旅游对经济的消极影响主要表现在以下几个方面。

10.1.2.1　有可能引起当地物价上涨

一般情况下，由于外来旅游者的经济支付能力要高于旅游目的地居民，或者是由于外来

旅游者为旅游做了提前的积蓄，加之特定旅游消费心理的影响，旅游者往往愿意出高价去购买各种产品和服务。在经常有大量旅游者到访的情况下，则难免会引起旅游目的地的物价上涨。这势必损害当地居民的经济利益，特别是会引起衣、食、住、行等生活必需品价格上涨，使居民为购买同样的商品付出更多的金钱。此外，随着旅游业的发展，地价也会迅速上升。很多国家的大量事实表明，在某些最初到访游客不多的地区兴建宾馆、度假村、娱乐场等旅游设施时，对土地的投资只占全部投资的1%。但是在这一地区旅游业发展起来之后，新建娱乐设施的地皮投资很快上升到占全部投资的20%。由此而造成地价上涨，显然会影响到当地居民的住房建设与发展，使当地居民不得不为购房、租房等增加开支。

10.1.2.2　有可能导致产业结构发生不利变化

一般而言，旅游业因其广阔的发展空间、强大的产业关联性，会对目的地经济的发展、产业结构的改善产生深远的影响。旅游业的适当发展能够对目的地产生诸多积极影响，但是如果缺乏科学决策，也可能使目的地的产业结构发生不利变化，阻碍目的地经济社会的全面发展。主要表现在：第一，旅游业是一个竞争激烈的行业，起步较晚的贫困地区开发旅游往往不得不走高起点、高档次、大规模的发展之路，这就大大提高了旅游业的经营成本，并需要一定规模的客源市场来维持其正常运行。但若远离客源地，可进入性差，旅游者数量有限，甚至只有低于维持经营成本的客源量，这样就形成了旅游业投资的负效益。第二，旅游业的发展需要大量投资，除吸引外来投资外，当地也要投入，如果过度超前发展旅游，势必将本该合理分配的资金过多地投入旅游业，导致其他行业萎缩发展，从而影响合理的经济结构。第三，在原先以农业为主的国家和地区，由于从个人收入来看，从事旅游服务的工资所得高于务农收入，因此常使得大量劳动力弃田从事旅游业。这种产业结构不正常变化的结果，一方面是旅游业的发展扩大了对农副产品的需求，另一方面却是农副业产出能力的下降，如果再加上农副产品价格上涨的压力，很可能还会影响社会经济的平稳发展。第四，过度发展旅游业，在客源不足的情况下，会加剧行业竞争，无序的"价格战"必将损害整个行业利润。例如，为发展旅游业建设过多的饭店，而旅游淡季客房空置率增高时，饭店为吸引顾客，竞相降低房价，就会使当地的饭店业遭受沉重的打击。

10.1.2.3　过分依赖旅游业会影响国民经济的稳定

这一点主要是指旅游产品有脆弱性的特点，国民经济发展过度依赖旅游业可能会造成不良后果。有人称旅游业是"建立在流沙上的大厦"，和一般产业相比，旅游产业受到许多因素制约。

① 构成旅游产业各部分之间的比例协调关系。旅游产品的生产与许多相关行业联系密切，客观上要求旅游业内部和旅游业与其他行业之间都必须协调发展，某一个局部环节出现问题都会影响旅游业的全局发展。

② 旅游需求的季节性变化。四季变化对旅游活动具有极其明显的影响，造成了旅游业的淡旺周期性波动。比如我国北方大连、青岛等海滨地区，夏季海风习习、游客云集，冬季却北风呼啸，游客稀少。与季节性变化相类似的是，由于人们日常生活中忙闲不均而带来的旅游产品周期性的差异，近年来我国节假日制度的调整，引发了广大市民"黄金周"等旅游热，而非双休日或节假日期间，许多旅游景点、度假村以及旅游饭店往往客源不足，冷冷清清。

③ 政治、经济、社会等因素。这些因素也会对旅游业产生影响。例如政治因素中的社会动荡、暴力恐怖活动猖獗、国家关系恶化、战争爆发等；经济因素中的通货膨胀、世界性

经济危机等；自然因素中的灾害和病疫等，都会使旅游业呈现萧条或衰落，使旅游业乃至整个经济都严重受挫。

因此，一个国家或地区在利用旅游业来发展经济时，必须把握好一个"度"，加强总体规划和宏观控制。我国旅游业的发展也必须体现这一特点，对于适于开发和可优先开发的地区应大力支持和扶植，对于不宜大规模发展旅游业的地区则应加以限制。

10.2 旅游对社会文化的作用和影响

10.2.1 旅游对社会文化的积极影响

10.2.1.1 加强人类的相互了解，促进不同国家不同民族间的友好交往

旅游是人类的一种生活方式，旅游活动的开展有助于广泛的社会文化交流，能够加强不同国家、不同民族、不同地域人民之间的相互了解，由此而来的文化交流与渗透、融合就成为一种必然趋势。

同时国际旅游客观上还具有"民间外交"的作用，它有着广泛性、群众性、灵活性、平等性和直接性的特点。首先，可以通过旅游形式面对面地交往，反映出旅游民间外交的广泛性。其次，旅游者是普通百姓或是以非官方身份出现的官方人士，旅游者之间没有高低贵贱之分，主客之间通过市场关系平等交往，不受官方外交礼节、等级的严格限制，是真正的群众性交往。第三，旅游地的居民、其他群体或个体，可选择了解异国他乡的自然和文化，交往形式十分灵活。此外，旅游是旅游者与当地居民面对面的交往，这种直接的交往无疑可增进双方相互了解，增强国际间的和平友好关系。例如，中美建交前，很多美国人对中国有着很深的偏见，认为中国是一个贫穷闭塞、愚昧落后、盗匪猖獗的国家。在中美建交前后，随着美国游客不断来华观光，通过游览中国的名胜古迹、体验中国的民俗民风，增进了对中国及中国人民的了解，促发了中美人民之间的友谊。这些游客回国后又将在中国的所见所闻在亲友中广泛宣传，从而使更多的美国人了解了中国和热情好客的中国人，改变了对社会主义中国的偏见和敌意。

10.2.1.2 促进科技文化的交流与发展，推动社会进步

历史的发展证明，科学技术的发展是旅行和旅游活动产生和发展的重要条件，但旅游活动同时也是科学研究和技术革命的一种手段，为科技文化的交流和传播发挥了巨大的作用。例如，北魏地理学家、散文家郦道元在游览祖国的名山胜水后写成了《水经注》这一地理巨著。明代地理学家徐霞客花28年时间游历16个省，遍游名山大川，写成我国历史上具有科学价值的地理著作《徐霞客游记》。英国的达尔文乘"猎犬号"作历时5年的环球旅行，对生物现象进行了大量的观察和采集，撰写了《物种起源》这一划时代巨著，奠定了生物进化论基础。意大利人利马窦和我国徐光启合编的第一部中国《几何学》，则是中外科技文化交流中具有代表性的成果。

现代大众化旅游活动的开展更有利于促进科学技术的交流和发展，国际游客中有很多是有成就的科学家、教授、工程师，各种专业旅行团、考察团也不胜枚举，他们在旅游中举办学术报告，进行学术讨论，交流学术成果。同时很多专为文化交流而进行的各种专业会议旅游、科技旅游、会展旅游以及出于拜访同行目的的消遣旅游都能够起到促进科技文化交流与发展的作用。

在文化交流方面，旅游的作用和影响也非常巨大。现代旅游本身就是一种社会文化交流活动。旅游者大多以体验异地文化为目的，因此，对目的地民俗、文化和历史传说尤感兴趣，而目的地为满足旅游者需要，也多方位地展示本国、本地区最有特色的文化符号。因此，旅游是文化交流的载体，通过发展旅游产业，深度发掘地域文化内涵，开发具有地方特色、民族特色的旅游文化产品，对于开展旅游文化交流，促进东西方文化的融合，建立友好和谐的国际关系，推动国家的文化和经济快速健康发展，都具有重要意义。

10.2.1.3 激发民族自豪感，提高民族素质，保护和开发珍贵的民族文化遗产

旅游业的文化交流功能是旅游本质属性的显现。人们到异国他乡旅游，就是为了领略异域文化、异地风情，只有那些独特的、其他地域没有的东西，才更具有吸引力。参观名山大川、文物古迹、欣赏民俗表演、品尝地方特色饮食成了旅游者了解当地文化和民族风情的主要活动内容。对接该国和接待地来说，为更好地发展旅游业，就要更好地保护好当地的文物古迹，发掘传统文化资源，梳理地域建筑文化、服饰文化、饮食文化、民间文化、节日文化、歌舞文化等，以满足旅游者需求。为此，许多国家和地区总是想方设法地使那些几乎泯灭的文化重获新生，如恢复和发展已被年青一代遗忘多年的传统节会和民风民俗；重视和挖掘具有地方特色的音乐、戏剧、舞蹈、体育和手工艺品；修缮和维护濒临湮灭的古代建筑和历史古迹；搜集和编纂美丽动听的逸事趣闻和传说故事……这样，不仅可以奠定旅游发展的基础，提高旅游的内涵和品味，吸引外来游人，而且能弘扬民族文化，振奋民族精神。例如被称为"古音乐活化石"的纳西古乐，新中国成立后几近失传，但改革开放以来随着云南旅游业的发展，纳西古乐被作为传统文化加以重视和发掘，精彩的演出不仅带动了当地旅游业的发展，其独特声韵也引起海内外广泛关注。

10.2.1.4 有利于美化旅游地，创造文明的社会环境

旅游接待地生活环境和便民设施是构成吸引旅游者前往游览的重要原因。因此，一个国家或地区要发展旅游业就要美化其生活环境，改善其生活设施，而旅游业的发展，也可以促进旅游地的"绿化"和"亮化"建设，使当地生活环境更趋于美化，基础设施更趋于完善，从而客观上讲这方便了当地居民生活，是当地居民生活质量提高的重要标志。整洁、美观的生活环境也有利于精神文明的建设。

旅游者总是渴望到空气新鲜、优雅美丽、鸟语花香的大自然中去。然而旅游接待地的生活环境并非天生尽如人意，只有经过"美化"才能达到目的。因此，要发展旅游业就必须防止污染，维持生态平衡；就必须修复古迹，增加服务设施，美化生活环境。这样本地居民也可以享受更多、更美的公共空间。如新加坡广泛植林栽花，大搞园林建设，实施环保措施，成为举世公认的"花园城市"，这在很大程度上与新加坡旅游业的发展是密不可分的。

10.2.2 旅游对社会文化的消极影响

10.2.2.1 对旅游地传统文化造成冲击

传统文化是经过历史演化而汇集成的一种反映民族特质和风貌的文化，是一个国家或地区历史上各种思想文化、观念形态的总体表征，具有特色鲜明、历史悠久、内涵丰富、博大精深的特点。传统文化形成于特定的历史发展和社会背景之中。一旦形成就具有稳定性，并体现出一定的地域特征，满足目的地民众的精神生活需要是传统文化最基本的功能，也可以说传统文化是目的地民众最基本的精神生活支柱，是当地民众精神生活样态的核心。

由于旅游活动的开展，导致大量旅游者涌入，目的地传统文化不可避免地会受到一定的冲击，传统文化的舞台化、商品化会导致某些传统文化的消失或特色被削弱，甚至为了旅游

的发展而造成传统文化的扭曲、失真，造成文化失衡，不利于目的地社会文化的平衡发展。

旅游活动对目的地传统文化造成的冲击主要体现在以下两个方面。

① 传统文化的舞台化、商品化。在旅游目的地很多民俗庆典和祭祀仪式，如婚庆、节收、丧葬等都是在特定的时间、特定的地点、按特定的程序、由特定的人员主持进行的，活动内容和参与形式都有特殊的规定。但是为了满足旅游业发展的需要，追求旅游中的商业价值，出现了许多专为迎合旅游者而被篡改得面目全非的所谓"民族服饰"、"民族歌舞"、"民族礼仪"等，原先只有在特定的时间、地点及场合，并按传统的程序和方式才能举行的各种礼仪、礼俗，变成了舞台化、程式化、商业化的表演。传统文化的活动程序、内容等都被随意修改，有的甚至被改变得已经失去了其原来的意义，而仅仅成为吸引旅游者的噱头。例如在云南，放河灯本是纳西族人民祭奠亡灵的一种民俗形式，在旅游经营中，为吸引游客，这个活动已被改造成许愿寄托美好祝福的旅游活动项目，来自各方的游客都兴致勃勃地花钱参与其中。从表面上看，目的地传统文化依然存在，至少在外部形式上并没有发生多大的变化，但实际上其内涵已有了根本的变化。目的地传统文化的商业化、程序化、庸俗化对于目的地社会的全面发展、对于增强目的地的凝聚力、对于增强和保持目的地民众的自尊心和自豪感无疑会造成不良后果。

② 许多能够体现地方传统文化特色的工艺品，大多是手工制品，工艺流程和制作技艺经过多年的摸索已经基本定型，成为旅游目的地特有文化的物质载体，例如贵州的苗家蜡染，苏州的双面绣，南京的云锦，宜兴的紫砂陶艺等。但是在旅游发展的过程中，为了满足大量旅游者在游览之余购买旅游纪念品的需要，这些传统的工艺品不再按照传统费时费力的工艺和技术进行制作，而是改为大批量的机器生产，甚至于是粗制滥造。良莠不齐的旅游纪念品充斥于市，不仅造成众多游客对旅游购物满意度降低，而且还直接导致传统文化的肤浅化、庸俗化，影响传统文化的可持续发展。

10.2.2.2 不良的"示范效应"

旅游开发使大批游客不断地涌入旅游目的地，旅游者以其自身的意识形态和生活方式介入旅游目的地社会中，引起当地居民的思想变化，产生各种影响，这种作用成为"示范效应"。示范效应是旅游对目的地社会文化发生影响的主要途径。

示范效应分为积极的示范效应和不良的示范效应。积极的示范效应是指在旅游活动中，旅游者将良好的行为举止、卫生习惯、消费观念等带到闭塞的旅游地，使目的地居民通过模仿和学习旅游者的行为，渐渐产生思想观念和生活方式的积极变化。旅游者将文明与富裕的外部世界带进了目的地居民的思想中，使他们产生了学习外语的热情，产生了外出旅游、探索世界的愿望，产生了探求新的科学技术、新的生活方式的浓厚兴趣等。

不良的示范效应是指，在旅游业的发展过程中，在旅游者将先进的思想观念和生活方式"输入"到旅游目的地的同时，他们也将一些有争议的价值观和不良行为传播到旅游目的地。在经济和文化上占优势的发达地区的旅游者大量拥入经济相对落后的旅游目的地，其服饰装扮、行为举止等会成为当地居民（尤其是青少年群体）所争先效仿的对象。从装束打扮及娱乐方式上的盲目模仿，发展到后来的刻意追求，会在一定程度上潜移默化地改变目的地居民的日常行为及价值观，动摇他们思想中长期存在的基本观念，使他们的传统道德观与价值观发生扭曲与裂变，丧失原有民风淳朴的美德。

由于旅游具有暂时性和异地性的特点，游客在旅游过程中，会表现出一定的过度消费的虚荣心，同时在缺乏约束的环境中，也容易做出一些"不登大雅之堂"的行为。目的地居民，尤其是青少年对此缺乏认识，误以为外来旅游者都很富裕，生活自由自在，因而会不甘心自己的生活处境，一味羡慕和向往旅游者及他们的生活方式。为了追求旅游者所表露出来的物质生活消费水准，越来越多的旅游目的地居民加入到旅游服务行业，因为这个行业比传统的农业生产更能提供发展的机会。旅游业的就业机会和较高的薪酬成为当地人提高生活水平的途径，但这些人长期生活在与旅游者接触的环境中，很可能会放弃其传统的道德观念，出现一些道德沦丧、拜金主义、婚姻解体的问题。当旅游目的地的社会文化同旅游者所处的社会文化差异越大时，这种影响越明显。因此，目的地原社会文化形态中热情好客、勤劳善良、吃苦耐劳、崇道重义、平等无私等精神品质被削弱，同时也削弱了目的地社会文化形态的独特性，降低了其旅游吸引力。

10.2.2.3　干扰目的地居民的日常生活

旅游目的地社会文化、生态等方面的承载能力都是有限的。随着旅游开发，外来旅游者大量拥入，游客密度不断增大，目的地居民的生活空间会相对缩小，因而会干扰当地居民的正常生活，侵犯当地居民的利益。尤其是在物质供应能力有限的情况下，目的地企业为追求旅游经济效益，往往把高质量的食、住、行产品优先提供给肯出高价甚至是用外汇支付的外来旅游者，水电等基础设施的供应也会优先保证外来旅游者的需要，造成旅游者直接同当地居民争夺有限数量物质产品的情况，各种生活用品的物价也随之上涨。此外，由于某些旅游者对目的地风俗缺乏了解和尊重，也会激发目的地居民的怨恨情绪，从而在造成旅游者与目的地居民之间关系的紧张。以上情况发展到一定程度时，目的地居民便会由在旅游发展初期阶段对外来旅游者表现出的热情欢迎转化为不满甚至激愤的态度。以意大利威尼斯为例，作为举世闻名的旅游胜地，威尼斯当地居民长期以来面临着海内外游客太多所带来的种种问题。例如街头传统杂货铺渐渐消失，各种供应日常生活必需的商铺和服务机构纷纷被比萨店和专门接待游客的劣质餐馆所取代，物价迅速上涨、一切东西都变得很贵，威尼斯人唯一的公共交通工具——运河上载客的交通汽艇也变得拥挤不堪。为逃避旅游业给自己生活带来的不便，自从 20 世纪 50 年代中期以来，威尼斯的常住人口持续下降，到现今只剩 6 万人左右，而现有的 6 万居民每年却依然要接待 2000 万游客。威尼斯人不得不自发组织各种改善当地居民生活质量的活动，以改善旅游开发带来的不良后果。

10.2.2.4　旅游活动会导致对文物古迹和文化遗址的破坏

在旅游发展过程中，旅游目的地旅游景点往往会遭到一定程度的破坏。特别是珍贵文物荟萃之地，往往又是旅游胜地，游客的过度膨胀与文物保护势必形成矛盾。一方面，大量的客流产生的热能、水蒸气、二氧化碳、垃圾、有害化学物质等都有可能对文物古迹起到破坏作用，无形中加快了文物古迹的老化、衰败甚至毁灭，旅游目的地不得不花费大量维修和维护经费用于保护文物古迹和文化遗址。另一方面，游客不文明行为对旅游景点的人为破坏也不容忽视，例如，"某某到此一游"等涂抹刻划、恶意脚踏、手摸、攀爬文物古迹等行为使文物古迹的寿命人为缩短。联合国教科文组织提出了对世界遗产造成威胁的四个主要因素，第四项就是旅游。在旅游者过度密集的地方，一定要重视发展旅游与文物保护的关系。

10.3　旅游对环境的影响

环境与旅游之间有着非常密切的联系。由于大多数旅游资源，无论是自然旅游资源，还是人文旅游资源，其本身就是目的地环境的组成部分，加之外来旅游者观光访问活动的开展总是以目的地良好的环境为依托，所以旅游目的地的环境是形成当地总体旅游吸引力的最基本的要素，目的地环境质量会影响旅游者的旅游经历和满意程度。随着大众旅游活动的发展，人们对于旅游环境的影响也越来越关注。为了促进旅游业，实现旅游业健康持续发展，人们比以往任何时候都要更加注意保护和改善环境质量。

10.3.1 旅游对环境的积极影响

10.3.1.1 旅游业的健康发展促进了环境保护的开展

为了生存和发展，人们总是需要开发自然资源。许多开发活动对环境是有破坏作用的，而健康有序的旅游活动，可以实现部分自然资源的永续利用，减少资源开发对生态的破坏。旅游业的健康发展促进环境保护主要表现如下方面。

（1）优化产业结构，保护生态环境

如合理规划、健康发展的旅游业可替代部分资源消耗大、污染重的传统产业，达到减轻污染排放的目的。有的农业地区退耕还林，退木还草，退田还湖，转向发展旅游，一方面使当地农民获得同等或更多的经济收入，另一方面也保护了环境，维护了生态平衡。

（2）提高目的地环境质量

显然，旅游业的开发基础之一就是拥有优美、高质的环境，任何旅游者都不希望前往一个生态环境很糟糕的地方旅游。旅游者内心深处对纯净的空气和水质、优美的环境和生态、绿色的森林和大地的向往客观上督促旅游开发经营者规范其旅游开发方式，提供高环境质量的绿色旅游产品。很多旅游开发项目，如在旅游区植树造林、封山育林、养花种草等，都意味着旅游地生态环境质量的上升。

（3）改善基础设施和服务设施

旅游的发展既能改善地方的基础设施，如机场、火车站、汽车站、道路、通信、用水系统和污水处理系统等，又可以促进当地休闲娱乐、景区景点、住宿餐饮等服务设施的建设，从而使地方经济水平得以提高，地方人居环境得以改善。

（4）保护环境、自然景观和历史古迹

良好的环境、独特的自然资源、珍贵的文物古迹，都是吸引旅游者的重要因素。为了吸引更多的旅游者并提高他们的满意程度，许多风景区、野生动物区和历史文化古迹在开发旅游的同时，也非常注重环境保护问题。在目前我国还不富裕的情况下，国家拿出大量的财力进行旅游区、自然保护区、风景名胜区等重要旅游接待地的环境保护和资源管理，还有很大困难。旅游业收入丰厚，通过适度的旅游开发，可以筹措到一定的资金，这些资金又可以投入到旅游环境建设中，从而使风景区环境优化，野生动物区受到更好保护，历史文化遗迹得到维护、恢复和修整。

（5）美化目的地人居生活环境

发展旅游业客观上还将推进目的地土地的绿化和环境的净化，最终达到美化人居生活环境的功效。旅游业发展过程中，可以促进植树造林、开发园艺项目或设计建设生态化建筑，目的地绿化面积不断扩大，空气污染、噪声污染、水体污染、垃圾污染和其他环境问题也能得到有力的控制。例如南京夫子庙景区，有著名的秦淮河，明清时期的"金陵四十八景"多数都反映了十里秦淮"游船云集，鼓瑟相闻"的历史文化。但多年来秦淮河水质低劣、污染严重、两岸民居破旧，有负盛名。近年来该地区在旅游开发过程中，尤其重视自然环境的恢复和河流生态环境的改善，通过实施污水截流、河道整治、生态护砌、两岸民居改造等工程，谋求秦淮河的绿化、净化和美化，河岸的南京市民重新体验了秦淮碧水带来的美好生活环境。

10.3.1.2 强化了人们的环境保护意识

旅游环境保护作为一项系统工程，需要政府旅游管理部门、旅游经营部门、目的地居民和旅游者的全体参与，同时旅游业的良好运行也促进了政府旅游管理部门、旅游经营部门、目的地居民和旅游者各方的环境保护意识。

良好的环境是目的地发展旅游业的重要条件。旅游开发可以带来较好的经济收益，使目的地民众摆脱贫穷落后的面貌，在体会到良好的环境给自己生产生活带来的好处后，目的地民众的环保意识会空前增强。

对于旅游者而言，旅游是一种短暂的生活方式，是他们对自己日常工作生活环境感到厌倦后对陌生环境的一种向往。在整个旅游活动过程中，目的地良好的环境会给他们留下深刻的印象，大自然赐给人类的清泉飞溅、林海绿浪、鸟语花香的优美环境让他们感受到美化环境与提高生活质量之间的密切关系，进而树立环保意识，注意环境保护。事实上，近年来流行于世界各地的生态旅游活动，就是人们的环保意识整体提高后，在旅游活动方面引发的消费趋势。生态旅游使旅游者有了亲近自然、了解自然、观察自然、感受自然的机会，让他们体会到自然环境是美的源泉，是人类创造美好生活的基本条件，从而在感受自然、得到审美的愉悦过程中，更加珍惜大自然的一草一木，约束自己的旅游行为，提高环境保护意识。

政府旅游管理部门、旅游经营部门在规划和开发旅游项目的过程中，也不断意识到良好的环境是旅游业赖以生存的基础，是旅游业持续发展的重要因素，所以也会采取种种措施保护自然环境，在旅游规划中事先就环境保护方面制定规划、采取措施，并按其重要程度实行分级管理、分级保护。旅游开发与环境保护良性互动的理念逐渐得以树立和贯彻。

10.3.2 旅游对环境的消极影响

虽然旅游开发与运行对环境有诸多积极作用，但是旅游业并不是人们曾经以为的"无烟工业"，过度的或不当的旅游开发也会严重影响目的地的生态环境，使目的地生态环境产生不利的变化。中国人与生物圈国家委员会提供的一份调查资料表明，44%的自然保护区存在垃圾公害，12%出现水污染，22%的自然保护区由于开展旅游活动而造成保护对象受到损害，11%出现旅游资源退化，61%存在建筑设施与景观环境不协调或不完全协调的现象。旅游对生态环境的破坏不仅来自于旅游开发者，而且外来游客也负有不可推卸的责任。具体地说，旅游对环境的消极影响主要有以下几个方面。

10.3.2.1 造成环境污染

不当的旅游开发对环境造成的污染是多方面的，包括水质污染、空气污染、噪声污染、视觉污染和废弃物污染等。旅游基础设施中排出的废水、废渣以及船舶泄出的油污等严重污染了旅游区的水源。水质污染不仅破坏水体景观的旅游价值，而且还严重损害人类的健康和威胁动植物的生存。旅游业发展过程中也会对空气造成相当程度的污染，这主要体现在旅游客运量的增大使各类交通工具废气的排放量相应增多。从噪声污染来看，各种旅游交通工具和娱乐场所、歌舞厅、游乐园等设施会带来令人感到不适的噪声。视觉上，设计不合理的旅游建筑和在文物保护单位建设控制地带内修建的体量高大的旅游设施等可能会与当地整体建筑风格和规模格格不入，从而影响视觉美感，并导致文物古迹被破坏的恶果。旅游开发还使得废物污染问题日益突出，旅游者乱扔废弃物品已成为旅游景区难以根治的普遍现象。

例如，张家界风景区自1992年申报世界遗产资格成功后，为借遗产生财，无节制超量开发，宾馆、酒店林立，生态环境和资源恶化，导致1998年联合国的黄牌警告。为保住"世界遗产"珍贵招牌，张家界地方政府被迫将34万平方米建筑物全部拆除，恢复自然生态原貌，耗费人民币10亿，比起1992～1998年6年间所获经济收益高出数倍。这种又破坏环境又得不偿失的"涸泽而渔"的做法为后来的旅游开发敲响了警钟。

10.3.2.2 导致过度拥挤

处于旺季的旅游热点地区，经常会出现旅游者"爆棚"的景区超载现象。人口密度的骤然增加给旅游目的地的人居环境带来显著的负效应，一是人流、车流的相互阻碍以及停车场的供应脱节，造成交通阻塞，停车不便，从而严重影响当地的正常生活秩序；二是基础设施的超负荷运转，饭店、住宿等供不应求，景点景区游客拥挤、旅游服务质量下降，也必将对目的地生态环境造成负面影响。

10.3.2.3 破坏生态系统

旅游业发展对生态系统的破坏很多都是由于对环境资源不加节制的开发与利用所致，如，无计划地乱砍滥伐树木或乱辟土地以筑路、开饭店、建宾馆、修停车场等，这些行为严重破坏森林植被，影响土地资源的合理利用。把自然保护区、森林和野生动物栖息地开放为旅游场所，使野生动物失去安身立命之所，并且可能危及许多珍稀动物的生存。旅游者在海滩不加控制地采集稀有贝壳、珊瑚、海龟壳或其他诸如此类的东西（或者当地人采集后出售给旅游者），也将造成某些生物种群的大量减少。

在旅游饱和与超载时，由于旅游者大量涌入而伴生的对旅游场所的重力、压力和磨损，也能导致严重的破坏性后果。人文旅游资源本来就有一个自然侵蚀的过程，过量的旅游人流会极大地加速这一过程。例如，北京故宫三大殿内的"金砖"，因长期以来游客饱和与超载造成快速磨损，已经明显下凹，而且由于制作工艺的限制，现在已无法重新制作。在以自然为基础的旅游地，因旅游饱和与超载带来的对于旅游活动场所的践踏，轻则损伤旅游资源，重则损害旅游场所的土壤、植物，造成整体生态系统不可挽回的破坏。我国大部分著名自然风景旅游地、重要景区皆因饱和与超载出现了或多或少的生态系统退化现象，许多景点周围由于游客脚踏，裸露地迹不断扩大。

10.3.2.4 损毁文物古迹

旅游目的地长期大量接待来访的游客，如果保护不到位，会使当地珍贵的历史文物古迹的原始风貌甚至其寿命受到威胁。这不仅仅与旅游者的触摸攀爬以及刻画涂抹等不良行为有关，而且游客接待量的增大本身就会侵害历史文物的存在寿命。某些旅游部门目光短浅，只顾眼前利益，为了在短期内获取较高的经济效益，对文物古迹进行掠夺性的开发利用，超负荷地接待旅游者，结果加快了文物古迹的老化、破坏乃至毁灭，造成无法挽回的损失。在以人文旅游资源为主的景区也会出现开发利用不当或管理不当所造成的文物损毁、古迹破坏的现象。例如我国拥有珍贵的孔府、孔庙、孔林的山东曲阜曾出现"三孔"管理部门为了迎接中国孔子国际旅游股份有限公司的正式成立庆典，并开展新世纪孔子"圣光之旅"大型活动，对孔府、孔庙、孔林进行全面卫生大扫除，用水管对文物从上至下直接喷冲，致使"三孔"古建筑彩绘大面积模糊不清。

旅游对环境的影响从内容和对象上看，一般主要表现在自然环境和人文环境两大客体上的影响，如表10-4所示。

表 10-4　旅游对环境的潜在影响

自然环境	改变动植物的种群结构	·破坏繁殖习性 ·猎杀动物以供纪念品交易 ·动物的迁移 ·植被因采集柴薪而遭破坏 ·因砍伐树木建旅游设施而改变绿化覆盖率 ·野生动物保护区/禁猎区建立
	污染	·水质因排放垃圾、泄露油污而遭污染 ·车辆排放物导致空气污染 ·旅游交通运输和旅游活动导致噪声污染
	侵蚀	·土壤板结导致地表土进一步流失和侵蚀 ·改变地面构成滑移/滑坡和雪崩等危险 ·损害地质特征(如河岸、突岩、洞穴等)
	自然	·地下地表水的耗竭 ·矿物燃料的耗竭 ·改变导致发生火灾的危险性
	视觉效果	·各种设施的胡乱搭建(如建筑物、索道滑车、停车场) ·废弃物和垃圾
人文环境	城市环境	·土地不再用于最初的生产用途 ·水温等特征发生变化
	城市特征	·居住、商业和工业用地方面的变化 ·城市化的道路系统(如车行道和人行道) ·出现分别为旅游者和当地居民开发的不同区域基础
	基础设施	·基础设施超负荷运行(道路、水电、通信等) ·新的基础设施的建设 ·为适应旅游需要而进行的环境管理(如拦海坝、垦荒)
	建筑修复	·废气建筑物的重新起用 ·古代建筑和遗址的修缮和保护
	视觉效果	·建筑物密集区的扩张 ·新的建筑风格呈现 ·人及其附属物
	竞争	·某些旅游区点可能因为其他区点的开放或旅游者兴趣的变化而贬值

注：资料来源自谢彦君. 基础旅游学. 北京：中国旅游出版社，1999.

思 考 题

1. 简述旅游对经济的积极影响与消极影响。
2. 简述旅游对社会文化的积极影响。
3. 简述旅游对社会文化的消极影响及对策。
4. 简述旅游对环境的积极影响。
5. 简述旅游对环境的消极影响及对策。

参 考 文 献

[1] 李天元. 旅游学概论. 天津：南开大学出版社，2004.
[2] 明庆忠. 旅游地规划. 北京：科学出版社，2003.
[3] 苏勤. 旅游学概论. 北京：高等教育出版社，2001.
[4] 陶汉军. 新编旅游学概论. 北京：旅游教育出版社，2001.
[5] 魏向东. 旅游概论. 北京：中国林业出版社，2000.
[6] 田里. 旅游管理学. 云南：云南大学出版社，2001.
[7] 林南枝. 旅游经济学. 天津：南开大学出版社，2002.
[8] 马勇，周霄. 旅游学概论. 北京：旅游教育出版社，2004.
[9] 安应民. 旅游学概论. 北京：中国旅游出版社，2007.
[10] 唐宇. 旅游学概论. 北京：北京大学出版社，2007.
[11] 魏向东. 旅游概论. 北京：中国林业大学出版社，2000.
[12] 黄安民. 休闲与旅游学概论. 北京：机械工业出版社，2007.
[13] 董观志. 旅游学概论. 大连：东北财经大学出版社，2007.
[14] 郭来喜. 人文地理学概论. 北京：科学出版社，1985.
[15] 黄辉实. 旅游经济学. 上海：上海社会科学院出版社，1985.
[16] 陈传康，刘振礼. 旅游资源鉴赏与开发. 上海：同济大学出版社，1990.
[17] 孙文昌. 旅游学导论. 青岛：青岛出版社，1992.
[18] 保继刚，楚义芳，彭华. 旅游地理学. 北京：高等教育出版社，1993.
[19] 杨振之. 旅游资源开发. 成都：四川人民出版社，2000.
[20] 马勇，李玺. 旅游规划与开发. 北京：高等教育出版社，2002.
[21] 谢彦君. 基础旅游学. 北京：中国旅游出版社，2004.
[22] 李天元. 旅游学. 第 2 版. 北京：高等教育出版社，2006.
[23] 刘振礼，王兵. 新编中国旅游地理. 天津：南开大学出版社，2007.
[24] 甘枝茂，马耀峰. 旅游资源与开发. 天津：南开大学出版社，2007.
[25] 沈祖祥. 旅游与中国文化. 北京：旅游教育出版社，1996.
[26] 冯乃康. 中国旅游学论稿. 北京：旅游教育出版社，1995.
[27] 王柯平. 旅游审美活动论. 北京：旅游教育出版社，1990.
[28] 高峻. 旅游资源规划与开发. 北京：清华大学出版社，2007.
[29] 李天元. 旅游学概论. 天津：南开大学出版社，2000.
[30] 保继刚，楚义芳. 旅游地理学（修订版）. 北京：高等教育出版社，1999.
[31] 保继刚. 北京旅游资源定量评价见：陈传康等编著. 北京旅游地理. 北京：中国旅游出版社，1989.
[32] 俞孔坚. 观光旅游资源美学评价信息方法探讨. 地理学与国土研究，1989.
[33] 俞孔坚. 自然风景质量评价研究—BIB-LCJ 审美评判测量法. 北京林业大学学报，1988（2）.
[34] 中华人民共和国国家质量监督检验检疫总局. GB/T 17775—2003 旅游区（点）质量等级的划分与评定. 北京：中国标准出版社，2003.
[35] 中华人民共和国国家质量监督检验检疫总局. GB/T 18972—2003 旅游资源分类、调查与评价. 北京：中国标准出版社，2003.
[36] 林南枝，陶汉军. 旅游经济学（修订版）. 天津：南开大学出版社，2000.
[37] 历建新，张辉. 旅游经济学：理论与发展. 沈阳：东北财经大学出版社，2002.
[38] 罗明义. 旅游经济学原理. 上海：复旦大学出版社，2004.
[39] 陶汉军. 新编旅游学概论. 北京：旅游教育出版社，2001.
[40] 谢彦君. 旅游学概论. 大连：东北财经大学出版社，1999.
[41] 张立明，敖荣军等. 旅游学概论. 武汉：武汉大学出版社，2003.
[42] 沈祖祥，张帆. 旅游策划学. 福建：福建人民出版社，2000.8.

[43] 欧阳斌. 中国旅游策划导论. 北京：中国旅游出版社，2005.9.

[44] 任朝旺，谭笑. 旅游产品定义辨析. 河北大学学报，2006，31（6），97-100.

[45] 陈愉秉. 旅游产品散论. 旅游学刊，2007，22（10），82-88.

[46] 喻小航. 旅游产品特点的新视角——论旅游产品的本质特征. 西南师范大学学报，2002，28（2），60-64.

[47] 邵晓兰，高峻. 旅游地生命周期研究现状和展望. 旅游学刊，2006，21（6），76-82.

[48] 杨效忠，陆林等. 旅游地生命周期与旅游产品结构演变关系初步研究—以普陀山为例. 地理科学，2004，24（4），500-505.

[49] 贾玉成. 旅游风景区产品生命周期与产品的创新. 改革与战略，2004，06，16-21.

[50] 贾玉成. 风景区旅游线路的创新设计. 改革与战略，2004，10，54-57.

[51] 李山，王慧，王铮. 中国国内观光旅游线路设计中的游时研究. 人文地理，2005，02，51-56.

[52] 苗学玲. 旅游商品概念性定义与旅游纪念品的地方特色. 旅游学刊，2004，19（1），27-31.

[53] 马晓京. 旅游商品的开发对策. 中南民族学院学报，2001，21（2），88-91

[54] 崇明岛国家地质公园. 中国旅游报，2008-4-25（12）.

[55] 热烈祝贺第四届华中旅游博览会隆重开幕. 中国旅游报，2008-4-21（12）.

[56] 精彩武汉，为奥运喝彩. 中国旅游报，2008-6-26（12）.

[57] 黄震方. 旅游饭店管理. 北京：中国林业出版社. 2000（11）.

[58] 李天元. 旅游学. 北京：高等教育出版社. 2002（8）.

[59] 谢彦君. 基础旅游学. 北京：中国旅游出版社. 2004（4）.

[60] 李飞. 我国饭店业发展的现状与趋势分析. 科技信息. 2008（6）.

[61] 赵毅，叶红. 新编旅游市场营销学. 北京：清华大学出版社，2006.

[62] 谢彦君. 旅游市场营销. 第4版. 大连：东北财经大学出版社，2006.

[63] 赵西萍等. 旅游市场营销学. 北京：高等教育出版社，2002.

[64] 舒伯阳，冯玮. 旅游消费者行为研究. 大连：东北财经大学出版社，2005.

[65] 韦明体. 旅行社市场营销. 北京：旅游教育出版社，2004.

[66] 安应民. 旅游学概论. 北京：中国旅游出版社，2007（8）.

[67] 唐宇. 旅游学概论. 北京：北京大学出版社，2007（6）.

[68] 魏向东. 旅游概论. 北京：中国林业大学出版社，2000（9）.

[69] 黄安民. 休闲与旅游学概论. 北京：机械工业出版社，2007.

[70] 董观志. 旅游学概论. 大连：东北财经大学出版社，2007.

[71] 张广瑞，魏小安，刘德谦. 中国旅游发展分析与预测. 北京：社会科学文献出版社，2007.

[72] Waitt, Gordon; Markwell, Kevin; Gorman-Murray, Andrew. Challenging heteronormativity in tourism studies: locating progress. Progress in Human Geography, 2008, 32（6）.

[73] Dimitrios Buhalisa, Rob Lawb. Progress in information technology and tourism management: 20 years on and 10 years after the Internet—The state of eTourism research. Tourism Management, 2008, 29（4）.

[74] Stephen Pagea. Review essay: Progress in tourism history—The contribution of recent historiography to tourism research. Tourism Management，2006，27（5）.

[75] Adam Blake，M. Thea Sinclair. Tourism Crisis Management US Response to September 11. Annals of Tourism Research，2003，30（4）.

[76] Lynn Minnaert; Robert Maitland and Graham Miller. Tourism and Social policy: The Value of Social Tourism. Annals of Tourism Research，2009，36（2）.

[77] Esteban Bardolet and Pauline J. Sheldon. Competitiveness in mass tourism. Annals of Tourism Research 2007，34（3）.

[78] Jayoti Das and Cassandra E. DiRienzo. Global Tourism Competitiveness and Freedom of the Press: A Nonlinear Relationship. Journal of Travel Research，2009，47（4）.

[79] Egon Smera. the Impact of the Financial and Economic Crisis on European Tourism. Journal of Travel Research 2009，48（1）.